国境を越えると本当の歴史がわかる

世界史から見た日本の歴史38話

歴史教育者協議会
編

文英堂

世界史から見た日本の歴史38話

文英堂

はじめに

国境を越えると本当の歴史がわかる

本書の目次に目を通された方は、日本と諸外国との交流の歴史をテーマとしているように思われたかもしれない。しかし、本書の目的は交流の事実を描くことを通して、今までの歴史の見方に疑問を持ち、別の角度から歴史を見直すきっかけを作りたいというところにある。国境によって仕切られた歴史ではなく、よりグローバルな視点から歴史を見ると、今まで気づかなかったような新しいものが見えてくることだろう。

本州の北の果て青森県の日本海岸から二万枚以上の中国銭をはじめ多くの中国産の磁器が出土している。五〇〇年以上前、この地には十三《とさ》湊《みなと》と呼ばれる港町が栄えていた。なぜ都から遠く離れた辺境の地に大きな港町が生まれたのだろうかと、誰もが疑問を抱くことだろう。この本は、その疑問に答えてくれるに違いない。そのとき、この疑問そのものがこれまでの歴史の見方のゆがみから来ていることにも気づいていただけるであろう。

この疑問は、政治や経済の動きを日本の国内で完結させて考えようとするところから生じる。港から港へと渡る船の動きは、国境線にしばられるものではなかった。海の両岸を自由に行き来して一つに結びつけていくのが自然の成り行きである。日本海といえども例外ではない。十八世紀末に松前《まつまえ》藩の家老、蠣崎波響《かきざきはきょう》が描いたアイヌの首長たちは、竜の描かれた中国産の絹の服を着てロシア製とみられるコートを羽織っている。当時は中国産の絹を日本人がアイヌから買っていたのであり、その逆ではなかった。

二〇〇〇年七月に沖縄サミットにあわせて発行された二千円紙幣に沖縄の守礼門《しゅれいもん》が登場する。これは、かつての琉球《りゅうきゅう》王国の王城である首里《しゅり》城の正門に到る道に建てられた門である。この琉球王国も、五〇〇年前には東シナ海と南シナ海をまたにかけて中国と東南アジアを結ぶ貿易で栄えていた。私たちが日本の歴史を見るとき、日本列島の内側に限定せずに東アジアの海域全体を視野に入れていく必要があることを、これらの事例はものがたっている。

ところで、「日本の歴史」という言葉は何のことわりもなく当たり前に用いられることが多いが、琉球王国の歴史は「日本の歴史」の一部なのだろうか、その外にあるのだろうか。琉球国王は中国の明《みん》朝に朝貢してその地位を認められており、足利義満《よしみつ》が明朝の皇帝から認められた日本国王の地位と対等である。もちろん、足利氏の政府（室町幕府）からはまったく独立した存在であった。

アイヌや沖縄の人々を含めた「日本人」とか「日本の歴史」という考え方があらわれるのはいつからだろうか。それは、明治維新《いしん》以後の近代的な国民国家の成立によって生み出されたものである。江戸時代の沖縄が日本と中国に両属していたように明確な国境は存在しなかった。民衆の間にも自分の生活する地域や共同体を越えた国家というものへの帰属意識はほとんどなかった。同質で均一な「日本人」が存在したのではなく、地域によってあるいは身分や職業・宗教などによって様々に異なる多様な人々が日本列島を舞台として活動していたのである。国民国家が「想像の共同体」だと言われるゆえんである。

外国との関係を見るとどうだろう。朝鮮との交流をものがたるものにキムチの原料となるトウガラシがある。朝鮮の食文化の研究者である鄭大聲《チョンデソン》氏は、その著書『食文化の中の日本と朝鮮』でトウガラシの伝播を示す三つの記録を紹介している。朝鮮の最も古い記録は一六一三年の李晬光編『芝峰類説《チボンリュソル》』で、「倭国《わこく》からはじめて来たので俗に倭芥子《にほんからし》というが、このごろこれを植えているのをときどきみかける」とある。ところが日本側の記録では、豊臣秀吉の朝鮮出兵の際に朝鮮からもたらされたというものと、ポルトガル人が十六世紀中頃に種子島や豊後の大友宗麟《そうりん》に伝えたとするものがある。

この三つの記録は一見、矛盾しているように見えるが、ありえないことではない。日本では、地域によってトウガラシが朝鮮から伝えられたところと九州からのところとがあると考えれば何の問題もないのである。民衆の食生活のレベルでは九州と朝鮮との関係の方が、九州と日本の他の地域との結びつきよりも深い場合もあったことがわかる。この関係は沖縄の泡盛《あわもり》にも当てはまる。国境線の内と外とを切り離してしまってはこの関係は見えてこない。

トウガラシがどこから日本に伝えられたか、それがわかると、その先は外国のことなので自分には関係ないと考える人が少なくない。本当にそうだろうか。トウガラシは中南米から世界の各地に伝えられて人々の食生活を大きく変化させた。キムチだけでなく、日本の子どもたちの大好きなカレーライスの辛さもインドにトウガラシが伝えられてからのものである。中南米原産の農産物はほかにもたくさんある。ジャガイモ・サツマイモ・トウモロコシ・ピーナッツ・トマトなど、いずれもコロンブスが大西洋を越えてアメリカに渡ってから後に世界に広まったものである。このように中南米産の作物は、世界の諸地域の食文化を豊かにする上で大きな貢献をしている。世界のそれぞれの地域の動きが密接に絡み合って歴史が作られてきたのであり、日本へのトウガラシの伝来もその一端であるとわかれば、トウガラシもただ辛いというだけではなく、一層味わい深いものになることだろう。

ところが、学校で教えられている歴史の教科書を見ると、いまだに現在の国境の内側を「日本史」とし、外側を「世界史」とする固定観念にとらわれている。「日本史」では、過去から現在までを一貫して一つの国家としての日本が存在したかのように描かれている。「世界史」は東洋史と西洋史をつぎたしたものになっており、日本史の外にある外国史であって、そこに日本が登場することはほとんどない。それは、過去の日本が世界史の流れから孤立していたからではない。明治以後の日本の歴史学が国史・西洋史・東洋史に三分割されていたことに起因する。

実際には国境によって切り離された日本史と外国史があるのではなく、世界の各地域が相互に関連しあいながら、それぞれの歴史を作りだしてきたのである。同時代の世界の構造の中に日本の動きを位置づけ、世界史の大きなうねりの中に身を置いて、その一端を担ってきた人々の主体的な営みを明らかにする。それによって、日本史と世界史を切り離すのではなく統一的に理解する道が開けてくる。これが本書の目指すところであるが、その趣旨を読者のみなさんにうまく読みとっていただければ幸いである。

二〇〇〇年八月

鳥山　孟郎

目次

東アジアの中で

一体化する世界

目次

近代化のうねり

帝国主義の時代

東アジアの中で
1

三内丸山遺跡のヒスイはどこから来たか

縄文文化と東アジア

●縄文人は一定の場所に定住していたのではない。彼らの中には、東アジア文化圏の中で行動する者もいた。

▲三内丸山遺跡のヒスイ装身具
岡田康博による

変わりゆく縄文社会のイメージ

十九世紀後半から二〇世紀中頃にかけて、考古学は人類の発達史を段階づけるという大きな成果をあげた。しかし今は、それを基礎としながらも、むしろ世界の各時代・各地域の人々が予想以上に奥深い営みをおこなっていたことに注目するようになってきている。そして多くの場合、その背景には広い地域にまたがる活発な交流があった。

日本列島の縄文《じょうもん》(縄紋)時代については、日本弧・列島における狩猟採集社会の最後の段階であり、自然の恵みを有効に利用することによって定住する段階に達したが、本格的な農業を始めた弥生《やよい》時代と比較すると、その社会発展はゆるやかであったとすることが、発達史観の代表的な評価であった。

しかし縄文時代のデータが充実してくると、地域の山の幸・海の幸に拠って生活する小さな村もある反面、大きな集落・高度な工芸技術・大規模な生産・活発な物流など、現代的な尺度でみても高い水準の営みがなされたことが注意を引くようになった。狩猟採集も、農業の知識をもった上での、より積極的な生産活動とみなす考えが生まれてきている。そのような中で、熟柿が落ちるように調査され、縄文社会の水準を発信し続ける遺跡が青森県三内丸山《さんないまるやま》遺跡である。

三内丸山遺跡とヒスイ

三内丸山遺跡は、青森市の郊外、高さ約二〇メートルの台地に広がる約三十五ヘクタールの大遺跡である。遺跡で人々が生活した当時は、陸奥《むつ》湾が近くに入り込んでいた。調査地区は推定される遺跡全体の約七分の一であり、多くの関係者の努力によって保存・活用され往時を実感できることは幸いである。

この遺跡はおよそ五五〇〇年前から四〇〇〇年前の頃までの約一五〇〇年もの間、途絶えることなく続いたものであり、巨大構築物(巨大建物とする説と巨大列柱とする説とがある)を中心として、住居・墓・巨大な盛り土など色々の施設を密度高く、また整然と配置している。基本的には南北で対になる構造である。その一時期の人口について、調査者は集落が最も大きくなった頃には一〇〇軒・五〇〇人程度はいたと推定している。未調査の地区を考慮すれば、その数はもっと多かった可能性が少なくない。それは集団を維持するために個人をこえる社会組織が必要になってくる規模である。この頃から、アクセサリー(装身具《そうしんぐ》)が大いに発達することは、社会生活の複雑化と深く関わっていたであろう。

縄文時代には色々な石・貝・骨角牙《ほねつのきば》・焼物・漆塗りで作ったアクセサリーがあり、地域ごとに着装の決まりがあった。縄文時代では北へいくほどまた時期が新しくなるほど、男の装いが盛んとなる傾向がある。これらの中でも胸飾りとして用いたヒスイ（硬玉《こうぎょく》）大珠《たいしゅ》は、ごく限られた人々が所有した最高の価値をもつものであった。ヒスイそのものの美しさもさることながら、加工が容易でないこと、産地が限られていることは、それを持つ人の何らかのステータスあるいは特別な能力を誇示したことであろう。

三内丸山遺跡からは、ヒスイの大珠や首飾りなどに用いた小型の玉類に加えて、ヒスイ原石も見つかっている。縄文時代のヒスイ製品は原産地で完成したものを持ち運ぶことが多いため、三内丸山遺跡の人々はヒスイとその加工技術の入手において特別な地位にあったとみてよい。三内丸山遺跡からはヒスイだけではなく、岩手のコハク（沿海州のものである可能性もある）、秋田のアスファルト、北海道の黒曜石《こくようせき》など色々のものが見つかるため、当遺跡は集落規模が大きいだけではなく、人々が活発に往来する交易センターの機能をもっていたと推測できる。

縄文時代のヒスイ流通

日本列島では、北海道から九州に至る一〇個所でヒスイ・軟玉《なんぎょく》の産地が知られている。しかし藁科《わらしな》哲男《てつお》・東村武信《ひがしむらたけのぶ》による自然科学的な分析の成果によると、そのほとんどが新潟県糸魚川《いといがわ》産（小滝川《おたきがわ》・青海川《おうみがわ》、富山県宮崎海岸海底にも産出地がある可能性がある）のものであり、他の産地のものはごく少数である。実際、富山・新潟県境域には、富山県境《さかい》A遺跡や新潟県寺地《てらじ》遺跡のような大規模玉作り遺跡が成立した。特に境A遺跡では、五〇〇〇年前から二〇〇〇年余り前頃まで約三〇〇〇年間も玉を作りつづけ、一万点近いヒスイ原石と失敗品が見つかっている。完成して供給したヒスイ製品の量はもっと膨大であったに違いない。民族例ではヒスイの製品を一個作るのに約一月をかけることが多く、遺跡から狩猟・採集用の石器がごく少ししか見つからないことから、その住人は、ほとんど専業的に玉作りに

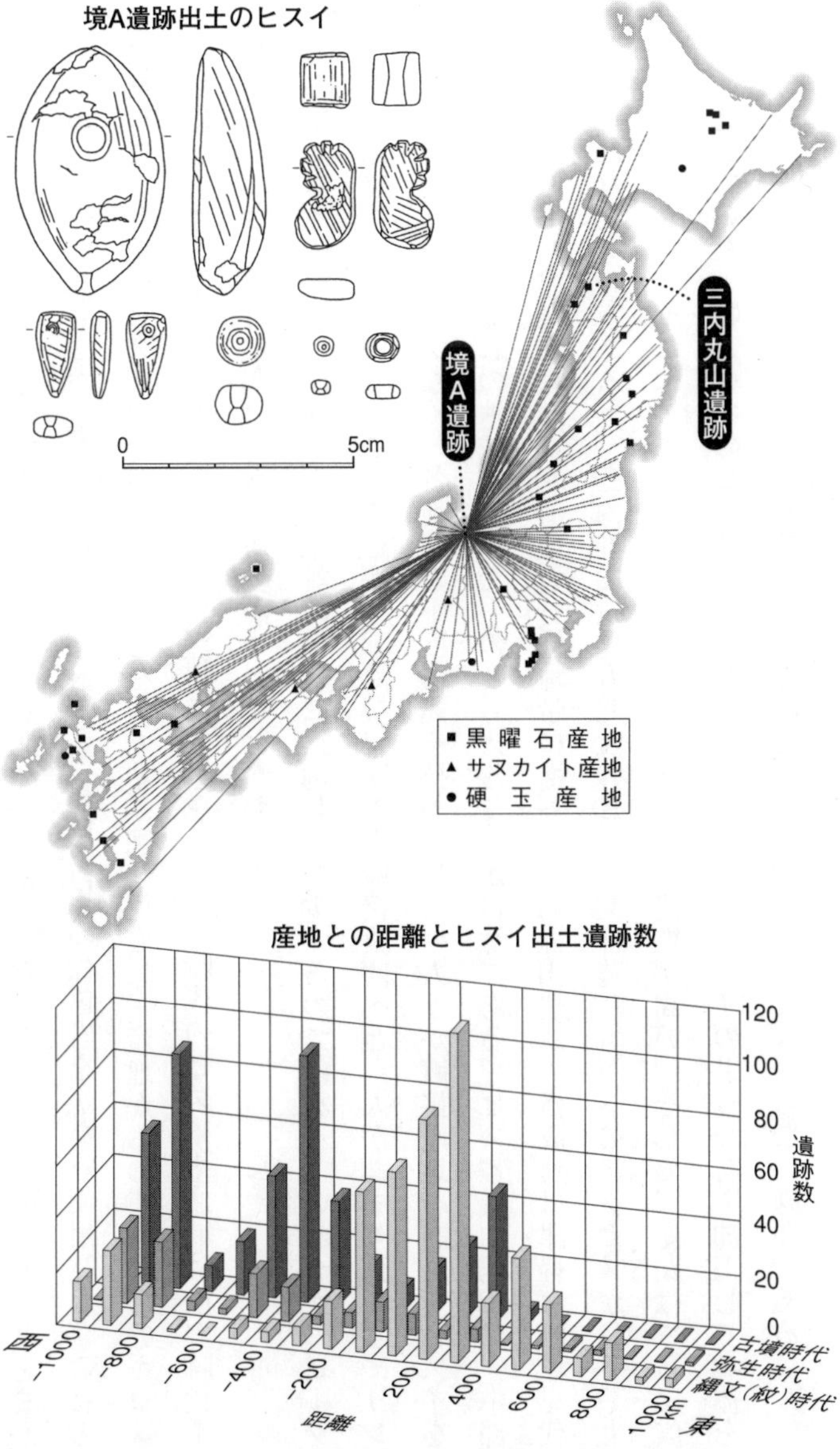

▲縄文時代のヒスイの流通

従事していたと考えることができる。このような北陸の生産遺跡が、全国の需要のほとんどをまかなっていたが、九州南部では産地不明のヒスイに似た結晶片岩様《けっしょうへんがんよう》の緑色岩をかなり使用した。これらの成果に拠って、各地のヒスイ出土遺跡と産地とを線で結ぶ図を作成し、産地からの距離一〇〇キロメートルを単位として数を計算した(⇩P.13)。この結果を見ると、縄文時代のヒスイ流通域は後の時代よりもむしろ広いこと、東日本向けのものが多かったことがわかる。

そしてヒスイの流通は産地からの距離の増大に比例して減少するのではなく、いくつかのピークを持ちながら徐々に減っていく。このことから、隣接集団から隣接集団へと、人があまり動かずにリレー式にヒスイを伝えたのではなく、各地域の中枢機能を持った集落の人々が直接産地を訪れてヒスイを入手して持ち帰り、それぞれの地域に広めたものと考えることが自然である。ヒスイ集中地域は、中部高地、関東平野海岸部、津軽《つがる》海峡域、北海道石狩《いしかり》低地帯にあり、三内丸山遺跡の構成員は津軽海峡域を代表して北陸を訪れたものであろう。三内丸山遺跡も北陸のヒスイ製作遺跡も海へのアクセスが良く、丸木舟もあったことから、それはアクティブな海上交通であった可能性が高い。そして、海路はさらに広い世界へと通じていた。物としてのヒスイの流通も重要であるが、ヒスイのような石を加工して身体を飾るという縄文人の発想がどのようにして形づくられたかも、考えなくてはならない課題である。

東アジアの中の縄文玉文化

ヒスイ文化は、日本列島の玉文化を特色づけるものであるが、それに似た質感をもつ軟玉や貝・骨・

牙を使用した玉文化が、環日本海・環渤海《ぼっかい》・環黄海《こうかい》の各地域で花開き、さらには沿海州《えんかいしゅう》や中国大陸内陸部・東南アジアにまで広まっている(⇩P.16)。これらの玉文化は旧石器時代後期に端緒をもちつつ、著しく盛んになる時期がほぼ一致すること、また地域に個性的な品がある反面、ピアス式の耳飾りのように広く共通する品も存在することに特色がある。

これら東アジアの玉文化が、相互に交渉をもったであろうことは藤田富士夫らが早くから推定していたが、縄文社会は海で隔てられて独特に展開したものという先入観からか、容易には主流の考えとならなかった。しかし縄文時代に北海道の黒曜石が樺太《からふと》や沿海州へ、九州の黒曜石が朝鮮半島へ運ばれたことなどが明らかになり、三内丸山遺跡のような大変な遺跡があることが判明してきたことによって、縄文文化の国際性(地理的概念、国家形成は別の問題)は次第に認知されてきている。そして今や議論すべきは、縄文玉文化が自生か外来かではなく、その国際性の中身についてである。

当面問題とされるのは、日本列島の玉文化がどこから来たかであろう。現在の資料からは東北アジアでの交流を基礎としながら揚子江《ようすこう》下流域からの刺激があった可能性を考えておけば良いであろう。また日本にこだわらずに東アジア各地の初期玉文化を比較すると、時に地域をこえた交流現象が存在するものの隣接地域が最もよく似た特色をもち、離れるに従って、個性が強まることが基本である。そして縄文人が米作りを知っても容易に稲作社会に転換しなかったように、それぞれの社会の基本的な仕組みが画一化する方向性はあまりなかった。玉文化についても、白色を基調とした淡い色の玉で装おうという発想を共有したが、玉そのものはそれぞれの環境で得られる素材を巧みに使用し、装着法や装着の意味は地域ごとに固有のものがあった。それは多元的な社会を前提としての交流と評価することがふさわしいものである。

　縄文時代の東アジアにおける国際性は、時に強い直接交流もあったが、隣接地域の連鎖的な情報伝達によって緩やかに文化を共有することが基本であり、縄文社会はそのネットワークの一環に位置したのである。

　このような在り方のモデルとしては、高い文化が低い文化を変えていくのではなく、等質的・個性的な地域社会が相互に刺激を与えあいながら全体としてのレベルを上げていくという構図が適合的である。この考えは英国ケンブリッジ大学教授であったコリ

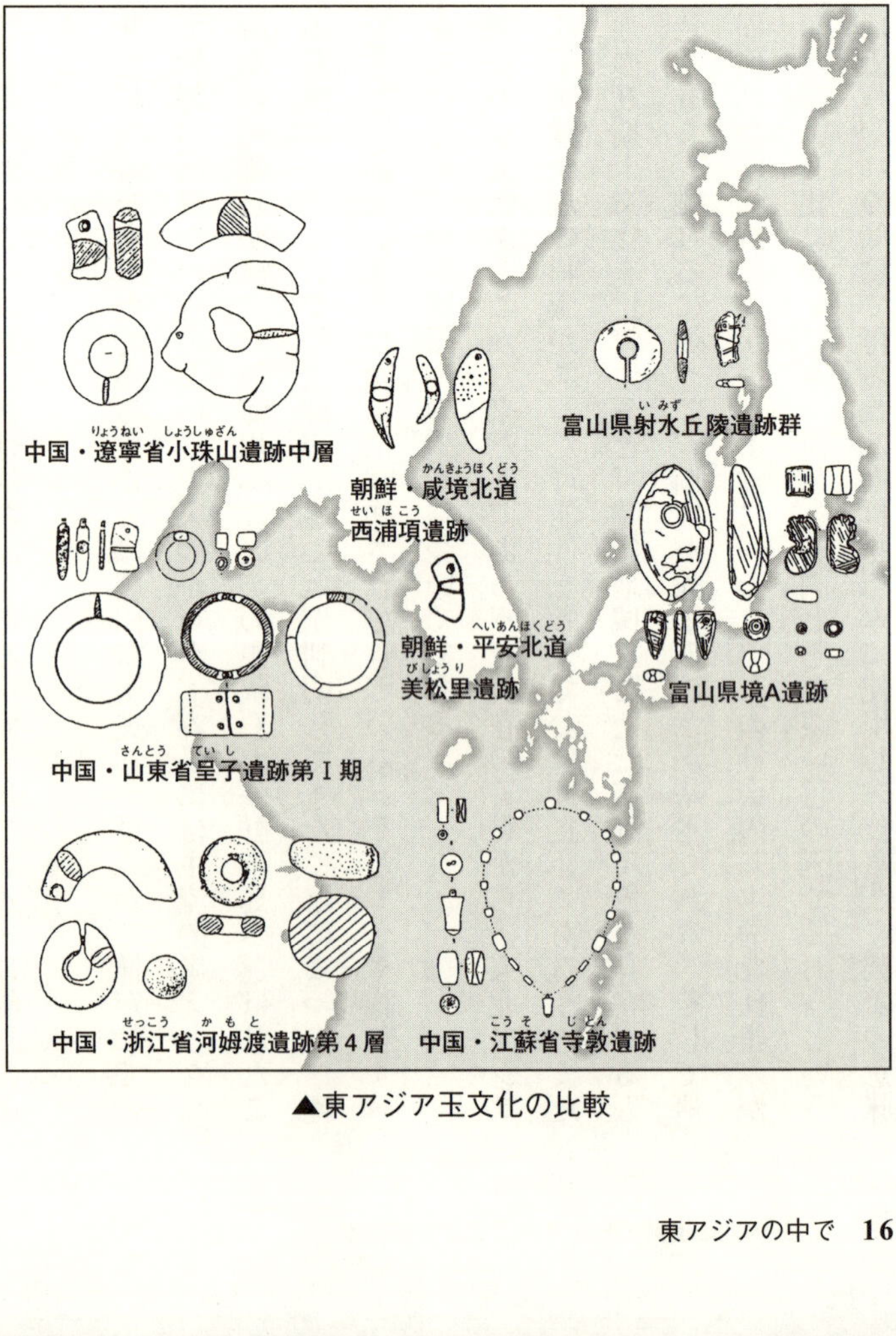

▲東アジア玉文化の比較

ン＝レンフリュー博士が西アジア初期農業社会について提唱したものであるが、それは世界の文明社会形成期に広く当てはめることができるモデルである。色々の発展は、特定地域・特定の人々が主導するより、交流から生まれることの方が多いのである。

他方、活発な交流の中から文明社会が高い水準で確立すると国際関係もおのずと変化していく。東アジアにおいては、中国・中原《ちゅうげん》という一大中心地が形成されると、周辺の地域社会も次第に従来の仕組みでは成り立ちゆかなくなっていく。弥生時代になると、青森県三内丸山遺跡の役割を北部九州の人々が担うようになったが、その玉文化は、主に勾玉《まがたま》と管玉《くだたま》からなり、縄文時代に比べてかなり画一的である。それは玉の使い方において身分の表示という機能が強まったからであり、その使用法は直接的には朝鮮半島に、間接的には中国に学んだものであった。

ただこれ以後のことは、比較的周知の事柄に属しているであろう。ここで私が最も強調したいことは、それ以前の時代に東アジア規模の未来的とも言える交流関係があり、それが東アジアの社会発展の基礎を作ったということである。

（宇野隆夫）

《参考文献》
■藤田富士夫『玉とヒスイ』同朋舎、一九九二年
■岡田康博・小山修三編『縄文鼎談　三内丸山の世界』山川出版社、一九九六年
■春成秀爾『古代の装い』歴史発掘四、講談社、一九九七年
■宇野隆夫「原始・古代の流通」『都市と工業と流通』古代史の論点三、小学館、一九九八年

東アジアの中で
2

稲作文化をもたらした弥生人のルーツはどこか

土井ケ浜遺跡の人骨

●土井ケ浜の海岸で発見された弥生時代の人骨。物言わぬ人骨が雄弁に物語り、我々に教えてくれたことはいったい何だったのか。

日本人の起源を問う土井ケ浜遺跡

日本海響灘《ひびきなだ》に面した山口県豊浦《とようら》郡豊北《とよきた》町の「土井ケ浜《どいがはま》」は、夏にもなると海水浴客でにぎわう。

この砂浜に向かって東から西へ伸びる丘陵地に、今から二三〇〇年以上前、大陸から渡ってきた一団が住み着いた。その痕跡《こんせき》は、その丘陵地から出土した三〇〇体の遺体からうかがうことができる。遺体は、体の軸がほぼ東西になるように横たえられ、しかも頭をやや低くし、顔が西側を向くように埋葬されていた。

この地では、戦前より人骨が砂丘から見つかることがあったが、人々は鎌倉時代の「元寇《げんこう》」の際に暴風雨にあおられて、敗北を喫して浜にうちあげられた蒙古《もうこ》軍の将兵の骨と考えていた。それは今でも土井ケ浜の海岸に「蒙古の船つなぎ石」という伝承の石が残っている点にあらわれている。

▲土井ケ浜の海岸(山口県豊北町)

学術的なメスが入れられたのは、一九三一(昭和六)年のことで、この時、分析にあたった京都帝国大学の三宅宗悦《みやけそうえつ》博士はこれを鎌倉時代以前の古墳時代のものと断定したのだった。しかし、本格的な調査には至らず、それは第二次世界大戦後の地元中学校教諭が見つけるまで待たねばならなかった。

一九五二(昭和二十七)年、地元の中学校教諭衛藤和行《えとうかずゆき》氏が、いつものように絵やオブジュの題材になる浜辺に打ち上げられた漂着物を求めて海岸を歩き回っていた時だった。やや小高い砂丘の中に埋もれた貝の腕輪《うでわ》や人骨に目が止まった。それらの物は、まるで彼に掘り起こされるのを待っていたかのようであった。彼は、それらを掘り起こして人を介して九州大学医学部解剖学教室の金関丈夫《かなせきたけお》教授のもとへ持ち込んだ。その結果、翌年より一九五七(昭和三十二)年にいたる五次にわたる発掘調査が開始されたのだった。当時は静岡県の登呂《とろ》遺跡の発掘調査が終わったばかりで、日本中が考古学・古代史ブームにわき、それも手伝ってか地元の人々の加勢も得ることができ、調査は進められた。

こうして二〇七体の人骨が掘り起こされ、これらの人骨は、同じ場所から出土した土器の形態から、弥生《やよい》時代の前期から中期に属するものであること、これまで発見された縄文《じょうもん》時代の人骨とは違って身長が高くて長い顔を持つ人々であることが判明した。これまでの研究の結果、出土した人骨の大腿骨《だいたいこつ》から身長を算出してみて、縄文人が、男性一五八センチ、女性一五〇センチ以下なのに比べて、弥生人は、男性一六二~四センチ、女性一五〇センチと高いことがわかっている。

その後の発掘によって一〇〇体をこえる人骨が、豊浦町の中の浜《なかのはま》遺跡で見つかり、それらは土井ケ浜のものと同じ形態をしていた。その後、九州北部の遺跡からも土井ケ浜のものと同系統の身長が高く、長い顔の人骨が発見されたことで「北部九州・山口型」の弥生人と名づけられた。そして、金関丈夫教

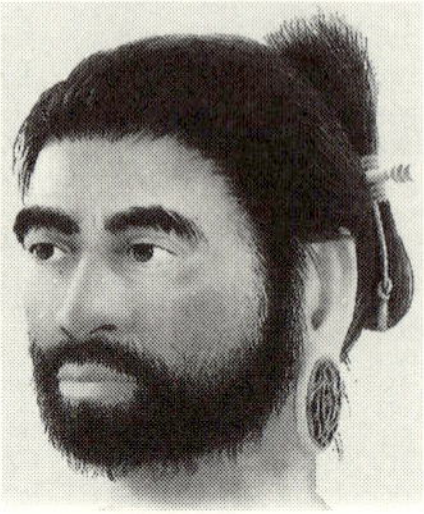

▲縄文人

▲弥生人
（西北九州型）

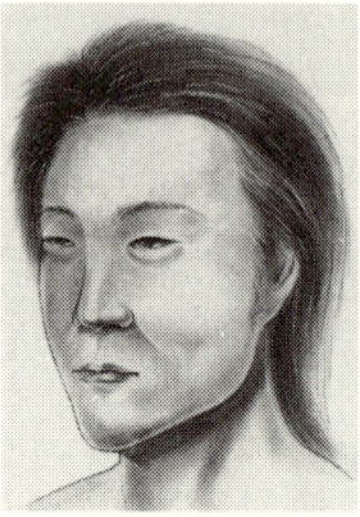

▲弥生人
（北部九州：山口型）

授は、彼らを稲作文化を携《たずさ》えて渡来してきた人々と考え、土着の人々＝縄文人と混血し、まず北部九州と山口県下に広がり、さらに山陰海岸や近畿地方にまで達したという仮説を考えた。「渡来・混血説」と呼ばれる説である。

その後、長崎県を中心とした西北九州の弥生遺跡から、身長が低く、短い顔の人骨がいくつも発見された。このタイプを長崎大学の内藤芳篤《ないとうよしあつ》氏は「西北九州型」と名づけ、「北部九州・山口型」と区別した。そして「西北九州型」の弥生人は、身長が低く短い顔をしていることから、縄文人の特徴を受け継いでいる在地の人々と考えた。

現在、このことに関しては、自然人類学者の埴原和郎《はにはらかずお》氏が一九九一（平成三）年に発表した「二重構造説」（日本人は縄文時代と弥生時代の二回の渡来によって形成されたとする）が主流をしめ、土井ケ浜は弥生時代の渡来人を考える上で、大きな位置を占める。

土井ケ浜弥生人とはどのような人々か

土井ケ浜を象徴する二つの人骨がある。一つは別名「鵜《う》を抱いている女性」と呼ばれ、もう一つは「英雄《えいゆう》」と呼ばれるものである。

前者は左胸の上から小さな鵜の死骸がいっしょに出土したことからそう名づけられた。鵜は古来より天上にある神の国と地上を結びつける使者であり、豊作をもたらす穀霊《こくれい》や祖先の霊魂《れいこん》を運んでくる鳥と信じられていたように思われる。さらに鵜は土井ケ浜の弥生人にとって海を渡ってくるための案内役であり、そのため、彼らは神の世界＝冥界《めいかい》へ魂を導いてくれる案内役と同一視したものと思われる。

しかし、鵜を抱いている人骨はこれ一体であることから、彼女は鵜を自由に操《あやつ》れる呪術者《じゅじゅつ》＝シャーマンのような存在であったと推測され、死を惜しまれて丁寧《ていねい》に埋葬されたものと思われる。

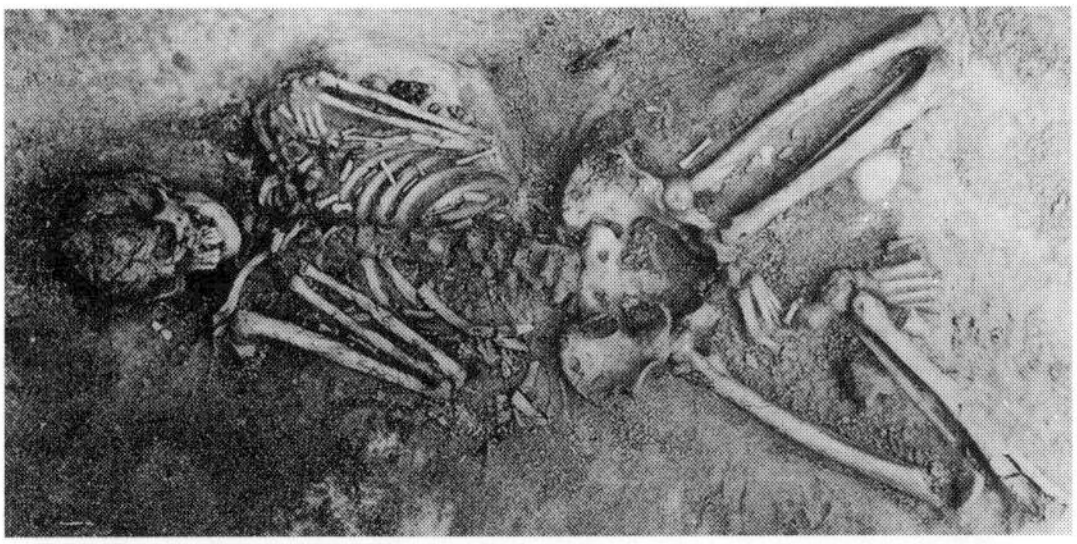
▲鵜を抱いている女性　1953年出土。土井ケ浜遺跡・人類学ミュージアム提供

ところで、その一方で非業の死を遂げたシャーマンも存在した。それが十五本の矢を射られて首がない「英雄」と呼ばれる人骨である。これまで彼は戦いの犠牲者と考えられてきたが、首から上がないことや、腕に巻かれていた腕輪が南西諸島でしかとれないゴホウラと呼ばれる貝でできていたことから、何らかの失敗の償《つぐな》いとして住民に処刑されたシャーマンではないかと考えられる。

この他、土井ケ浜から出土する人骨の手足の骨の内で上腕骨が著しく太いものが見られることから、網をたぐり、船の櫂《かい》をあやつって漁労に携わっていた可能性が考えられる。

弥生時代は、教科書などには、縄文晩期に大陸から伝えられた農耕が、全国的に普及し、農耕民同士が土地や食料をめぐって争った時代とされている。ここ土井ケ浜の沖合いの角島《つのしま》から稲の穂首《ほくび》を刈る石包丁《いしぼうちょう》が出土していることから、土井ケ浜の人々も農耕をおこなっていたと考えられる。

以上のことから、土井ケ浜の人々は、吉凶を占うシャーマンのもとで、半農半漁の生活をおこない、南西諸島とも交易をしていたことがわかる。

土井ケ浜弥生人はどこから来たか

土井ケ浜を含めた「北部九州・山口型」の弥生人はどこから来たか、この問題に一人の形質人類学者が、真正面から取り組んだ。彼の名は松下孝幸《まつしたたかゆき》。一九七三(昭和四十八)年、山口大学理学部四年の時にこの地を訪れて魅せられて以来、長崎大学医学部解剖学助教授の職にあっても片時も忘れることはなかった。一九九三(平成五)年、豊北町に全国初の形質人類学専門の博物館として土井ケ浜遺跡・人類学ミュージアムが設立され、その館長として松下氏は長崎大学の助教授の職を辞して就任した。

土井ケ浜弥生人の起源はどこにあるか、それは土井ケ浜弥生人だけの問題ではなく、日本人の起源を問う問題でもある。当初は、一衣帯水《いちいたいすい》の地にある韓国南部の慶尚南道《キョンサンナムド》から出土した人骨にルーツが求められ、土井ケ浜のものと比較分析されたが、そこに起源を見ることはできなかった。

そこで、中国の山東《さんとう》半島に矛先《ほこさき》を向け、松下氏をはじめとした日中共同チームによって一九九四年から九六年にかけて山東半島を調査した。そして山東半島の臨淄《りんし》遺跡から出土した中国周《しゅう》代末や漢《かん》代の

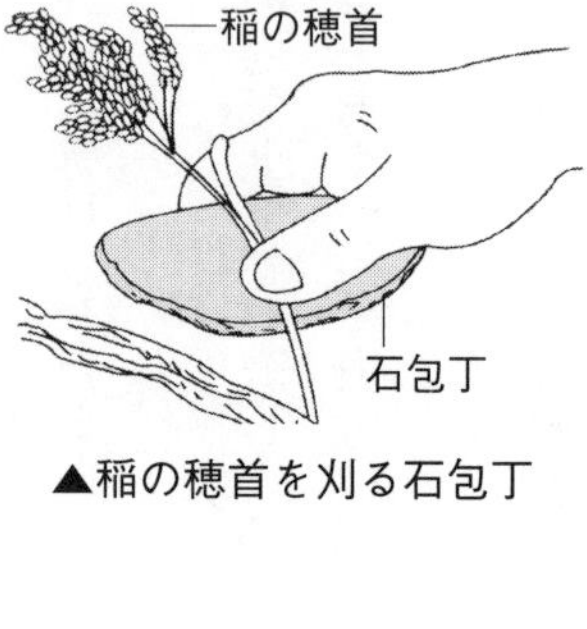

▲稲の穂首を刈る石包丁

人骨が、土井ケ浜のものと極めて似ていることがわかり、中国に起源を求められることがわかった。さらに彼は、「黄河《こうが》と長江《ちょうこう》の二大河川に沿って西から東へ人が移動し、その一部が日本列島に渡ったのでは」と仮説を立て、一九九七年から三年がかりで調査を行った。

その結果、一九九八年に、一九八一年と八二年に出土した青海省《せいかい》の三つの集団墓地のうち、李家山《りかさん》から出土した紀元前一〇〇〇年ごろのものが、土井ケ浜のものに極めて似ていることが判明した。このことで、土井ケ浜弥生人のルーツが、青海省にあることがわかり、年代もこれまでより数百年もさかのぼることとなった。

彼らがどのようにして青海省から山東半島に移動したかは明らかではない。しかし、彼らが山東半島で稲作と出会ったことは、おそらく間違いないであろう。

土井ケ浜弥生人と稲作との出会い

一世紀に編纂された『漢書《かんじょ》』では、弥生時代の日本列島の人々を倭人《わじん》と記す。しかし、倭人は前漢《ぜんかん》の時代(前二〇二～後八年)に編纂された『山海経《せんがいきょう》』では、長江中・下流域に住む人々を指し、五世紀に編纂された『後漢書《ごかんじょ》』では、朝鮮半島南部や日本列島に居住している人々をさす。

元来、中国の書物では、倭とは、背が低くて丸いとか、中央から離れた遠い所の人といった多少蔑《いやし》んだ意味を持っていた。しかし、倭と称される地域をたどってみると、稲作の日本への伝来ルートに位置していることがわかる。現在のところ、稲作は紀元前九〇〇〇年前の新石器時代に長江中流域で始まったという見解が、中国の考古学界で出されている。ここより稲作は人の移動とともに、長江上流・下流域や黄河流域へ伝播していったと考えられる。

中国から日本列島への稲作の伝来ルートは、長江下流から直接北九州へ伝わったルートと長江中下流からいったん北上し、山東半島・遼東《りょうとう》半島・朝鮮半島南部をへて北九州へ伝わったルートの二本がある。

稲には、長い粒の形をしたインディカ種と丸粒のジャポニカ種があり、前者のルートでは、両方の稲が伝わっていることが、筑後《ちくご》川や吉野ヶ里《よしのがり》遺跡がある佐賀県有明《ありあけ》湾沿岸部の遺跡で両方の種類が出土することから判明している。

いっぽう、長江中下流を北上した場所である黄河の南方、淮河《わいが》以北の地域では、黄河流域から伝わった雑穀栽培と稲作が並行しておこなわれてい

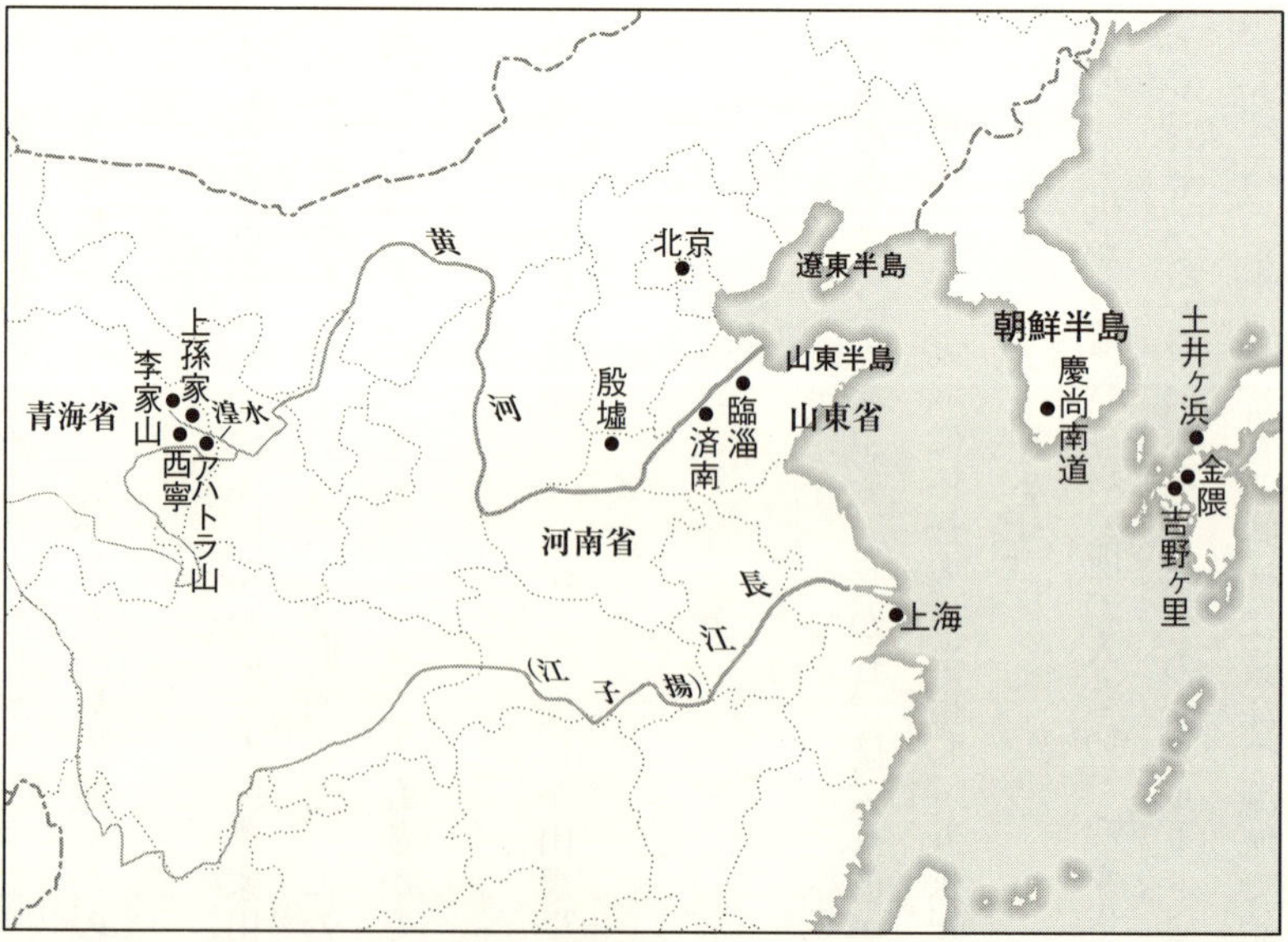

▲土井ケ浜遺跡時代の東アジア

た形跡があり、これは朝鮮半島南部でも北九州でも同様に見られることから、これも重要なルートであったことがわかる。

長江下流域にあたる江南《こうなん》の地には、かつて中国で百越《ひゃくえつ》と呼ばれた「越人《えつじん》」の居住地があり、紀元前八世紀になるとこの地に呉《ご》と越の国が建国され、両国は抗争を繰り返す。この戦いは、紀元前五世紀、越の勝利に終わり、呉の人々の多くは、朝鮮半島や日本に移り住んだ。

勝利した越は北上し、山東半島に都を移す。この越も紀元前四世紀には楚《そ》に滅ぼされ、この時多くの人々が朝鮮半島や日本列島に移住したと思われる。というのも、後の『魏志《ぎし》』倭人伝《わじんでん》には、倭人は魚をとり、航海術に優れ、貫頭衣《かんとうい》を着ていれずみをしているという記述があり、それは越人の習俗《しゅうぞく》と一致するからだ。

また、秦《しん》の時代（前二二一～前二〇七年）、始皇帝《しこうてい》の命によって不老不死の薬を求めて、三〇〇〇人の男女と技術者を連れ、五穀の種子を携えて東へ旅立ったという伝説上の人物「徐福《じょふく》」が出発した場所が、山東半島の琅邪《ろうや》であることからも、中国から稲作をもたらした人々が弥生人であると推測できる。

（藤村泰夫）


《参考文献》■諏訪春雄『倭族と古代日本』雄山閣、一九九三年
■土井ヶ浜遺跡・人類学ミュージアム『土井ヶ浜遺跡の弥生人たち』㈶千里文化財団出版部、一九九九年

東アジアの中で
3

漢王朝は「倭奴国王」をどのように見ていたのか

東アジア世界の中の金印

●志賀島で発見された小さな金印。この小さな金印が古代東アジアの国際情勢について教えてくれることとは何か。

金印の謎

日中交渉史の一ページ目を飾るものとして、「漢委奴国王」金印〔図1左〕はその名を広く知られている。一七八四（天明四）年に博多湾の志賀島《しかのしま》（福岡市東区）で発見されて以来、数多くの人々がこのわずか二・三センチ四方の品物に関心を持ち、熱い議論を繰り広げてきた。

この印は全体が金製で、つまみ（鈕《ちゅう》）はとぐろを巻く蛇をかたどっており、印面には「漢委奴国王」の五文字が刻まれている。五世紀に范曄《はんよう》によって著された『後漢書』には、西暦五七（中元二）年に「倭奴国王」が漢王朝に使いを送って朝貢《ちょうこう》してきたこと、それに対し漢の光武帝《こうぶてい》が、印章と色つきの組みひもである綬《じゅ》を与えたことなどが記録されている。この記事と金印を結び付ける解釈は、その発見当初からすでにあった。しかし、この金印が蛇鈕《だちゅう》など、当時理解されていた漢印の概念に当てはまらない特

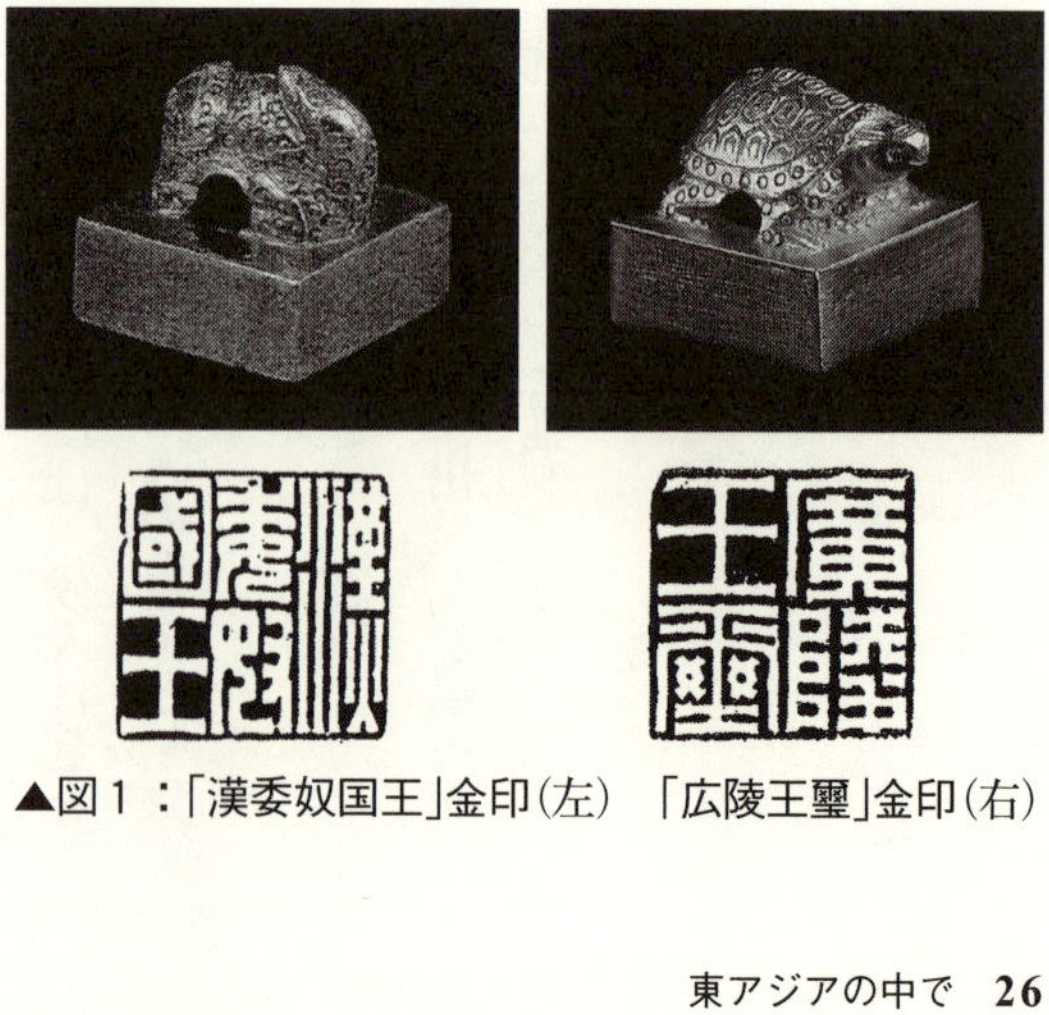

▲図1：「漢委奴国王」金印（左）　「広陵王璽」金印（右）

徴をいくつか備えていたために、その後も論争はやむことがなかった。

やがて二十世紀後半に入ると、中国各地で印章の発見例が急増し、この金印にも新たな角度から光が当てられるようになる。なかでも江蘇《こうそ》省で発見された「広陵王璽《こうりょうおうじ》」金印〔図1右〕は、紋様の手法などが「漢委奴国王」金印とよく似ており、しかもそれが「倭奴国王」の朝貢の翌年に製作されたものであると推論されることによって、「漢委奴国王」金印をめぐる問題に解決の糸口を与えることになった。今日では、この「漢委奴国王」金印を、光武帝が「倭奴国王」に与えた印そのものとする説がすでに定説化し、歴史の教科書に登場するまでになっている。

金印と倭人・倭国

この金印が多くの人々の関心を集めるのには、二つの理由がある。まず第一に、これが国内で発見された今のところ唯一の漢代の印章で、日中交渉史の重要な証拠となるからである。第二には、この金印の解釈が、「邪馬台国《やまたいこく》」論争などとも結び付いて、日本列島における国家形成という問題にきわめて重要な意味をもつからである。

中国の正史に「倭奴国王」の朝貢に前後して現れる「倭《わ》」(日本)関連の記事についてみると、「倭」は初め「倭人」として伝聞記事の中に登場するが(『漢書』地理志)、紀元後まもないころになると、倭にかかわる可能性がある「東夷《とうい》王」が朝貢し(『漢書』王莽《おうもう》伝)、問題の「倭奴国王」をへて、二世紀の初めには「倭国王帥升《すいしょう》」が生口《せいこう》百六十人を献じた(『後漢書』東夷伝)ことなどが確認される。それから百年あまり後が「親魏倭王《しんぎわおう》」卑弥呼《ひみこ》の時代である。「倭奴国王」の朝貢をはさむ百年のあいだに、日本列島には王を戴《いただ》く「国」が成立し、国際社会への第一歩が踏み出されたことがわかる。

この金印については、その印文を「漢《かん》の委《わ》(倭)の奴《な》の国王《こくおう》」と読んで、「奴」の所在を今日の福岡平野に想定するのが今日の一般的な解釈である。「倭奴国王」が漢に朝貢したとされる時期の「王墓」は未発見だが、この時期、鏡など漢王朝との結び付きを示す遺物は北部九州に目立って集中している。しかもそこには複数のセンターの併存というあり方がうかがえ、全体を統合する「国」が存在したとは考えにくい。一方で国産の青銅器の生産拠点など、当時の重要なセンターの一つは明らかに福岡平野に想定することができる。これらを総合すれば、「委奴国王」を「倭国王」と同質ではなく、それを倭という種族ないし地域を構成する「奴」という「クニ」としてとらえ、その所在を福岡平野の一角に想定する今日の説は、大筋として納得のゆくものといえるだろう。

漢王朝と「国王」

「委奴」はそのように解釈するとして、残りの「国王」についてはどのような説明が可能だろうか。実は近年出土したものを含め、数ある印章のなかで印文中に「国王」と刻む例は、目下これ以外に類例がない。そして文献においても、無数にある「王」の事例に比べ、「国王」はごく少数見られるにすぎない。かつてこの点からこの金印を疑う見方もあったが、今あらためて中国正史での「国王」という表記例を見ると、「外国王」(外国の王)のように分けて読む例を除くなら、以下のような傾向が明らかとなる。まず『史記』では本文中に皆無であり、『漢書』でも内臣の諸侯王と西域の「婼羌《じきょう》国王」の各一例しか確認できない。それに対して『後漢書』では、内臣の諸侯王二例の他に、「倭奴国王」「倭国王帥升」各一例、「大秦国王」一例（ローマ皇帝とされる）、西域の「焉耆《えんき》《カラシャール》国王」一例（今日の新疆《しんきょう》ウイグル自治区西部）、「撣《たん》国王」三例（今日のミャンマー北部）、「索離《さくり》国王」一例（今日の中国東北地方）が確認される。つまり「国王」という語句は、おもに『後漢書』に集中し、しかもその大部分が遠方の異民族の事例であることがわかるのである。

その理由として『後漢書』の成書年代の遅さを考慮する必要もあるが、それに先立って著された『続漢書』百官志には「四夷《しい》に国王……あり」という記述が見えるから、当時、異民族の長に対して実際に「国王」という称号が用いられていたのはほぼ間違いない。先の『後漢書』の記述を見ても、異民族の長に対する称号として、「王」と「国王」の二種類を使い分ける傾向があることが確認される。

これより時代が下る唐代には、王朝と交渉をもつ異民族の国家群を、冊封《さくほう》体制の内にある「蕃域《ばんいき》」と、その外側の朝貢国である「絶域《ぜついき》」に区別する考え方が存在し、前者に「王」、後者に「国王」の称号が区別して用いられる傾向があったという。「絶域」の語は『後漢書』にも見られるから、あるいはそうした区分の萌芽がすでにこの時期にあり、それがこの金印にも反映されているとも考えられる。「倭奴国」が漢王朝によって、シルクロードの西域諸国やローマ、さらには今日のミャンマーや極東などの「絶域」の国々と同等に位置付けられていたとすれば、きわめて興味深い。

蛇鈕印の系譜と「漢委奴国王」金印

　こうした国際環境の一端は、印そのものの特徴にも反映されている。この「漢委奴国王」金印の特徴の一つは、蛇をかたどったつまみ（鈕《ちゅう》）、蛇鈕《だちゅう》である。文献が記す漢代の印章制度では、螭《ち》虎《こ》・橐駝《たくだ》（ラクダ）・亀などの動物の形をした鈕や、単純なブリッジ状の鼻鈕《びちゅう》など、異なる鈕の形式をもつ印章が、身分によって区別され与えられていたという。実在する印章には蛇鈕や魚鈕《ぎょちゅう》などの例もあり、文献の記載と若干の出入りがあることが予想されるが、少なくとも鈕の形式が素材の差などと組み合わさるかたちで、皇帝を頂点とした序列が組み立てられていたのは疑いない。

　最も古い蛇鈕印としては戦国時代の楚《そ》の印とされるものが一例あるが、秦《しん》代にはまったく例を見ない。しかし続く項羽《こうう》の時代から劉邦《りゅうほう》の漢の建国期には、「彭城丞印《ほうじょうじょういん》」銅印［図2左］など十数例の蛇鈕印がある。この種の印に記された地名を地図上に落とすと、その範囲は当時の版図のほぼ全域に広がる［図3］。それらの地名の下に見える官名は王朝中央や地方政府のそれほど高くない地位のもので、そのすべてが銅を素材とした銅印である。

▲図2：「彭城丞印」銅印（左）　「文帝行璽」金印（右）

　ところが、続く時期になると蛇鈕印は漢の天下の内から消え去ってしまう。前漢前半期の例として

「文帝行璽《ぶんていこうじ》」金印〔図2右〕があるが、これは漢とは別の政権を今日の広東《カントン》に打ち立てた南越国《なんえつこく》の王が、帝を称して自ら刻んだものであり、漢印とはいえない。

漢王朝下に再び蛇鈕印《だちゅういん》が確認されるのは、その南越が漢によって滅ぼされた前漢半ば以後のことである。「滇王之印《てんおうのいん》」金印〔図4左〕と「労邑執封《ろうゆうしっけい》」琥珀《こはく》印〔図4右〕の二例は、いずれも漢の拡張を受けて漢王朝に帰属した異民族の長が、それまでの称号を承認され、漢皇帝から授《さず》かった印およびその明器《めいき》と考えられる。この二つの印に見られる、頭部を後ろに向けて下半身を左巻きに巻き込んだ蛇鈕の特徴は、それ以前のものとはかなり様相が異なっており、それからおよそ百年後の後漢初期の例である「漢委奴国王」金印とよく似ていることがわかる。

この後漢代には、北方民族に橐駝《たくた》（ラクダ）鈕印、南方の民族に蛇鈕印というように、民族によって与えられる印の鈕式が区別される仕組みが確立し、こ

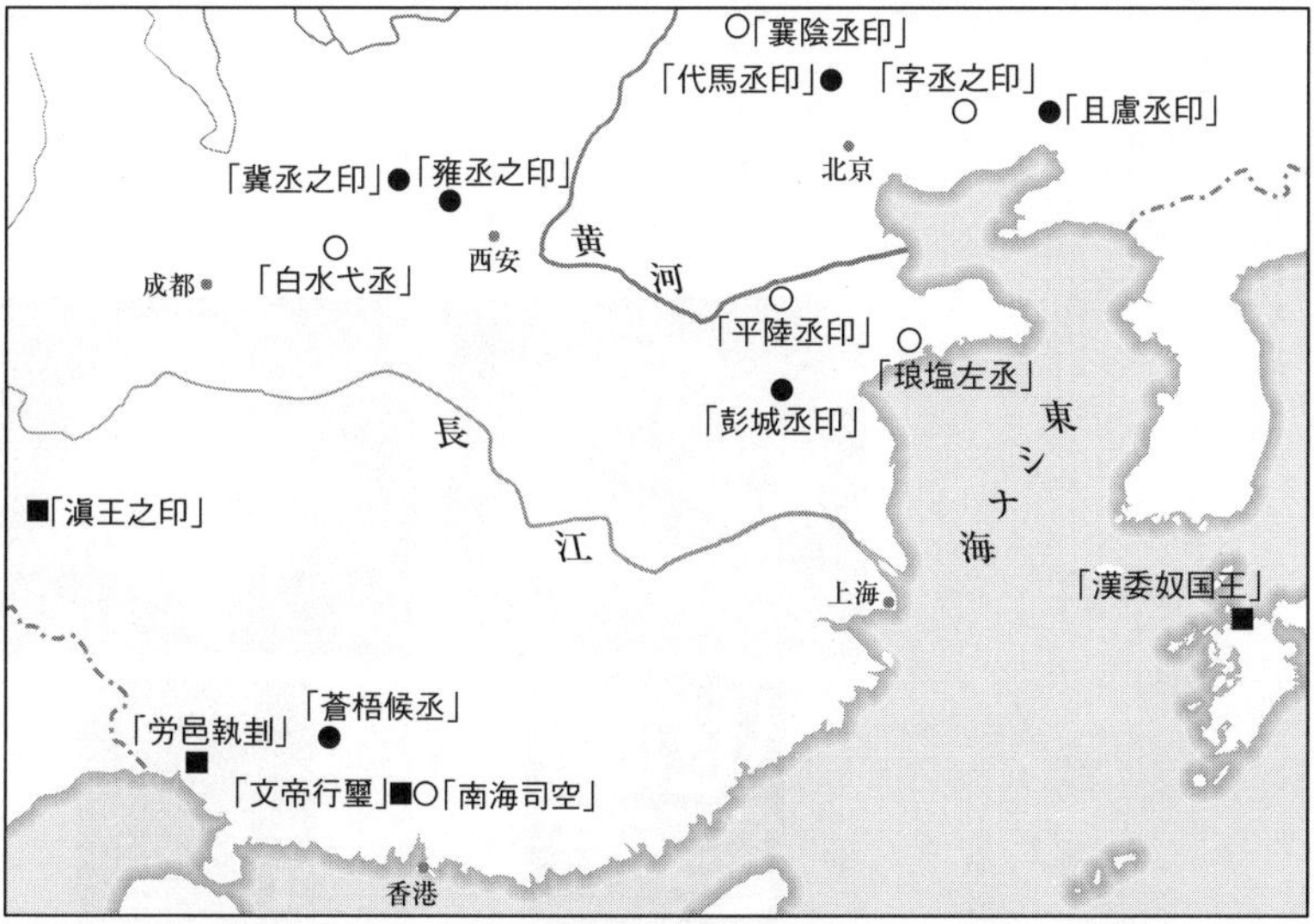

▲図3：秦末漢初の蛇鈕印●（○は推定）とその他の蛇鈕印■

の種の特徴的な蛇鈕印は、南方の異民族に対する印の形式として、晋《しん》代まで継続することになった。このように日本と中国南部の民族世界は、蛇鈕という特徴を通じ、深いところで結び付いているといえるのである。

中国の歴代王朝との関係を国際秩序として反映させた東アジア特有のシステムは、その後さらに十九世紀末の清《しん》朝末期まで続いてゆく。印章についていえば、清代においてもなお、亀鈕《きちゅう》金印（朝鮮）や駝鈕鍍金《ときん》銀印（琉球・越南〈ベトナム〉・暹羅《せんら》《シャム》〈タイ〉・南掌《なんしょう》《ラーンサーン》〈ラオス〉）など、異なる鈕式の印を国ごとに区別して与える仕組みが継続していた。志賀島で「漢委奴国王」金印が発見されたのはちょうどこの頃のことである。日本ではそれをきっかけに蛇鈕印をめぐる論争が始まるが、中国の識者がそのことを知るのは、それからおよそ百年後のことであった。

（吉開将人）

※本文中の各挿図の縮尺はそれぞれ異なっている。

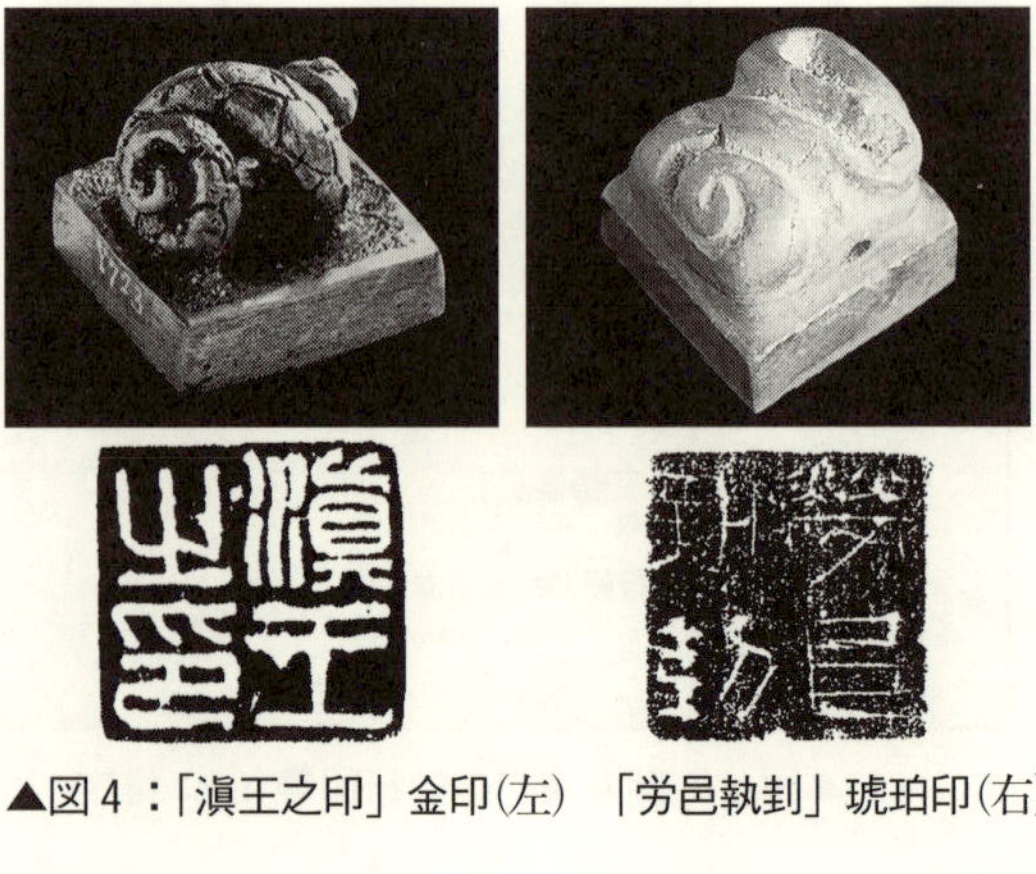

▲図4：「滇王之印」金印（左）「労邑執刲」琥珀印（右）

《参考文献》

■大谷光男編著『金印研究論文集成』新人物往来社、一九九四年

■高倉洋彰『金印国家群の時代』青木書店、一九九五年

■金子修一「漢代蛇鈕印に関する覚書」『山梨大学教育人間科学部紀要』一—一、一九九九年

東アジアの中で
4

卑弥呼はなぜ魏の国に朝貢したのか

倭人に贈られた称号と三世紀の国際関係

●三国志の時代、大陸にはもう一つの政権があった。三世紀の複雑な国際関係の中で、微妙な役割を演じたのが邪馬台国であった。

遼東の独立政権

邪馬台国《やまたいこく》の女王卑弥呼《ひみこ》が使者を送り魏《ぎ》と交渉する以前、倭《わ》が密接な関係をもった大陸の勢力が存在した。遼東《りょうとう》の公孫氏《こうそんし》である。後漢末の争乱状態の中で、一九〇年に遼東の地に自立した公孫度《こうそんたく》は、成立当初から曹操《そうそう》（魏の実際の創立者）に敵愾心《てきがいしん》を燃やしていた。曹操の推薦によって永寧郷侯《えいねいきょうこう》なる位と印《いん》綬《じゅ》を与えられると、「自分は遼東にあっては王である。どうして永寧一郷の侯《こう》などであろうか」（『魏志《ぎし》』公孫度伝）と怒り、贈られた印綬を武庫に放り込んでしまうというありさまであった。

度《たく》の子、公孫康《こうそんこう》は朝鮮半島に進出し、二〇四年、楽浪《らくろう》郡の南に帯方《たいほう》郡を新設する。当時の朝鮮半島南部では韓や濊《わい》といった民族の活動が盛んになり、これを抑えることが出来なくなった後漢王朝に代わって公孫康が楽浪郡の南部に新たに設けた郡こそが、後に卑弥呼の使者が訪れる帯方郡のはじまりである。帯方郡設置に続いて『魏志』韓伝は次のように記す。「この後、倭・韓ついに帯方に属す。」「属す」とある以上、倭と公孫氏との関係は対等ではない。倭は、魏と敵対関係をとり続ける公孫氏独自の勢力圏

▲3世紀前半の遼東・朝鮮半島

に入ったことになる。魏に朝貢する以前に、倭が魏に敵対する勢力(公孫氏)に服属していたことは注目すべき史実である。

公孫康《こうそんこう》の魏に敵対するその様子は凄まじい。康が朝鮮に続いて烏丸《うがん》への勢力伸長をはかった際、康の使者は曹操《そうそう》の送った使者と烏丸をめぐって激しく争っている。一地方の公孫康が烏丸の王に単于《ぜんう》(遊牧民の君主にあたる称号)の印綬を授ける天子振る舞いをするとはけしからん、と曹操の使者が非難すると、すかさず公孫康の使者は次のように切り返している。「我が遼東の公孫氏は百万の兵を擁している。また(朝鮮の)扶余《ふよ》・濊貊《わいはく》を利用することもできる。現在の勢いで強者は我が公孫氏である。どうして曹操だけを正統とすることなどできようか。」何という自信か。

のち、公孫康のあとを継いだ子の公孫淵《えん》は二二八年に「紹漢《しょうかん》元年」なる独自の元号を建て、「遂に自立して燕王《えんおう》となり、(独自の)官職を置いた。使者を鮮卑《せんぴ》に送り単于の印綬を授け、周辺の諸族にも封地を与えた。」と『魏志』公孫淵伝は伝えている。

このように魏と激しく対立する公孫氏政権は大陸で鼎立する呉《ご》の注目するところとなった。二三二年春三月、呉は公孫氏に海上より使者を送る。公孫氏と手を結ぶためである。冬十月、公孫淵はこれに応じ呉に遣使し、貂《てん》・馬を献上している。呉の孫権《そんけん》は大いに悦び、淵に「燕王《えんおう》」位を授け、天子に比すべき大切な王を任命する場合に用いる金宝珍貨を与えている。呉の孫権が、魏を背後から牽制《けんせい》する勢力として公孫氏にいかに期待を寄せていたかがうかがえよう。

二三四年、魏は五丈原《ごじょうげん》の戦いに勝利し、蜀《しょく》との戦いが一段落すると、それまでの懐柔政策を一転させ、余力を遼東に送り込み一機に公孫氏政権の壊滅をはかった。公孫氏政権は魏軍との戦闘開始から二ヶ月後の二三八年八月に滅亡し、これ以後公孫氏が支配していた遼東・帯方・楽浪・玄菟《げんと》の四郡は魏の領有するところとなる。卑弥呼が魏に使者を送った「景初《けいしょ》三年」は、まさにこの翌年の出来事である。

倭に対する魏の処遇

倭は、これほどまでに魏に敵対した公孫氏に属していた。公孫氏が滅ぼされた以上、倭も魏による攻撃を受けても何ら不思議ではない。倭の女王が公孫氏が滅んだ翌年(二三九年)に魏の都に使者を送り朝貢した理由は、倭が魏に敵対する意志が無いことを直接皇帝に伝える必要に迫られていたからである。かかる立場の倭に、魏はどのような待遇をしたのであろうか。『魏志』倭人伝は、魏帝の言葉を次のように記している。

「……帯方郡の太守《たいしゅ》が使者を派遣して、お前の使者大夫の難升米《なしめ》、副使の都市牛利《としぐり》を魏の都に送りとどけた。………お前ははるか遠方から使者を派遣して朝貢してきた。これはお前の忠誠心の表れであり、私はお前のこうした態度に大変感心している。そこで今、お前を親魏倭王《しんぎわおう》に任じ、金印紫綬《きんいんしじゅ》を与える。

……お前の派遣した使者の難升米、牛利は遠く離れた所から渉《わた》ってきてご苦労であった。そこで今、難升米を率善中郎将《そつぜんちゅうろうじょう》に、牛利を率善校尉《そつぜんこうい》に任じ、銀印青綬《ぎんいんせいじゅ》を与える。」

卑弥呼の位と印綬の価値

いったい卑弥呼が授けられた「親魏倭王《しんぎわおう》」なる称号・金印紫綬《きんいんしじゅ》はどの程度の価値を持つのか。倭国内に不安定な要因をかかえていた邪馬台国の女王にとって文字通り「魏に親しい特別な倭国王」として、中国王朝から認められた意義は想像以上に大きかったに違いない。

さらに注目すべきは、この称号がもつ希少価値である。魏が「親魏…王」という称号を与えた前例はわずかに一例、この十年前に西方の大国大月氏《だいげっし》（クシャン朝）の王に授けた「親魏大月氏王《しんぎだいげっしおう》」しかない。つまり、魏が与えた称号のなかで、卑弥呼に授けた「親魏倭王」は他に類例がわずかに一例しかない特別な位であったわけである。そして、その物的な証が卑弥呼に贈られた金印紫綬（印材が金で組みひもの色が紫色の印綬）である。中国の印綬には厳格なルールがあり、官職の高下に応じて印の材質、綬（印に付けられる組みひも）の色を使い分けている。印綬の研究では、卑弥呼が与えられた金印紫綬は、中国周辺異民族に与える印綬のなかでも最高位にあたるとされている。してみると、卑弥呼に与えた称号・印綬をみる限り、魏の倭国への待遇はきわめて厚いものであったと云わざるを得ない。それはまた、以下に取り上げる倭の使者に対する魏の処遇からも確認出来る。

倭の使者に与えた位と印綬の価値

卑弥呼の使者難升米《なしめ》と都市牛利《としぐり》に、魏の明帝がそれぞれ与えた「率善中郎将《そつぜんちゅうろうじょう》」「率善校尉《そつぜんこうい》」なる位はどの程度の価値をもつものなのか。双方の位に共通する「率善」という語句は、文献や魏印から考えると、どうやら中国に服従してきた周辺異民族の指導的立場にある者に与えたものらしい。

「中郎将」は皇帝の政務をたすける役人（郎官《ろうかん》）を統率する役職として、また「校尉」は校という軍団を指揮する隊長に与える官職として、いずれも皇帝からの信任が厚い特別な位であった。曹操《そうそう》が、後漢末の騒乱期に新設された中郎将に任ぜられ活躍していることや、黄巾《こうきん》の乱（一八四年）の際に新しい校尉としてその鎮圧にあたっていたことを考えれば、魏の時代に至っても、これらの官職が重要な地位であり続けたことは疑いようもない。

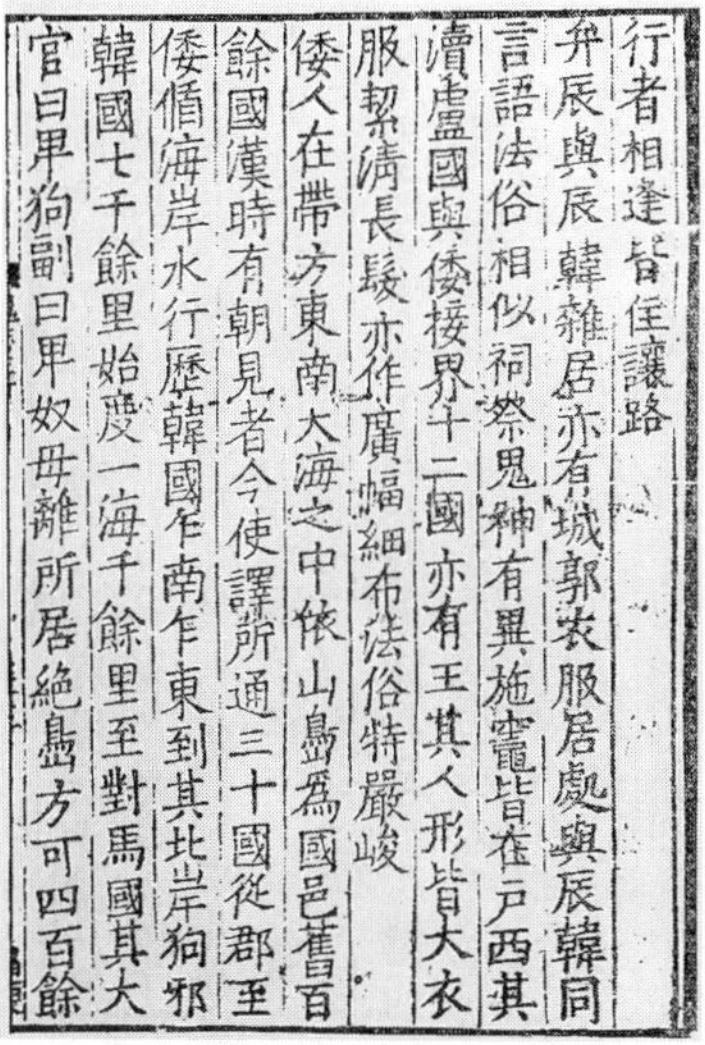
行者相逢皆住讓路
弁辰與辰韓雜居亦有城郭衣服居處與辰韓同
言語法俗相似祠祭鬼神有異施竈皆在戸西其
瀆盧國與倭接界十二國亦有王其人形皆大衣
服絜清長髮亦作廣幅細布法俗特嚴峻
倭人在帶方東南大海之中依山島為國邑舊百
餘國漢時有朝見者今使譯所通三十國從郡至
倭循海岸水行歷韓國乍南乍東到其北岸狗邪
韓國七千餘里始度一海千餘里至對馬國其大
官曰卑狗副曰卑奴母離所居絶島方可四百餘

▲『魏志』倭人伝の部分

この二人の使者に魏が与えた銀印青綬《ぎんいんせいじゅ》（青色の組みひもの付いた銀印）は、郡の太守（長官）クラスに与えられる印綬である。また、のちの「五胡《こ》十六国」の一翼を担う鮮卑《せんぴ》族が晋《しん》王朝から与えられた印が出土しているが、驚いたことにこの印は「晋鮮卑率善中郎将」と刻まれた銀印である。倭の使者に与えられた印綬の高い価値からも魏がいかに倭を厚遇したのかうかがえよう。

魏はなぜ倭を厚遇したのか

魏は、朝鮮半島南部の韓族の動きを封じるために倭を厚遇したのではあるまいか。それほど帯方郡の南部では韓族の動きが活発で、魏はその対応に苦慮していた。韓族の一つ辰韓《しんかん》を統率していた辰王《しんおう》の勢力をそぐため魏は、帯方郡の管轄下にあった韓諸国のうち辰韓八国を楽浪郡に移している。また、辰王とその臣下との分断をはかるためか、魏は倭の女王に対する優遇策とは対照的に辰王を冷遇していた。『魏志』韓伝には、魏は韓族の王（辰王）の臣下には率善邑君《そつぜんゆうくん》・帰義侯《きぎこう》などの位を与えたとあるのに、最高位にあたる王に対する処遇を記していない。韓族の力が辰王のもとで結集するのを恐れたのであろう。帯方郡の維持は容易ではなく、韓族諸国に攻められ郡の太守（長官）が戦死する事件も起こっている。

さらに、まさに卑弥呼が魏に使者を送る三ヶ月前、呉《ご》が公孫《こうそん》氏滅亡後の遼東を海上より攻撃し、帯方郡を守る魏の兵を撃ち、人民を捕らえ帰っている。魏のとった倭への厚遇政策は、こうした不安定な朝鮮情勢を背景にとられた政策であったのであろう。

もうひとつ気になるのが呉の存在である。海上航行を得意とする呉は、魏と敵対する勢力と同盟を結び、魏を背後から脅かすために大規模な船団を方々に送っている。東方では公孫氏、それに失敗すると高句麗《こうくり》に、さらには『呉志』に明らかな記述はないが、倭国の盟主であった邪馬台国に接近していたとしても何ら不思議ではない。

そもそも、呉越地方と倭地とのつながりは深い。たとえば、『魏略《ぎりゃく》』にある太伯《たいはく》伝説（倭人は呉の祖とされる太伯の子孫であるとする伝説）や『魏志』倭人伝にみられる文身《ぶんしん》（入れ墨）・服飾・航海儀礼など倭人の南方的習俗などは水稲耕作とともに両地の密接な関係を裏付けている。

三国時代の呉と倭国とのつながりは考古学上からも注目されている。「赤烏《せきう》」という呉の年号を刻んだ銅鏡が、山梨県鳥居原古墳や兵庫県安倉《あぐら》古墳から出土している。これらの銅鏡は明らかに呉とのつながりがあったことを推測させる。また、日本の古墳から出土する三角縁神獣鏡《さんかくぶちしんじゅうきょう》こそが、『魏志』倭人伝に記された、魏から卑弥呼に贈られた銅鏡であるとする解釈ばかりではない。この鏡は、日本各地から四百枚も出土しているにもかかわらず、贈り先であるはずの中国からは一面も出土していない。また、この鏡と系譜のつながる神獣鏡は、華北の魏の領域ではなく、江南の呉の領域に発達したものであることから、三角縁神獣鏡は呉の鏡作り師が倭国内で製作した銅鏡である、とする学説も存在する。海上より接近する呉に倭国が応じ、敵対勢力となることを魏は極力避けたかったに違いない。

閉ざされた日本列島内でのみ歴史は展開されたのではない。東アジアのうねりのなかで古代日本の歴史は展開された。「東アジアのなかの日本」という視点が古代日本を読み解くカギとなろう。（深井信司）

《参考文献》

■大庭　脩『親魏倭王』学生社、一九七一年
■栗原朋信『上代日本対外関係の研究』吉川弘文館、一九七九年
■西嶋定生『日本歴史の国際環境』東大出版会、一九八五年
■森　浩一編『日本の古代1　倭人の登場』小学館、一九八五年
■大庭　脩編『卑弥呼は大和に眠るか』文英堂、一九九九年

東アジアの中で
5

本格的な池溝開発はいつから始まったか

古代国家の中の河内・狭山池

●なぜ七世紀に地溝開発が本格化したのか。その技術はどこから伝えられたのか。そして、地溝開発の本格化は何を意味するのか。

『日本書紀』『古事記』の池溝開発記事

奈良時代の八世紀前半に編纂された『日本書紀』『古事記』には三十二箇所の池溝《ちこう》開発記事が掲載されている。池溝開発とは池や溝を造り田を拓《ひら》く農業整備事業のことであるが、これらの記事からは律令国家が池溝開発に大きな関心を持っていたことを十分にうかがい知ることができる。記事の内、二十二箇所は崇神《すじん》紀から履中《りちゅう》紀に、残り一〇箇所は推古《すいこ》紀に集中する。前者に関しては、大阪府堺市の大山《だいせん》古墳(伝仁徳《にんとく》陵古墳)や大阪府羽曳野《はびきの》市の誉田山《こんだやま》古墳(伝応神《おうじん》陵古墳)など大前方後円墳の活発な造営活動から、五世紀は大土木工事の時代というイメージが増幅され、仁徳紀の池溝開発記事を事実視する向きがあった。

しかし最近の考古学の成果は、本格的な地溝開発が七世紀に始まることを明らかにした。特に、大阪狭山《さやま》市に所在する狭山池の築造年代が七世紀の初めごろに確定された意義は大きい。

▲ダム化される前の狭山池(大阪狭山市狭山) 大阪狭山市教育委員会提供

現在、私は狭山池から発掘された堤や池の水を取り出す装置である樋《ひ》などの土木遺産を展示する博物館の開設業務にたずさわっている。これらの土木遺産には狭山池が誕生して以来、約一六〇〇年にも及ぶ生命と財産を守り大地の豊饒《ほうじょう》を保証してきた治水と灌漑《かんがい》の歴史が凝縮されており、来館者に大きな感動と勇気を与えると思う。開館は二〇〇一（平成十三）年の春を予定している。

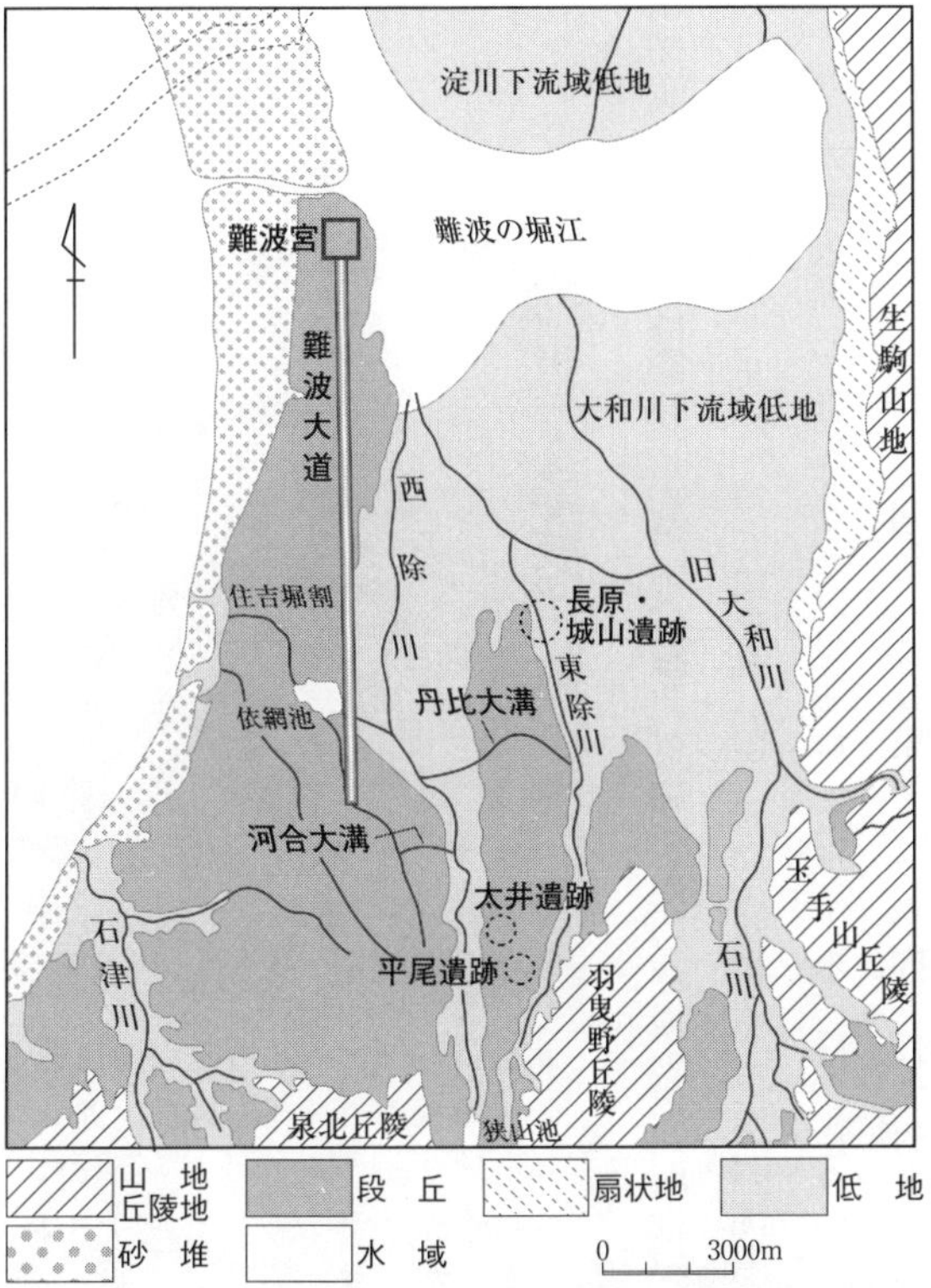

▲7世紀の西除川・東除川流域の池溝開発

狭山池の誕生

狭山池の造池記事は『日本書紀』崇神紀や『古事記』垂仁《すいにん》記に登場するが、治水《ちすい》事業にともなう発掘調査により築造当初の樋（東樋）が見つかり、コウヤマキをくり抜いて作られた樋管の年輪年代から、池の築造年代は六一六年ごろと確定した。

大阪平野の南部には広大な段丘面が拡がる。狭山池は泉北《せんぼく》丘陵と羽曳野丘陵の一番狭まった

▲全長73メートルの狭山池東樋
大阪狭山市教育委員会提供

標高七四、四メートルの地点で、北流する天野《あまの》川（現西除《にしよげ》川）を全長約三〇〇メートル、高さ五、四メートルの土堰堤《えんてい》で塞《ふさ》ぎ止めたダム式の溜池である。築堤には、ブナ科のアラガシやウラジロガシの枝葉を敷き並べながら順次土を積み上げる敷葉《しきは》工法が使われていた。

敷葉工法は中国安徽《あんき》省寿《じゅ》県の安豊塘《あんほうとう》の堤（後漢一世紀の修築時）や韓国全羅北道《チョルラプクド》金堤《キムジェ》の碧骨堤《ベッコルチェ》の堤（四世紀）、同じく忠清南道《チュンチョンナムド》扶余《プヨ》市羅城《らじょう》の土塁（百済《ひゃくさい》時代六・七世紀）などに使われていた古代東アジアの国際的土木技術である。国内では福岡県太《だ》宰府《ざいふ》市水城《みずき》大堤（七世紀）などに見られ、その工事には、亡命百済官人が関与した可能性が高い。古代では高度な技術や技術者は国家により集中的に掌握されており、高度な敷葉工法の築堤による狭山池の築造は国家的プロジェクトであったに違いない。狭山池の誕生には、王権の強い意志が反映されていた。

七世紀初頭の国際情勢を勘案《かんあん》すれば、技術入手を目的とする外交関係の相手として朝鮮半島の百済が浮かび上がる。推古十年、西暦六〇二年に土木工事に必須の暦本、天文地理書、占星術書が百済僧観勒《かんろく》により将来されているが、これは王権の要請による国家間の技術供与的意味合いが強い。

西除川・東除川流域における総合的開発

七世紀に入ると西除川《にしよけ》、東除川《ひがしよけ》流域の段丘面は一気に開発が進む。両河川の流域には、三つの開発方式がある。

第一は標高八～一〇メートル前後で、低位段丘面から沖積低地にいたる開発方式。大阪市平野区長原《ながはら》遺跡では段丘面の高所に東除川から引水する水路を開削し、高低差を利用して緩傾斜面に灌水を流し水田を拓いていた。長原遺跡の水田は北の城山《じょうやま》遺跡まで続くが、城山遺跡の水田には南北を一一〇、四メートルに区画する大畦畔《けいはん》が設置されていた。この畦畔は条里《じょうり》型地割の先駆的存在だが、ここからは国家が開発を主導した証である「冨官家《みやけ》」の墨書《ぼくしょ》土器が見つかっている。第二は松原市河合《かわい》大溝や丹比《たじひ》大溝にみる開発方式、丹比大溝は東除川から取水して西除川に落とす延長約四キロメートルの大溝で、標高二三～二三、五メートルの等高線に沿って中位段丘面をほぼ東西に横断する。大溝の北に拡がる段丘面や谷底平野が灌漑地である。第三は狭山池による灌漑で、狭山池の築造とほぼ同時期に平尾《ひらお》遺跡や太井《たい》遺跡（いずれも南河内郡美原《みはら》町）の集落が誕生する遺跡動向から、溜池の北約五～七キロメートル付近の中位段丘面が灌漑対象地と推定される。このように七世紀の西除川・東除川流域では下流域、中流域、上流域とそれぞれに地形条件を巧みに読みとった開発方式により広範囲な池溝開発が進行していた。

ここで西除川下流域に造られた依網《よさみ》池に注目しよう。依網池は、一七〇四（宝永元《ほうえい》）年の大和川の付替工事で池の大半が消滅したが、かっては大阪市住吉区から堺市北東端まで拡がる長さ一、四キロメートルの溜池であった。この依網池は、今まで灌漑用の溜池と理解されてきた。しかし、①依網池の北方は河川灌漑地域で、依網池は溜池を必要としない水利条件下に築造されている、②依網池の水は住吉掘割《すみよしほりわり》を介して大阪湾に通じている、という二点から、私は依網池は西除川の洪水水量の低減と下流河道の負担を軽くする遊水池とみなす。住吉掘割を依網池に一旦蓄えられた洪水水量を大阪湾に放流する水路と理解すれば、掘割の開削は合理的に説明できる。依網池の方式は、現代にも通じる溜池を使った低地の治水事業である。

『日本書紀』仁徳紀に「宮（難波高津宮《なにわたかつ》）の北の郊原を掘りて、南の水を引きて西の海（大阪湾）に入る」と記された「難波の堀江《ほりえ》」の開削伝承や奈良時代に和気清麻呂《わけのきよまろ》が上町《うえまち》台地を掘り開き台地東側の滞水を大阪湾へ排水しようと計画したことなどが物語るように、上町台地の東の低地は長雨が続けば河内潟の滞留水が逆流し、水害が頻発する不安定な地形環境であった。依網池の築造年代を解明する直接の考古学データはないが、『日本書紀』推古十五年の「是歳の冬に（中略）依網池を作る」は信頼できる内容と言われている。これに従えば、依網池の築造年代は六〇七年になる。

第三の開発方式に位置付けた狭山池は、西除川右岸段丘面への配水が計算された立地にあるが、東西の丘陵間の一番狭くなった地点で天野川を塞ぎ止めるダム式の溜池であることから、構造的にみて当初から洪水調節機能を備えていたことは疑えない。現在、西除川中流域の抜本的な治水対策として狭山池の貯水容量を増加させ、洪水水量の調整機能を高めるダム化工事が実施されている。狭山池は治水対策の上で重要な立地にある。

では、国家的管理下にある土木技術を使って溜池を造り用水を確保し、かつ下流域の保全を図るという開発方式は何を意味するのか。私は、ここに治水灌漑施設の整備で可耕地の拡大と再生産を保証する一方で、在地世界に政治的影響力を及ぼし体制を強化しようとする国家的勧農《かんのう》政策の登場を読み取る。

七世紀に始まる社会経済的基盤の整備事業

七世紀は変革の時代である。前方後円墳は消滅し、新しい宗教の登場を物語る古代寺院が建立される。また七世紀半ばごろまでに、前期難波宮《なにわのみや》(上町台地の先端を美称した地名に由来する豊碕《とよさき》の名につけた孝徳《こうとく》天皇の難波長柄豊碕宮《ながらとよさきみや》説が有力である)や前期難波宮の朱雀大路《すざくおおじ》から今の堺市・松原市境付近までまっすぐ南に伸びる官道(発掘調査で難波大道《だいどう》と命名された)が造営されていたことも発掘調査で確認されている。いずれも古代国家の空間的特徴を可視的に表現する土木構造物である。

今風に言えば、国家による社会経済的基盤整備事業であるが、これらを年代順に並べると、七世紀初めごろの狭山池の築造は、治水事業をともなう池溝開発が一番最初になされた社会経済的基盤整備事業であったことを示唆する。ちなみに五世紀の古墳造営と比較を試みてみよう。墳丘長四八六メートルで日本最大の前方後円墳である大山古墳は、古墳の壮大さを以て王権の強大さを可視的に表現するが、大林組の試算によれば、延べ七〇〇万人にも近い労働力と約八〇〇億円近い経費が必要であったという。

このような古墳の造営工事は、七世紀に入ると急速に衰退する。このことは、食料や人的資源である労働力確保に他ならない当時の社会資本が新たな土木事業に投下されるようになったことを意味する。七世紀の初めごろ、社会資本の大半は池溝開発とその維持管理、さらには開発地域における先の平尾遺跡のような計画的集落の造営に向けられたのである。言い換えれば、考古学で明らかにされた公権力が主導する本格的な池溝開発の始まりは、古代国家誕生の有力な指標になるのである。

朝鮮半島との比較

最後に、百済国の形成と先ほどの碧骨堤《ペッコルチェ》の関係にふれておこう。

四世紀初めごろに、これまで中国王朝の朝鮮半島経営の拠点であった楽浪《らくろう》・帯方《たいほう》の二郡が高句麗《こうくり》により滅ぼされると、朝鮮半島南部では百済や新羅《しんら》の新興勢力が台頭してくる。百済は馬韓《ばかん》の一つである「伯済《はくさい》国」に始まるが、今のソウル付近から南の方に勢力を拡大し、五世紀前後には全羅南道《チョルラナムド》の光州《クワンジュ》付近までの領土を持つ広域な国家に急成長をとげた。実は、この背景に大規模土木工事による耕地の拡大と保全の事業があった。

韓国での「堤」は池を意味するが、碧骨堤の現地に立つと、今でも直線約三キロメートルの堤の偉容を見ることができる。調査担当者は奥行き約八キロメートル、貯水面積約三七万キロ平方メートルの溜池を復元している。しかし、現地は標高二メートルの低地で、付近一帯は干満《かんまん》の差が大きいことから、この堤は溜池の堤と言うよりは、海水の逆流を防ぐ防潮堤《ぼうちょうてい》と考えた方がよさそうである。いずれにしても、広大な耕地を保全する土木構造物である。

▲碧骨堤の堤防(韓国・全羅北道)

発掘調査の結果、碧骨堤は築造時期が三三〇年ごろと判明した。三三〇年と言えば、楽浪郡・帯方郡の滅亡から二〇年も経っていない。『三国史記《さんごくしき》』は百済における内外の重要施策が三七〇年を前後する時代におこなわれたと伝えているけれど、実は七世紀の日本と同じく百済でも、古代国家形成の初期において池溝開発という社会経済的基盤整備事業にいち早く着手していたのである。

一方、古代中国では「水を治める者は天下を制する」と言われるほど、治水灌漑事業は国家の命運を左右する重要な政治課題であった。秦《しん》の始皇帝《しこうてい》が造った鄭国渠《ていこくきょ》や漢の武帝《ぶてい》が造った成国渠《せいこくきょ》は黄土高原を肥沃な土地に変貌させ、高い生産性を保障し、国家経済を支えていたことは有名な話である。鄭国渠は約一二六キロメートル、成国渠は一二〇キロメートルあるが、その維持管理には大きな権力と多大な労働力を必要とした。しかし後漢の二世紀、内乱が拡大すると、農民は兵役に取られ、維持管理は困難になった。漢帝国の崩壊を加速させた大きな原因の一つであった。

このように、古代朝鮮半島、古代中国での治水灌漑事業と国家の関係を簡単に見てきたが、日本においても、私たちは狭山池から、古代東アジア的視野で池溝開発の歴史的意義を調べることができるようになった。

（小山田宏一）

《参考文献》■森浩一編『池』社会思想社、一九七八年
■森浩一編『古代日本の智恵と技術』大阪書籍、一九八三年
■小山田宏一「古代の開発と治水」『狭山池』論考編、一九九九年

東アジアの中で
6

渤海が盛んに日本に使者を派遣してきたのはなぜだったのか

その背景と目的

●三十二回もの使節を日本に派遣した渤海。使節の性格は渤海を取り巻く国内外の情勢とともに変化した。その情勢の変化とは何か。

▲渤海の宮殿に使われていた丸瓦

三十二回もの使節を日本に派遣した渤海

渤海《ぼっかい》国は、六九八年に高句麗《こうくり》の残存勢力が靺鞨《まっかつ》族を叫合して、中国東北部から朝鮮半島北部に建国した古代国家である。九二七年に耶律阿保機《やりつあぼき》の率いた契丹《きったん》族に滅ぼされるまでの二二九年間に、日本に使節（遣日本使）を三十四回送ったと説かれている。

しかし、私の史料解釈では、七七九年の高洋弼《こうようひつ》と鉄利《てつり》靺鞨人ら三五九人の一行は渤海政府が派遣した使節とは断定できない。また、八一九年の李承英《りしょうえい》が持参した渤海国王の大仁秀《だいじんしゅう》の啓書《けいしょ》に記された慕感《ぼかん》徳《とく》は、八一四年に日本に派遣され、翌年帰国の海路に遭難死した王孝廉《おうこうれん》らの使節の一員であったとも見られるから、この例も遣日本使に数えることはできない。したがって渤海国は、たしかな遣日本使を三十二回送ったことになる。また、渤海国は日本から十三回の使節（日本の遣渤海使）を迎えている。

この渤海国の遣日本使は、その特徴から考え、次の三期に区分することができるだろう。

まず、八一〇年陰暦七月に派遣した高南容《こうなんよう》の外交を区切りとして、前・後期に二分できる。その前期は、政治課題の面から両国の外交が進められたとみられている。その面は確かに強く、また日本の遣渤海使もこの間に限定され、後期では派遣されなかったという特徴がある。さらに、前期の遣日本使は陰暦九月中かそれ以前に日本に到着した例がほとんどであるが、後期では十一月か十二月の到着がほとんどとなる。

そして、この前期の遣日本使も、七二七年に初めて派遣した高仁義《こうじんぎ》らの使節から七五九年に派遣した高南申《こうなんこう》までの五回と、七六二年の王新福《おうしんぷく》から八一〇年の高南容までの十回とで、第一期と第二期に二分することができる。その特徴は、第一期の大使が地方官の武散官《ぶさんかん》を含む武官《ぶかん》であったが、第二期では文《ぶん》散官《さんかん》を帯びた中央の文官《ぶんかん》を日本に送ったことである。

第三期に相当する後期は、八一四年に派遣した王孝廉《おうこうれん》から最後の遣日本使となった九一九年の裴璆《はいきゅう》まで十七回の遣使である。この期は、第二期の特徴である大使が文官であるものの、使節一行が一〇五人を定数としたこと、また交易の目的が比大化した遣使であったことを特徴としている。

以下、三期に分けた遣日本使について、その特徴を紹介し、渤海の遣日本使外交の目的を考えよう。

〔第一期〕対外保障の遣日本使—武官の大使

七二七（神亀《じんき》四）年九月、出羽《でわ》（秋田県）に到着した大使の高仁義ら十六人は蝦夷《えみし》に殺害される不幸に遭遇したが、首領の高斎徳《こうさいとく》ら八人が生存した。この初の遣日本使では、渡海するには風波の知識が不足していたのであろう。安全な渡海の知識を得て、漂着の不安が鎮静化するのは第三期に入ってからである。

この初の遣日本使は、『続日本紀《しょくにほんぎ》』に「渤海郡《ぼっかいぐん》国使」や「渤海郡王使」と記されている。それは、国王の大武芸《だいぶげい》が七一九年三月に唐の玄宗《げんそう》皇帝から「左驍衛大将軍忽汗州《さきょうえいたいしょうぐんこつかんしゅう》都督《ととく》渤海郡王」と冊封《さくほう》された称号を背景として日本に遣使したことを反映している。しかも、大武芸は啓書のなかで日本の天皇を「大王」と呼びかけ、また、渤海国は高句麗の故地を回復し、扶余《ふよ》の文化を保持する国家、社会であることを表明したから、これを受けた聖武《しょうむ》天皇は、返書の璽書《じしょ》では「敬《けい》して渤海郡王に問う」と応えている。

この交渉を見れば、大武芸は唐皇帝の外臣という国際的位置から、聖武天皇と同格であるとする対日本外交を開始し、以後の使節はまず新年を祝う賀正《がしょう》を旨《むね》とした。しかし、高句麗を継続すると表明したことは、渤海国は高句麗を引き継いで日本へ朝貢《ちょうこう》すべき国家であるという判断を日本側にひきおこさせた。そのため、両国の相互認識に齟齬《そご》を生じ、外交の場において礼式の次元でしばしば摩擦《まさつ》を起こすことになった。

さて、この期の大使は、大武芸が左驍衛大将軍という武官に冊封されたことを反映して、武官や武散官をもつ者が任命された。まず、初回の高仁義は寧遠《ねいおん》将軍の武散官をもつ郎将《ろうしょう》であった。遊《ゆう》将軍であり果毅都尉《かきとい》の徳周《とくしゅう》や別将の舎航《しゃこう》らもいた。七三九年には忠武《ちゅうぶ》将軍の胥要徳《しょようとく》と雲麾《うんき》将軍の己珎蒙《きちんもう》が、また、七五二年には輔国《ほこく》大将軍の慕施蒙《ぼしもう》が、七五八年にもやはり輔国大将軍兼将軍である行木底州《こうもくていしゅう》刺史《しし》兼兵署少正《へいしょしょうしょう》の揚承慶《ようしょうけい》が、七五九年には輔国大将軍兼将軍玄菟《げんと》州刺史の高南申《こうなんしん》が日本に派遣された。

このように、第一期の遣日本使は大使を武官とした。それは、大武芸を継いだ大欽茂《だいきんも》もはじめ左驍衛大将軍に、後に左金吾《さきんご》大将軍に冊封されたことを反映している。このことは唐との関係のほかに、渤海国は北に接する黒水靺鞨《こくすいまっかつ》など靺鞨の諸勢力を牽制することにも武官の遣日本使を派遣する意図があった。

〔第二期〕交隣の遣日本使―日唐間の中継的役割

七六二年、大欽茂は武官や地方官であった武散官の大使に代えて、紫綬大夫《しじゅたいふ》の文散官をもつ行政堂《ぎょうせいどう》左允《さいん》の王新福《おうしんぷく》を日本に派遣した。この変化は唐による大欽茂の冊封が左金吾衛大将軍の武散官から、天《てん》宝《ぽう》年間（七四二〜七五六）に特進《とくしん》や太子《たいし》詹事《せんじ》、太子賓客《ひんきゃく》の文官に、また七六二年には郡王から国王に冊封が代わったことに対応する。

七七一年には青綬《せいじゅ》大夫の壱萬福《いちまんふく》が、七七六年には献可《けんか》大夫をもつ司賓少令《しひんしょうれい》の史都蒙《しともう》が、また七七八年にも同職の張仙壽《ちょうせんじゅ》が、さらに、七九五年には匡諫《きょうかん》大夫で工部郎中《こうぶろうちゅう》の呂定琳《りょていりん》を日本に派遣した。

これら文官の遣日本使は唐の政情をよく日本に伝え、人的・物的にも唐と日本との中継的役割を務めた。例えば、七六二年の王新福は唐朝における玄宗《げんそう》と粛宗《しゅくそう》の崩御《ほうぎょ》と広平王《こうへいおう》（代宗《だいそう》）の摂政のことや、また唐国内の不作による社会混乱と史朝義《しちょうぎ》の乱（七六一年）の情報、さらには唐への通交の困難を伝えたが、この唐情報の日本への伝達は大欽茂が唐の外臣としての務めを果たしたことを意味している。

同時に、この期の遣日本使は両国の王室の不幸と慶事の情報もよく交換した。七七二年に壱萬福が帰国して光仁《こうにん》天皇の即位（七七〇年）を報告すると、七七六年に史都蒙はその即位を祝賀し、また大欽茂の王妃の喪《も》を伝え、七九五年の呂定琳は大欽茂が「大興《だいこう》五十七（七九三）年三月四日」に薨去《こうきょ》したことと大《だい》嵩璘《すうりん》の王位継承のことを告げ、在唐学問僧の永忠《えいちゅう》の書も転送した。また、八一〇年の高南容《こうなんよう》は前年に遣使した際に嵯峨《さが》天皇の即位（八〇九年）のことを知ったから、帰国するや直ぐさま祝賀の使命を持って再度派遣されたのであった。

日本の遣渤海使─答礼使と送渤海使使

ここまでの二期に分けた計十五回の遣日本使は、武官と文官の大使を問わず、日本の遣唐使や在唐学問僧の日本への帰国を送り、また唐の政情を伝え、渤海王室の不幸と新王の王位継承の慶事を伝えた。これは、渤海国王が交隣の外交、すなわち唐の皇帝の外臣の立場から対日本外交を展開したのである。日本は渤海を高句麗の継承と認識し、そのため交隣ではなく朝貢の外交を求めたから、外交の礼式をめぐって両者間に摩擦を生みながらも、遣日本使を渤海に護送する送渤海使使や答礼使《とうれいし》を十三回派遣した。

例えば、七四〇（天平十二）年四月に渤海に向かった大伴犬養《おおとものいぬかい》は、前年の己珎蒙《きちんもう》が遣唐使の平群広成《へぐりのひろなり》を日本に送るとともに、大欽茂の即位を告げる啓書を持たらしたから、大欽茂の王位継承を祝賀し、平群広成を護送してきたことを謝する答礼が使命であった、と思われる。

また、七七七（宝亀八）年の高麗殿継《こまのとのつぐ》は、前年の史都蒙《しともう》らを渤海に送ったばかりでなく、前述のように史都蒙が光仁天皇の即位を賀し、また大欽茂の后の喪を告げたから、その答礼と弔祭《ちょうさい》を使命としたに違いない。さらに、七九八（延暦十七）年五月に出発した内蔵賀茂麻呂《くらのかもまろ》は、二年前に渤海から戻った御《み》長広岳《ながのひろたけ》が、遣使の間隔を二年ごととする旨の渤海国の要望を伝えたから、日本側ではこれを六年一度とする方針であると、渤海に伝えることを使命としていた。

こうした日本の遣渤海使のなかでは、七五八(天平宝字二)年に出発した小野田守《おののたもり》ら六十八人の使命は特異である。田守の使命は、藤原仲麻呂《ふじわらのなかまろ》による新羅《しらぎ》征討計画に渤海が協調するよう打診することであったと推測されている。田守は、渤海で得た唐における安史《あんし》の乱(七五五～七六三年)とこれへの渤海の対応策の情報とともに、これを伝える渤海の遣日本使の楊承慶《ようしょうけい》をともなって帰国している。

このように、遣日本使を渤海国に送る日本の送使は八回あったが、個別特有の使命をもった日本の遣渤海使は五回である。こうした日本からの遣使は、八一一(弘仁二)年に帰国した林東人《はやしのあずまびと》以降は派遣されず、この点は渤海の対日本外交を、前述のように前期と後期に二分した指標の一つである。

〔第三期〕交易の遣日本使――交易の熱望と限界

第三期の遣日本使は十七回を数えるが、その特徴は使節一行が交易使の性格を強くしたことである。これに関

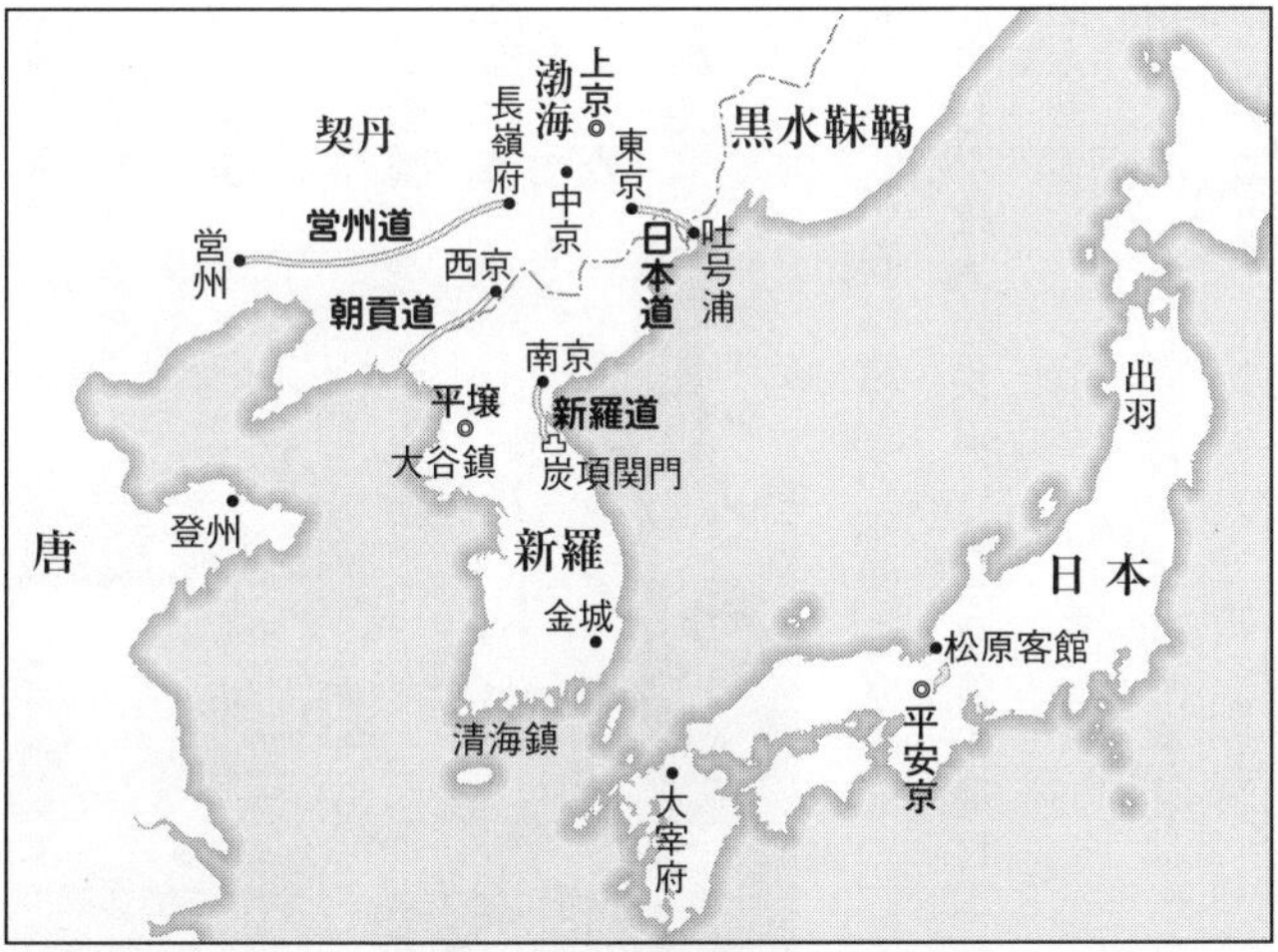

▲8～9世紀の極東アジア

連して、一行は一〇五人で編成され、その中の六十五人が首領であったことである。第一・二期の使節構成が二十四人から三二五人までと一定していなかったが、第三期に至って遣日本使の編成が確立したのである。

遣日本使が一〇五人の編成となる傾向は、第二期の七九六（延暦十五）年に呂定琳《りょていりん》を渤海に送った御長広岳《みながのひろたけ》が持ち帰った大嵩璘《だいすうりん》の啓書の中で渤海が遣使の期限を求めた姿勢から、遣使を盛んにおこないたい渤海国の志向がすでに見られる。これは「六年一度」の使節なら受容するとの日本の方針が、七九八年に内蔵賀茂麻呂《くらのかもまろ》によって渤海国に伝えらたが、賀茂麻呂の帰国に随って日本に送られた大昌泰《だいしょうたい》は遣使の年限を立てないことを要請している。この過程に、これまで渤海国の対外関係から生じた政治的要請による交隣の遣日本使に変えて、新しい要因の遣使をおこなおうとする方向がうかがえる。

その新要因とは、藤原緒嗣《ふじわらのおつぐ》が八二五（天長二）年の高承祖《こうしょうそ》ら一〇三人の一行を、「渤海客徒は既《すで》に詔《しょう》旨《し》に違い、濫《みだり》に以《もっ》て入朝す。実に是《これ》商旅なり。隣客に足らず。彼の商旅を以て、客と為《な》せば国を損《そこ》なう」と看破したように、渤海国の遣日本使が日唐間の人的、物的な中継の役割を務めながらも、年限にかかわらず派遣される「商旅（貿易商人）」の性格を強くしていた、という交易の目的である。

渤海の対日交易の熱望は強く、八二四年に高貞泰《こうていたい》が日本から帰国する際に日本側から「一紀（十二年）

▲渤海国の宮城跡（寧安県渤海村）

に一度」の遺使の制限が伝えられたにもかかわらず、その後も盛んに遣日本使を送り出し、ついには八七六年の楊中遠《ようちゅうおん》は遺使の年期制限を廃止するよう要請したほどである。

ところで、渤海の遣日本使が日本に運んだ物資は、豹皮《ひょうのかわ》、大虫皮《とらのかわ》、羆皮《ひぐまのかわ》、貂皮《てんのかわ》、人参《にんじん》、蜂蜜《はちみつ》などの渤海国の自然産品であったが、使節が日本から持ち帰った物資は、綵《あやぎぬ》、帛《きぬ》、綾錦《あやにしき》、絲《いと》、わた、美《み》濃絁《のあしぎぬ》、絹、両面《りょうめん》、纈羅《けちら》、白羅《はくら》、彩帛《さいはく》などの絹製品であった。

さて、使節一行一〇五人中の六十五人の首領が交易を展開したが、第三期の十七回の遣日本使のうち、十一回が平安京への入京を許され、それも二十人に限られたが、その中の八人が首領であった。彼らは平安京の鴻臚館《こうろかん》で大蔵省と交易し、また市《いち》でも都人と交易した。さらに、着岸地である能登《のと》や越前《えちぜん》の松《まつ》原《ばら》客館でも入京を許されない五十七人の首領が交易をおこなったものと思われる。また、六回の使節は礼式の摩擦のために入京できず、使節の交易は必ずしも満足に進んだわけではなかった。

しかし、渤海国が交易を目的として遣使を日本に向けた要因は、まず陸路を主とする遣唐使に比べ、日本へは海路のために多量の物資を往復輸送できることがあげられる。また、南に接する新羅が渤海国を警戒して関門《かんもん》や鎮《ちん》(軍営)を設けており、そのために新羅との交易が低調であったことが、新羅に代わって対日本交易に絹製品を熱望したと、考えられるであろう。

(濱田耕策)

《参考文献》■朱国忱・魏国忠著、佐伯有清監訳・濱田耕策訳『渤海史』東方書店、一九九六年
■濱田耕策『渤海国興亡史』吉川弘文館、二〇〇〇年

東アジアの中で 7

唐の国に不法滞在した円仁を助けたのは誰か

海外にのりだす新羅人

●日本の遣唐使船の航海には、新羅人の技術が必要だった。新羅人は唐の国でどのような活動をしていたのか。

円仁(後の慈覚大師)、不法滞在を決意する

円仁《えんにん》は、七九四(延暦《えんりゃく》十三)年に下野《しもつけ》(栃木県)で生まれ、十五歳で近江《おうみ》(滋賀県)の比叡山《ひえいざん》に登り最澄《さいちょう》の弟子になったといわれる。円仁が二十九歳の時に最澄は死去するが、その後も比叡山にこもり勉学を続けた。四十二歳になった八三五(承和《じょうわ》二)年、円仁は第十七次遣唐使《けんとうし》の一行に加わり、この八三八(承和五)年から八四七(承和十四)年の唐への旅によって、最澄が短期留学のために見逃していた、天台《てんだい》仏教の教義や儀礼上の未解決の問題を解決した。また、唐から多くの文献・曼荼羅《まんだら》などを持ちかえり、帰国後八五四(斉衡《さいこう》元)年には、延暦寺第三代座主《ざす》となった。九年余りの唐への旅は、円仁著『入唐求《にっとうぐ》法巡礼行記《ほうじゅんれいこうき》』(深谷憲一訳、中公文庫、一九九〇年)に、日記として詳しい記録が残されている。

遣唐使一行は二度の渡航失敗の後、八三八年七月に揚州《ようしゅう》へ上陸した。十月に遣唐大使の藤原常嗣《ふじわらのつねつぐ》らは唐の都長安《ちょうあん》へ向かい、揚州にとどまった円仁は天台山巡礼《じゅんれい》の勅許《ちょっきょ》(皇帝の許可)を待った。翌八三

九年二月、長安から帰ってきた大使一行から、天台山行きが許されなかったことを聞いた。天台山までは遠く、短期留学生の円仁は、遣唐使の帰国に間に合わないというのが理由だった。一方、長期留学生の円載《えんさい》には天台山行きが許された。遣唐使一行の帰国準備が進む中で、三月、円仁は勉学のため唐に留まりたいと遣唐大使にうちあけた。これに対して大使は、仏道のため唐に留まることには反対しないが、この国の行政はきびしいので、役人が知ったら「違勅《いちょく》の罪」に問われないか、と答えた。

新羅人に唐への留住を相談

円仁は、遣唐船で日本から同行してきた新羅《しらぎ》人通訳の金正南《きんせいなん》に留住《りゅうじゅう》の方法を相談し、船から下りて民家にとどまり、そのまま船の出航をやり過ごしてしまうという計画を立てた。四月に円仁ら師弟四人は、遣唐使一行と別れて船から下りた。村につくと、円仁は自らを新羅人と名乗ったが、新羅人居住区の村長に日本人であることを見破られてしまい、聞きつけた唐の役人によって、遣唐第二船に引き渡されてしまった。

この船で円仁は新羅人通訳の道玄《どうげん》と出会

▲円仁画像
（兵庫県加西《かさい》市・一乗寺《いちじょうじ》蔵）

い、山東省《さんとう》の乳山《にゅうざん》についた時、この地に留住しても安全かどうかを聞いてもらった。道玄は新羅人たちと相談のうえ、大丈夫であろうと伝えた。六月、船が山東半島東端の赤山《せきざん》に停泊すると、円仁ら四人は船を下り、赤山法華院《ほっけいん》に登った。

赤山法華院は、新羅人の張宝高《ちょうほうこう》が建てたところで、ここを管理していたうちの一人は新羅人通訳で地方守備官の張詠《ちょうえい》であった。彼は以後、円仁と深いかかわりを持つ人物である。張宝高は部下の崔暈《さいうん》を遣わして、円仁を慰問《いもん》した。その翌日には、円仁は道玄と唐に留住することについて相談している。そして七月、遣唐使一行が乗った九隻の新羅船は日本へ出航した。帰国にあたり、海運に優れた新羅船と海路を熟知した六〇人の新羅人を雇ったのであった。円仁が遣唐使一行から離れて唐に不法滞在するにあたっては、新羅人の手助けが大きかったのである。

天台山行きをやめて、五台山へ

七月に円仁は赤山法華院で、新羅僧の聖林《しょうりん》和尚《おしょう》から五台山《ごだいさん》の事を聞いた。五台山には、天台山の玄《げん》素座主《そざす》の弟子がいて、法華三昧《ざんまい》の修行をおこないながら、天台宗の教義を伝えているという。そこで円仁は天台山行きをやめて、文殊菩薩《もんじゅぼさつ》がいる聖地として崇拝されていた五台山に巡礼する意志を固めた。

円仁は公験《くげん》(旅行許可書)を県に求めたが、県との折衝《せっしょう》に力を尽くしてくれたのが、張詠と赤山法華院の寺主である法清《ほうせい》の二人の新羅人であった。翌八四〇年二月、円仁は直接県庁で公験を求めるために法清に伴われて赤山院を出て、張詠の家に着いた。張詠は、公文書を円仁に持たせて県庁へ送り、円仁はやっと四月に公験を手にすることができた。こうして円仁は、途中で新羅の寺院に世話になりながら五台山に到着し、天台宗の高僧から教義を学んだ。

長安へ出発する前の七月、円仁は日本からやってきた先輩の僧霊仙《れいせん》の遺跡を見た。その遺跡は、霊仙が自分の手の皮を剝いで長さ四寸（12センチメートル）、幅三寸（9センチメートル）のところに仏像を画《え》き、金色の青銅の塔を造って、その中に安置したものだった。霊仙は最澄《さいちょう》や空海《くうかい》とともに唐へ渡り、長安で学んだが帰国を許されず、五台山へ逃れ仏道に精進《しょうじん》していたが、八二八年に毒殺されたという。

円仁は八月に長安に到着し、四年一〇ヶ月の間滞在して、最澄が成し遂げられなかった、天台密教三部の大法を学ぶことができた。長安滞在中も円仁は、新羅人で近衛《このえ》軍の守備官であり、多くの宮中の官位や役職を持っていた李元佐《りげんさ》に、何かと面倒を見てもらった。

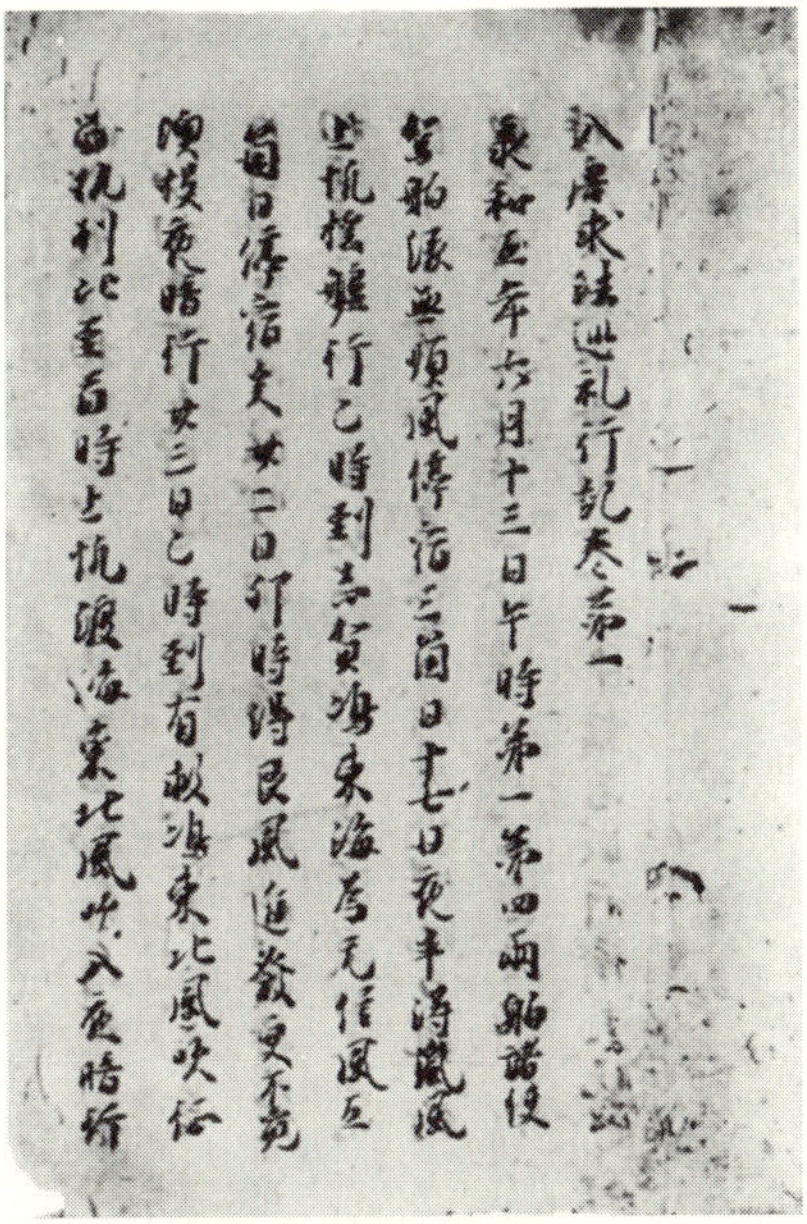
入唐求法巡礼行記巻第一
承和五年六月十三日午時第一第四両舶諸使
駕舶縁無順風停宿三箇日十七日夜半得嵐風

▲『入唐求法巡礼行記巻第一』巻首
（岐阜・安藤家蔵）

円仁の経典を廃仏から守った新羅人

円仁は八四一（唐の会昌《かいしょう》元）年から帰国を願ったが、許可されなかった。八四二年には、唐の皇帝武宗《ぶそう》による「会昌の廃仏」が始まった。翌八四三年には僧尼《そうに》の還俗《げんぞく》（元の俗人に戻ること）命令が強まり、さらに八四四年には経典を焼き、仏像を破壊することが命じられた。八四五年、外国人の僧に対しても還俗帰国命令が出て、円仁も旅支度《たびじたく》をはじめた。円仁は五台山や長安で書き写した経典・曼荼羅《まんだら》などを荷造りし、四籠《かご》に梱包《こんぽう》した。

七月に楚州《そしゅう》（江蘇省《こうそ》）に着いた円仁は、まず新羅坊《しんらぼう》へ行って、劉慎言《りゅうしんげん》と六年ぶりに再会した。劉慎言は、円仁が楚州から船で帰国できるように力をつくしてくれたが、県はこれを認めなかった。

やむなく円仁は、登州《とうしゅう》（山東省）へ向かった。この時円仁は、長安から持ってきた経典などを入れた四個の籠を、劉慎言の家に預けた。仏教の経典を持っていくのは危険で、見つかれば違勅罪に問われるからであった。そして、登州に着くまでの途中の新羅人に対して、円仁の安全と世話を依頼した劉慎言の書状を持って旅を続けた。登州赤山の新羅坊で円仁は、五年ぶりに張詠《ちょうえい》と再会し、以後一年余り張詠から食料の提供を受けた。

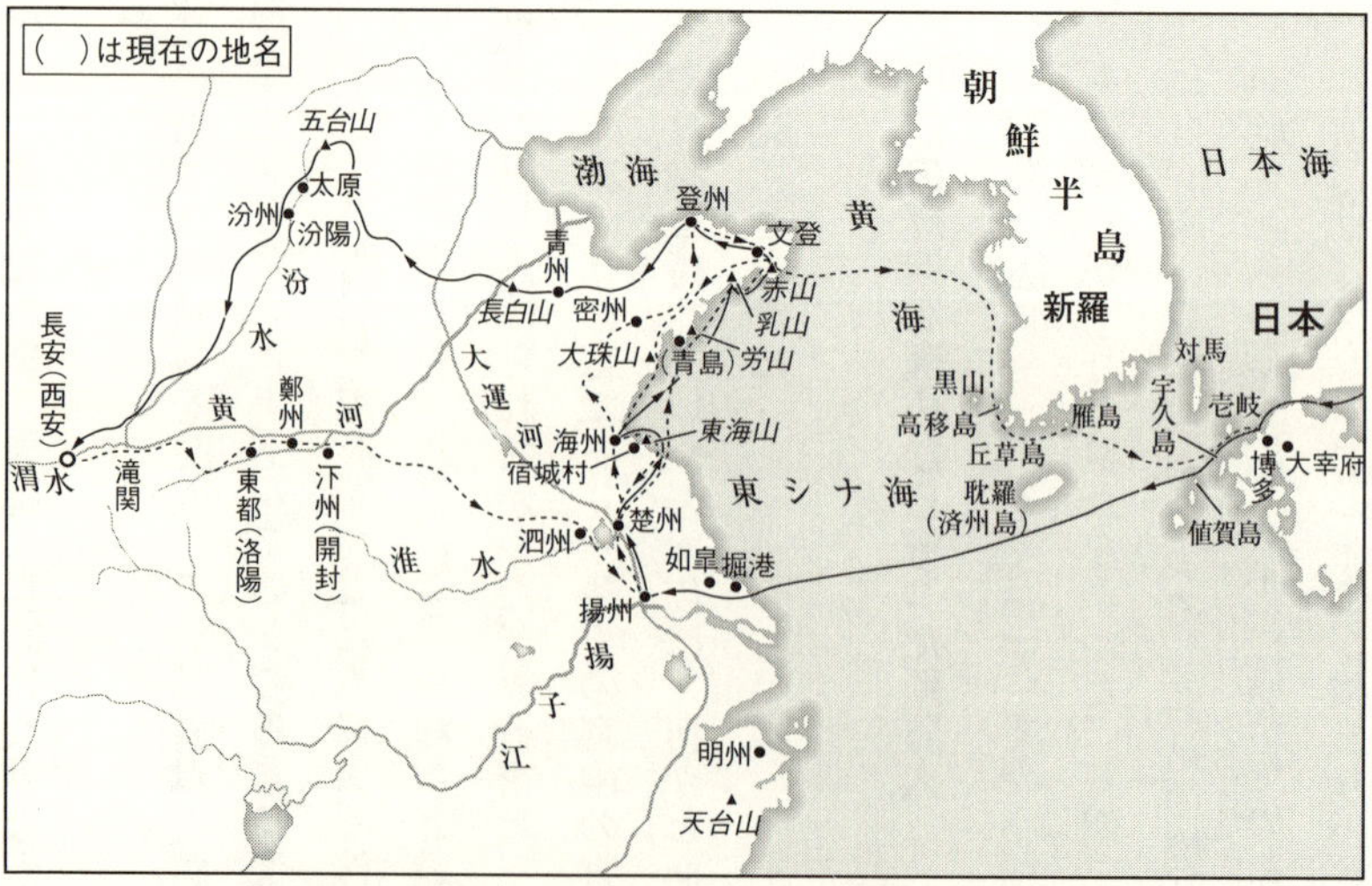

▲円仁の旅行概念図　中公文庫『入唐求法巡礼行記』より。

劉慎言に預けた経典を取りに行かせた者が、八四六年一月に手紙だけを持って帰ってきた。劉慎言からの手紙によれば、勅令が厳しくて自分のお経・仏画などは焼き捨てたが、円仁から預かっている文書だけは保管してある。しかし、取り締まりが厳しいので、持ち出して送ることはできないとのことであった。

そして六月の劉慎言の手紙によれば、胎蔵界《たいぞうかい》と金剛界《こんごうかい》の曼荼羅《まんだら》で派手な色彩の物は、勅令《ちょくれい》が厳しかったので焼いて処分してしまったが、その他の着色のない仏画や文書などは運ぶことができた、となっている。四個の籠を預けられた劉慎言は、身の危険をおかしながら、それらを守ったのである。

八四七年二月、張詠は円仁のために帰国船を作ってくれたが、外国人のための造船は許されないと通告された。三月、明州《みんしゅう》(浙江省《せっこう》)から日本へ行く船があることを張詠から聞いた円仁は、楚州《そしゅう》へ行き、そこで劉慎言の協力を得て乗船し、七月に乳山で新羅人の金珍《きんちん》の船に乗り換えた。そして、九月二日に赤山を出航し帰国の途につき、十九日には博多の大宰府鴻臚館《だざいふこうろかん》(外国使節接待の宿舎)に入った。

唐の新羅坊と「海の王者」張宝高

八～九世紀、新羅から唐へは朝貢使節を派遣しただけでなく、唐へ移住する者が多かった。この新羅人たちが集団で住んだのが新羅坊《しんらぼう》で、そこでは新羅人による自治がおこなわれており、円仁を助けた張詠は新羅坊の押衙《おうが》(地方守備官)であったし、円仁が経典を預けた劉慎言は通訳から新羅坊の総官《そうかん》(自治組織の監督者)に昇進している。このような新羅人社会により、円仁の唐への留住は可能となった。

円仁が滞在した赤山法華院を建てたのが張宝高である。張宝高は若い頃に唐へわたって、徐州《じょしゅう》（江蘇《こうそ》省）で節度使《せつどし》のもとで将軍となった。その後、新羅に帰って王に面会し、新羅人が奴隷《どれい》として唐へ売られることを防ぐために海賊を討伐すると申し出て、八二八年に新羅王から「清海鎮《せいかいちん》（現在の全羅南道《チョルラナムド》の莞島《ワンド》）大使」の称号を認められた。彼は、一万の海軍をもって東シナ海の海賊を取り締まり、航路の安全を確保して唐・新羅との交易に従事した。

張宝高はまた、日本の博多にも支店をおいて、大宰府や北九州の役人と取引をおこない、日本の貴族たちがほしがる奢侈《しゃし》（ぜいたく）品をもたらして、東アジアの貿易を支配した「海の王者」である。さらに八四〇（承和七）年には、張宝高の使者が大宰府に来航し、朝廷に対して朝貢を申し出た。日本側は、新羅の臣下に外交の権利はないとの理由で拒否したが、翌年には現地での交易だけは許可した。

新羅の中央政界にも影響力を持っていた張宝高は、八三九年に王位をめぐる争いに敗れた王族を助けて閔哀《びんあい》王を討ち、神武《じんむ》王の即位を助けた。この功績により張宝高の娘を王妃にする約束が結ばれた。しかし王がこれを破ったため、張宝高は反乱をおこしたが、八四一年に暗殺された。

張宝高は、唐の新羅坊にも勢力をもち、唐側における貿易拠点の一つとして赤山が繁栄した。日本の遣唐使も、新羅船をしばしば利用していた。そして円仁も八四〇年二月、五台山へ向かう時に、帰国のことを心配し、張宝高の部下で新羅人の崔暈《さいうん》に書状を出している。その内容は、帰国の際には清海鎮を経由して日本へ帰りたいので、その時には船の手配をよろしく頼む、というものである。

新羅と日本との国家の関係

七二七年から日本と渤海《ぼっかい》との外交が始まると、渤海と敵対関係にあった新羅を刺激し、日本と新羅との関係は悪化していった。また、七三五年には新羅と唐との国交が回復し、新羅は日本に対して対等外交を要求したため、日本と新羅の外交はしだいに疎遠《そえん》になり、ついに七七九(宝亀《ほうき》十)年には日本と新羅との国交は断絶した。円仁が唐に旅した九世紀は、日本と新羅との国交はなかった。公的関係がとだえてから、日本・新羅・唐を結びつける主役となったのは民間の商人であり、とくに新羅商人の活躍だった。円仁も唐に住んでいた新羅人たちの好意によって、旅を続けることができた。ここに国家の次元ではなく、仏教信仰で結ばれた民間次元での交流が見られる。当時の国家とか民族を、現在の視点で見てはいけないのである。

(笹川和則)

《参考文献》■佐伯有清『人物叢書　円仁』吉川弘文館、一九八九年
■李成市『東アジアの王権と交易』青木書店、一九九七年
■堀敏一『東アジアのなかの古代日本』研文出版、一九九八年

東アジアの中で
8

禅宗を伝えた栄西はどうやって中国に渡ったのか

博多の中国商人たち

●遣唐使廃止後も中国との交易が途絶えることはなく、むしろ盛んになった。そのルートにのって何人もの僧が中国へ渡った。

平安時代にも国際貿易港があった

比叡山《ひえいざん》で天台宗《てんだいしゅう》を修めた新進気鋭の青年僧栄西《えいさい》が、中国への渡航を志して博多《はかた》(福岡市)に姿を現したのは一一六七(仁安《にんあん》二)年のことである。この港は、博多湾の奥深く那珂《なか》川の河口に位置して、玄界灘《げんかいなだ》の荒波の及ばない天然の良港であった。ときは平安時代末期、遣唐使《けんとうし》の廃止(八九四年)からすでに三〇〇年近くがたち、中国との公式の交渉は途絶え、外国使節の接待や官営貿易の施設であった鴻臚館《こうろかん》はすでになかった。

しかし、民間の交易が閉ざされていたわけではなく、博多の港には毎年のように中国船が来航し、町の一角には中国商人たちの屋敷が建ち並ぶ「大唐街《だいとうがい》」が形成されていた。

京都の貴族たちは、中国商人がもたらす高価な品物を手に入れようとして先を争って買い求めた。中国産の陶磁器や綾《あや》・錦《にしき》などの絹織物は貴族の華美な生活を彩り、東南アジア産の沈香《じんこう》や竜脳《りゅうのう》、チベッ

▲今津付近から望む博多湾

ト産の麝香《じゃこう》は貴族の居間や衣服に焚《た》きしめられて芳香《ほうこう》を放った。それらは仏寺における儀式を荘厳に執り行う上でも欠かせない物であった。国風文化の盛んな時代にあっても、これらの舶来品は貴族たちにとってはあこがれの品であることにはかわりがなかった。

この商売は大きな利益をもたらしたので、船団を持つ中国商人たちは「綱主《ごうしゅ》」と呼ばれて、巨額の財を蓄え、日本人妻を娶《めと》り、その子供たちも成長すると父親のあとを継いで交易の仕事に加わった。

博多に勢力を築いた平清盛

この年（一一六七年）の初め、京都では平 清盛《たいらのきよもり》が太政《だじょう》大臣となって平氏の全盛時代を迎えている。博多は清盛にとっても縁の深い町であった。彼は一一五六（保元《ほうげん》元）年に外交事務と九州一円の統括を任務とする大宰府《だざいふ》の長官である大宰大弐《だいに》の地位に就くと、博多で中国商人との交易にたずさわっていた筥崎宮《はこざきぐう》や宗像《むなかた》神社などを支配下におさめた。また、博多の惣鎮守《そうちんじゅ》として町民の信仰を集め、現在でも盛大な夏祭りの舞台となっている櫛田《くしだ》神社も、彼が佐賀県の神崎《かんざき》庄から迎え入れたものだと言われている。

▲櫛田神社（福岡市東区）

遣唐使廃止以来、対外関係に消極的となっていた平安貴族の中にあって、積極的に中国商人との交易の拡大につとめて、おおきな利益を上げたのが平清盛であった。

▲13〜14世紀の交易船　韓国の新安沖で発見された沈没船（⇨P.73）の復元想像図。福岡市博物館『常設展示案内1992年版』より。

栄西は、翌一一六八（仁安三）年に中国商人の交易船に乗って博多を出航し、明州《めいしゅう》（浙江《せっこう》省寧波《ニンポー》）に向かった。遣唐使のころに比べれば、航海技術の発達によって遭難の危険ははるかに少なくなっていた。船の全長は約三〇メートル、竜骨《りゅうこつ》を持ち、船底がV字型に尖った外洋船だったであろう。乗組員は七十人前後とみられる。十二世紀の『宣和奉使高麗図経《せんなほうしこうらいずきょう》』の中国の客船についての記録、および福建《ふっけん》省泉州《せんしゅう》や韓国の木浦《もっぽ》近くの新安《しんあん》沖で発見された沈没船《ちんぼつせん》が十三、四世紀の交易船のようすを伝えている。船は一週間ほどの航海で明州に着く。夏の南東風を利用して明州に渡り、冬の北西風に乗って博多にもどる。

海上交易で栄えた港町、明州

明州は、泉州や広州《こうしゅう》と並んで海上交易によって栄えた港町である。南宋《なんそう》の首都臨安《りんあん》（杭州《こうしゅう》）に近く、北方から来る河川や沿岸航行用の平底船《ひらぞこせん》と、南方から来航する竜骨を用いた外洋船とが出会う港として、地の利に恵まれていた。明州の街路には商店や料亭が建ち並び、船員や荷役の労働者であふれていた。

外国との交易を監督する市舶司《しはくし》も設置されていた。日本から来る船には蒔絵《まきえ》や扇子《せんす》などの工芸品、日本刀や鎧《よろい》などの武具、それに銅や硫黄《いおう》などの鉱産物が積み込まれていた。建築用材として周防《すおう》（山口県東部)の松や杉が筏《いかだ》に組まれて東シナ海を越えてくることもあった。栄西も後に福建省の天童山千仏閣《てんどうさんせんぶつかく》再建のために日本から木材を送っている。

明州に着いた栄西は、そこから南の山間部にある天台山《てんだいさん》をめざした。明州には日本人もいたので、通訳や中国語を学ぶための先生を見つけるのにそれほどの苦労はなかったであろう。天台山は、日本の天台宗の開祖最澄《さいちょう》が学んだ由緒ある仏教修行の道場であった。しかし、栄西が訪れたときにはすっかりさびれて、研究や修行に対する生気も失われていた。結局、このときはわずか半年滞在しただけで、その年のうちに日本に帰り着いている。

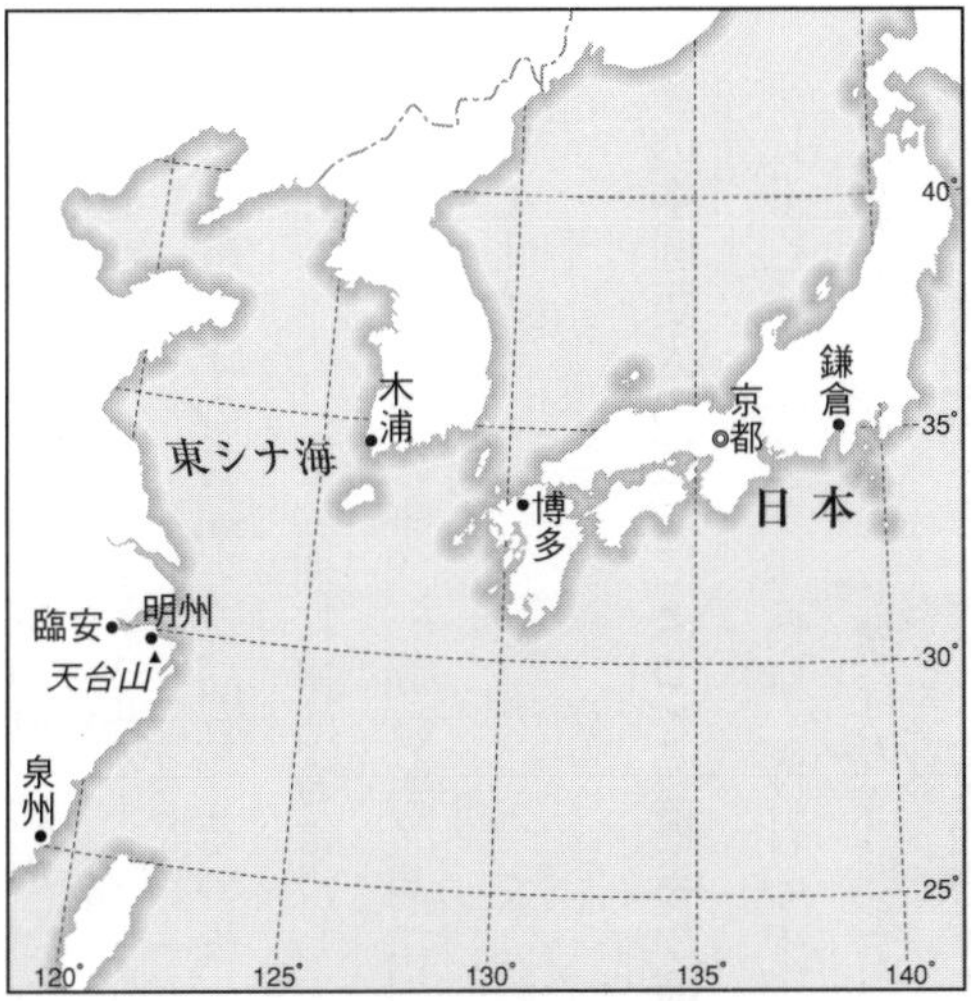

▲13〜14世紀の東アジア

栄西が帰国して四年後の一一七二(承安《じょうあん》二)年、明州の地方長官が平清盛と後白河《ごしらかわ》法皇に宛てて、南宋の皇帝への朝貢《ちょうこう》を求める文書と贈り物を届けている。南宋の側も日本との交易の拡大を望んでいたのである。その文書には「日本国王に賜う」という文言があった。これは、南宋の皇帝が日本国王の上位にあるとする表現なので、日本を属国視するものとして拒絶するのが当時の通例であった。しかし、清盛は保守的な貴族たちの非難の声を相手にせず、対面よりも実益を重んじて返書と答礼品を南宋に贈り、交易の拡大をはかろうとした。

しばらく故郷の備中《びっちゅう》（岡山県）に帰っていた栄西が再び博多に現れたのは、一一七五（安元《あんげん》元）年、三十五歳の時である。博多の西隣の港町今津《いまづ》の誓願寺《せいがんじ》を訪れ、その後十二年間、今津に滞在することになった。その間に平清盛は没し、源平《げんぺい》の争乱が起き、一一八五（文治《ぶんじ》元）年に平氏一族は壇ノ浦《だんのうら》（山口県下関市）の戦いに敗れて滅亡した。

博多の中国商人の援助によって聖福寺が建つ

平氏滅亡の二年後、栄西は二度目の中国渡航を果たした。明州に到ると、直ちにインド旅行の許可を南宋の皇帝に願い出たが、西方が異民族に支配されていて交通路がふさがれているという理由で不許可となった。やむなく天台山を訪れ、そのころ中国で盛んになっていた禅宗《ぜんしゅう》を学ぶために万《ばん》年寺《ねんじ》に入って懐敞禅師《えしょうぜんじ》の教えをうけた。その後、懐敞に随《したが》って明州に近い天童山に移った。そこは南宋随一の禅宗の高僧宏智正覚《わんししょうかく》が三十年前まで住持《じゅうじ》を勤めていた禅宗修行の最大の道場であった。

▲聖福寺（福岡市東区）

栄西は、六年間の修行を終えて一一九一（建久《けんきゅう》二）年に帰国した。その後、彼は禅を重視することによって天台宗に生気を回復させようと考えて『興禅護国論《こうぜんごころん》』を著した。また、鎌倉に招かれ、北条政《ほうじょうまさ》子《こ》の帰依《きえ》を受けて寿福寺《じゅふくじ》を創建し、後に京都でも建仁寺《けんにんじ》を建てた。

栄西が博多に聖福寺《しょうふくじ》を建てたのは、一一九五（建久六）年とも一二〇五（元久《げんきゅう》二）年とも言われる。その広大な境内は現在でも禅僧の修行の場となっている。聖福寺の創建にあたっては、博多の綱主《ごうしゅ》である張国安《ちょうこくあん》らの財力に負うところが大きかった。張国安は、寄進《きしん》の動機について、南宋の首都臨安《りんあん》にある霊隠寺《りんにんじ》の仏海《ぶっかい》禅師から日本に仏法を広める必要を説かれたためだと語っている。

栄西は、中国から初めて茶の種をもたらし、喫茶《きっさ》の風習を広めたことでも知られている。最初に茶を植えたのが博多の南方にある背振山《せぶりやま》だと言われている。後に、二日酔いに苦しむ将軍源実朝《みなもとのさねとも》に茶を薦《すす》め、一二一四（建保《けんぽう》二）年、実朝のために茶の薬効と養生《ようじょう》法を説いた『喫茶養生記《きっさようじょうき》』を著した。その中で、「諸薬はおのおの一種の病《やまい》のための薬なり。茶はよく万病の薬たるなり」と説いている。

朝貢を強いる力を失った南宋王朝

十二世紀の東アジアは、唐《とう》代全盛期のような強大な中華帝国を中心とする朝貢《ちょうこう》と冊封《さくほう》体制による国際秩序が崩壊した時代である。唐末五代《ごだい》の戦乱（九〇七〜九六〇年）と分裂抗争の間に北方の遊牧民が台頭し、遼《りょう》と西夏《せいか》が成立して北宋《ほくそう》を圧迫した。農耕民族の間でも、雲南《うんなん》地方にタイ人が大理《だいり》を建国し、ベトナム人も大越《だいえつ》を樹立した。やがてツングース人（女真《じょしん》）の金《きん》が遼を滅ぼして、さらに南下し、一一二七年に北宋を滅ぼした。同年、臨安を首都として再建された南宋は、金への臣従と銀・絹の貢納を強いられることになった。

このように、南宋は軍事的には北方の遊牧民の王朝に圧倒されていたが、長江《ちょうこう》以南（江南《こうなん》）における商工業の発展はめざましかった。科学技術の分野でも、羅針盤《らしんばん》や活字印刷、火薬の製造が始まっていた。臨安の人口は一〇〇万人を超え、各地に多くの都市が出現した。都市の繁栄によって庶民の文化が発達し、宋詞《そうし》や雑劇《ざつげき》が流行した。儒教の考え方に立って社会や人間のあり方について合理主義的な解釈を与えようとする朱子学《しゅしがく》（宋《そう》学《がく》）が生まれ、仏教では禅宗と浄土《じょうど》教が民衆の間に広まった。

南宋は金との戦いに備えるための軍事費の重圧もあって、貿易の拡大による税収の増加を図った。そのため、政府財政の二〇パーセントを海上貿易への課税に依存するようになった。十二世紀初頭には羅針盤の実用化などによって航海技術が発達し、海上輸送がめざましく拡大した。ジャンクと呼ばれる中国製の外洋船が東南アジアからインド洋にまで進出して活発な交易活動を展開した。各地の通貨として中国の銅銭が広くいきわたり、その海外への流出を防ぐため南宋が銅銭の輸出を禁止するほどであった。とりわけ、日本・高麗《こうらい》・ジャワでの需要が高まっていた。

▲宋銭　左から宋元通宝、至和重宝、建炎通宝

禅宗だけではなかった文化の伝播

こうして海上貿易に乗り出した中国商人が各地の港市に居住区をつくり、現地の女性と結婚して子供をもうけた。これらの商人には福建《ふっけん》省や広東《カントン》省の出身者が多かった。中国からの主要な輸出品は生糸と陶磁器であり、東南アジア産の香辛料《こうしんりょう》と取り引きされた。そのため、青磁《せいじ》・白磁《はくじ》の生産が盛んになり、

江西省《こうせい》の景徳鎮《けいとくちん》の官窯《かんよう》のほか、浙江省《せっこう》・福建省に多くの窯業《ようぎょう》の産地が生まれた。これらの陶磁器は東南アジアのみでなく、インドやエジプトにまで大量に運ばれた。

日本でも、中国商人が博多に居住区(大唐街)を形成する一方で、北九州から朝鮮半島や中国沿岸に出かけて海上貿易に乗り出す商人たちが現れた。これらの交易商人たちは、日本・高麗・南宋という国々の国境によって隔てられるのではなく、東シナ海という一つの経済圏・生活圏の中で活動を展開していたのである。十二世紀は東シナ海にとどまらず、海上交易を通じて南シナ海・インド洋までが一つに結びつけられていった時代である。

海上交易の活発化は、モノだけではなく、ヒトと文化の動きも促進させた。日本からも、栄西だけではなく、何人もの僧が中国に渡り、新しい文化の導入に大きな役割を果たした。それは宗教だけではなく、建築・造船の技術から喫茶の風習まで及んだ。重源《ちょうげん》は、源平の争乱で焼け落ちた奈良の東大寺《とうだいじ》再建にあたって、中国の建築技術を取り入れて天竺様《てんじくよう》の南大門《なんだいもん》を建て、彼に招かれた陳和卿《ちんなけい》は大仏の首の鋳造や中国式の「唐船《からぶね》」の建造にあたった。そこに登場する人々は国家の代表としてではなく、僧も商人も彼ら自身の目標に向かって行動することを通じて結びつきを拡げていったのである。

(鳥山孟郎)

《参考文献》
■川添昭二編『よみがえる中世〔1〕東アジアの国際都市博多』平凡社、一九八八年
■荒野泰典他編『アジアのなかの日本史〔Ⅲ〕海上の道』東京大学出版会、一九九二年

一体化する世界
9

モンゴル来襲の三年後になぜ日本の貿易船が中国に渡ったか

元寇と日元貿易

●意外にも、二回の元寇の合間をぬって貿易船が日本から元へ渡った。この貿易船の目的とは何か。

元へ向かう貿易船

元《げん》の歴史を記録した『元史』のなかには「日本伝」という項目がある。ここに書かれているのは、元時代の日本の様子である。当然、日本伝の多くの部分は二回の日本遠征(元寇《げんこう》)についての記録に費やされている。しかし、よく読むとそのなかに次のような一文が見出される。

「(至元《しげん》)十四年、日本遣商人持金来易銅銭、許之」。至元十四年というから、西暦では一二七七年ということになる。つまり、「この年、日本から商人が黄金を持って元にやってきて、銅銭との取引をおこなおうとしたのでこれを許可した。」ということである。第一回目の日本遠征(文永《ぶんえい》の役《えき》)が一二七四年、そして第二回目の遠征(弘安《こうあん》の役《えき》)が一二八一年である。ということは、驚いたことに『元史』に記録されている日本商人は、二回の戦いの間に元を訪れたこと

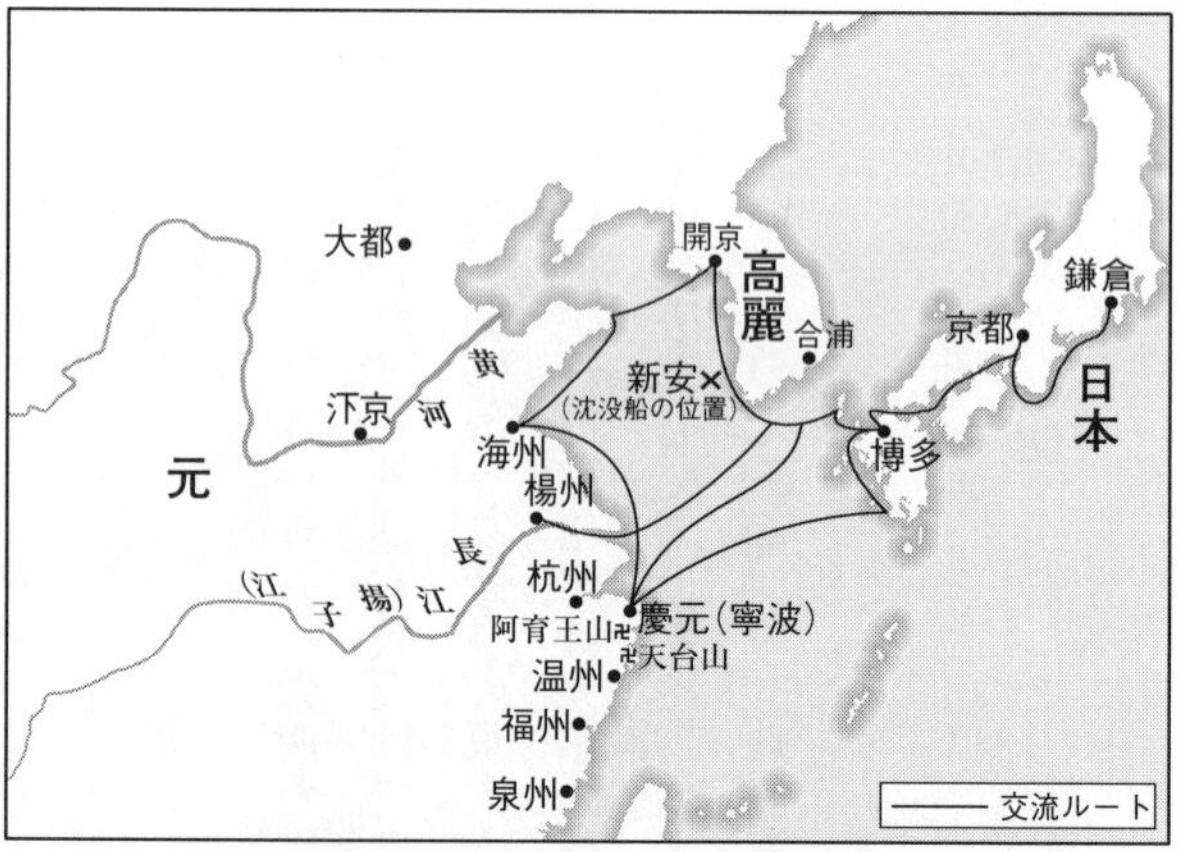

▲13世紀後半のモンゴル・朝鮮半島・日本

になる。敵対関係にあるはずの元に赴《おもむ》き貿易を求める日本の商人。一方、それを受け入れている元。いささか奇妙な関係ではないだろうか。

それから二十四年、二度目のモンゴルの日本遠征からは十七年の後のこと。一二九八(永仁六)年四月に肥前《ひぜん》国五島《ごとう》(長崎県)の沖合で金・銀・水銀・刀剣など中国向けのたくさんの積み荷を満載にした一隻の「唐船」が沈没した。この唐船の持ち主は「藤太郎入道忍恵」なる人物であった。この人物の詳細は不明だが、積み荷の荷札からみて、この船が北条一門に深く関わりのあるものであることは疑いない。つまり、同船は北条一門の誰かによって仕立てられた商船であり、日本から元にむけて交易に赴く途中、五島の沖合で沈没したものである。北条氏といえば、鎌倉幕府の実権を握り、元からの使者を鎌倉で切り捨てるなど、その日本遠征に対して全面対決の姿勢を崩さなかったことで有名である。しかし、実際には北条氏は、敵対し全面対決していたはずの元に貿易船を送っていたのである。

新安沖の沈没船

韓国全羅南道《ぜんらなんどう》の港町である木浦《もっぽ》からそう遠くないところに、新安《しんあん》という町がある。一九七六(昭和五十一)年、この新安の沖合で一隻の沈没船が見つかった。船のなかからは、おびただしい数の陶磁器や八〇〇万枚に及ぶ銅銭、一〇〇〇本もの紫檀材《したんざい》、その他に胡椒《こしょう》・肉形・丁字《ちょうじ》などの香辛料《こうしんりょう》が引き上げられた。この積み荷から判断するに、この船が日本向けの輸出品を積んでいたことは疑いない。当時の日本は、広く中国の銅銭がいきわたっており、銅銭は経済活動には欠かせない存在となっていた。

その後の研究で、「慶元路《けいげんろ》」と記されたおもりが見つかったことなどから、この船の出港地が慶元（浙江《せっこう》省寧波《ニンポー》）であることがわかった。この船は慶元の港から日本にむけて航海する途中、不運にも新安の沖で沈没してしまったのである。

それでは、この船はいったいいつごろ沈没したのだろうか。引き上げられた銅銭の大半は宋銭《そうせん》であった。しかし、その中にわずかながら元代に鋳造された銅銭が混じっていた。さらに、荷札《にふだ》として使われていた木札のなかに至治《しじ》三年と書かれたものが発見された。これは、西暦でいうと一三二三年にあたる。これらの遺物から、この船が沈んだのは一三二〇年代から三〇年代ころであることが推測される。日本では、鎌倉時代の末期から室町時代の初めころにあたる。

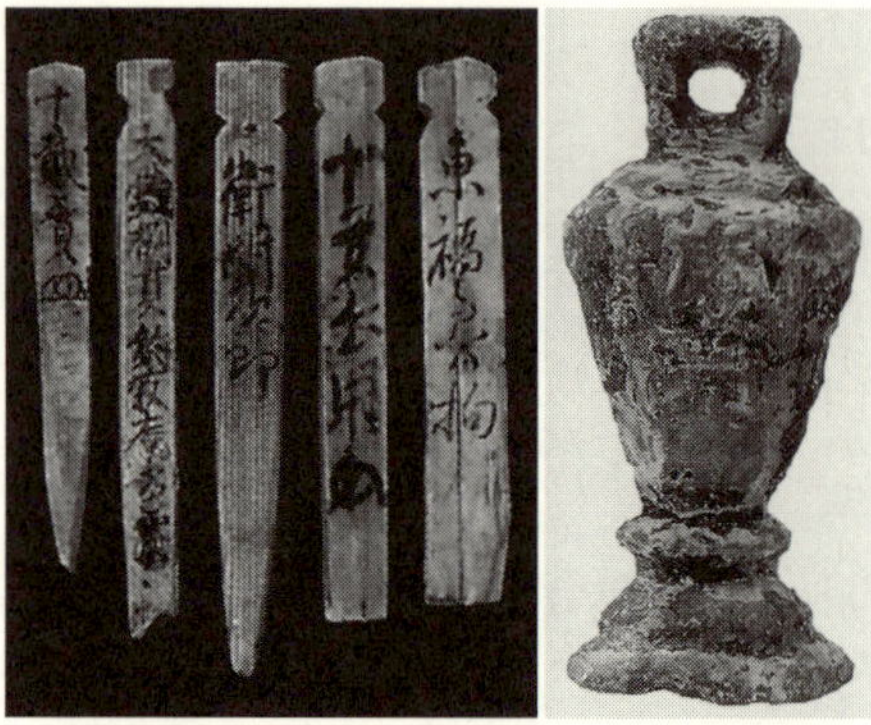
▲新安沖沈没船から引き上げられた木簡《もっかん》と「慶元路」銘銅錘《どうすい》（⇨P.66）　福岡市博物館提供

『元史』に記された日本からの船、五島沖で沈没した北条氏の船、そして新安沖の沈没船などの存在は、いわゆる元寇のころ、そしてそれ以後においても日本と元の間で交易活動がおこなわれていたことを示す確かな証拠にほかならない。鎌倉時代の日本と元の関係というと、真っ先にモンゴルの日本遠征が思い起こされてしまう。そのために、日本と元は全面対決の関係にあり、経済的な交流や文化的な交流までもが閉ざされていたような錯覚を起こすことがある。しかし、実際には日本と元の経済交流は、宋代の経済交流に勝るとも劣らない、あるいはそれ以上に盛んであった可能性もある。

当時、モンゴルの日本遠征という対立がありながらも、こうした活発な交易活動がおこなわれた背景には、「商業活動を重視する」というモンゴル帝国および元の性格が関わっていた。

交易を重視する遊牧民

モンゴルは周知の通り遊牧民である。東アジア世界で遊牧民は、紀元前に活躍した匈奴《きょうど》以来、中国の農耕民との間に抗争を繰り返してきた。有名な万里《ばんり》の長城《ちょうじょう》も、北方の遊牧民が中国の農耕地帯に侵入することを防ぐために築かれたものであるといわれている。そのため、遊牧民というと「好戦的な侵略者」というイメージが形成されたものと思われる。

遊牧民の中心的な経済活動は牧畜である。しかし、モンゴル高原では、モンゴル語で「ゾド」と呼ばれる冷害などで家畜に大きな被害が出ることもある。元来、遊牧経済は農耕以上に不安定さをかかえている。こうした不安定さを補うために遊牧民は農耕地帯への侵入をはかることがあった。だが、遊牧民にとって遊牧を補うための経済活動は農耕地帯への侵入のみではなかった。遊牧民は移動性ということを利用して交易活動も重視していた。侵略という行為は、成功すれば多くのものを得ることができるが、実に不安定なものであることは間違いない。たいていの場合、侵略には戦闘行為がともない、その戦闘行為のなかでは味方に多くの犠牲がでることもしばしばある。しかも、常に略奪が成功するとは限らない。最悪の場合には、多くの犠牲を払い全く得るものが無いこともある。略奪というのは、「ハイ・リスク、ハイ・リターン」の経済行為であり、必ずしも安定した経済行為ではない。

そこで重要となるのが交易活動ということになる。軍事力や移動性を背景に商人の活動を保護することで、そこから安定した貢納を得ようというものである。草原地帯では古くからこうしたことがおこなわれており、突厥《とっくつ》とソグド商人との関係はまさにこうした遊牧民と商業民の結びつきの代表的な例である。モンゴル帝国を築いたチンギス＝ハーンも、モンゴル高原を統一する以前からイスラム商人との結びつきを強め、その側近にもイスラム商人をおいていたのである。

商業帝国モンゴル

モンゴルとイスラム商人との結びつきは、モンゴル帝国・元が成立した後も続いた。ユーラシアの広大な領域が、モンゴル帝国のもとに結びつけられ、その軍事力によって通商上の安全保障が確立されると、イスラム商人の活動は一層活発化していった。フビライの時代には、こうした商業活動と政権との結びつきは大きく進められ、商業活動がおこないやすいように制度面での整備もなされた。

フビライは、イスラム商人を中心に展開されていた海上交易を管理下におき、モンゴル政権の主導のもとで、こうした海上交易の振興および組織化をはかっている。国が資金を用意し、それを元手に商人たちが海上交易をおこなう。しかも、船舶までも国が用意して安価で商人たちに貸し出すということで、商業活動の促進をはかった。また、フビライのもとでは、従来徴収されていた通過税を全面的に撤廃し、商税は最終の売却地で、売上税として三〇分の一を政府の直属機関に納入するという税制面での改革をおこなった。交通上の境界や都市・港湾などを通過するごとに徴税されることがなくなり、最終売却地でのみ三・三パーセントの税を納入するだけでよくなったのである。当然のこととして、遠隔地貿易は大いに促進されることになった。そればかりではない。遠隔地貿易の活発化に刺激され、中・短距離の交易活動をも活発化し、商業活動全体がより一層活発化することになったのである。

すなわち、モンゴル帝国・元というのは、決して領土拡張の戦争にばかり明け暮れていた国ではない。モンゴル帝国・元は商業活動も大いに重視するいわば「商業帝国」の側面も持っていたのである。

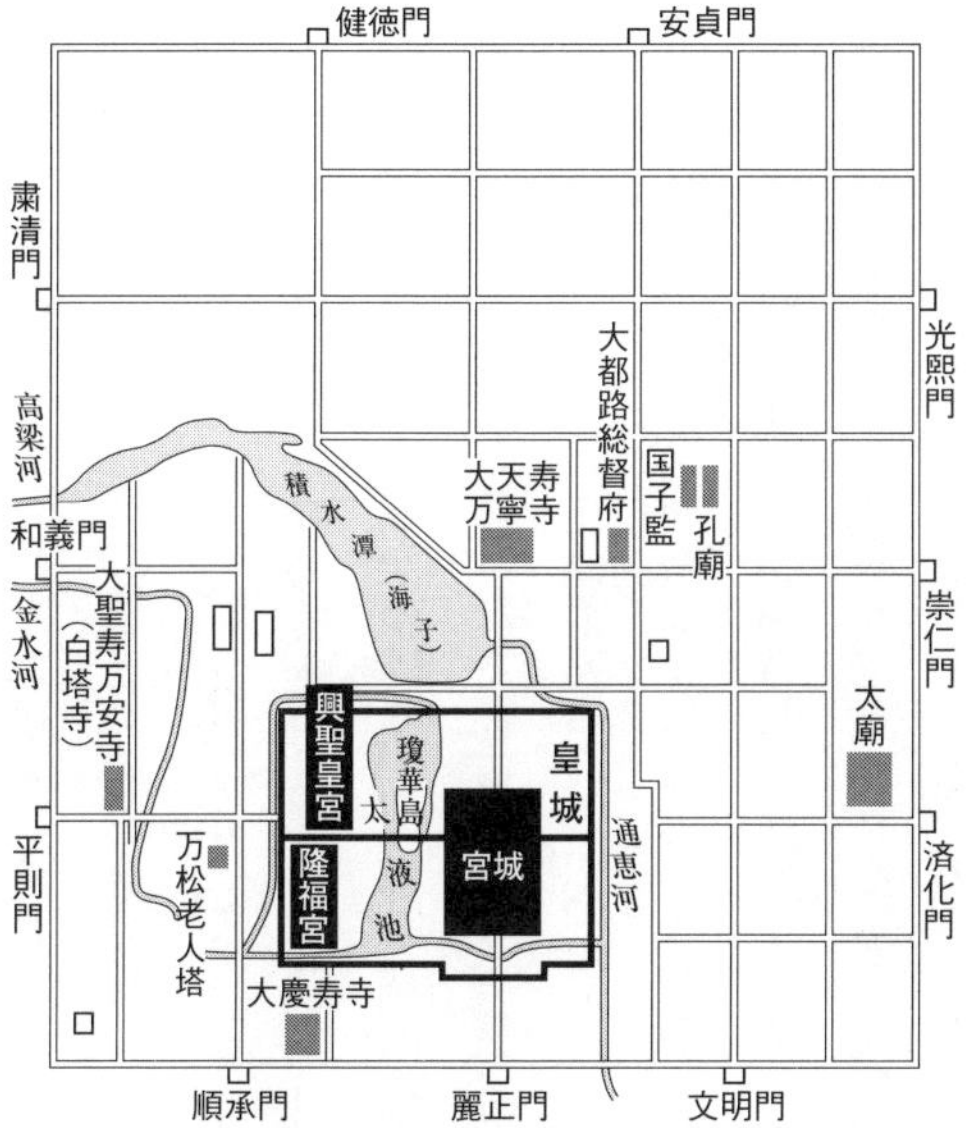

▲大都城の平面プラン

湖のある都

商業活動を大変重視するフビライのもとで築かれた新たな都が大都《だいと》である。現在の中華人民共和国の首都である北京の歴史は事実上この大都の建設から始まる。一二六六年、フビライは大都の建設を命じた。それから二十五年ほどの歳月を費やして大都はほぼ完成した。

この大都であるが、地図を見ると都市の中心部に積水潭《せきすいたん》という湖があることに気がつく。この積水潭こそが大都の最大の特徴である。この湖の南の端のあたりからは通恵河《つうけいが》という運河が流れ出ている。積水潭から流れ出た水は東に流れた後、南に向かって大きく方向を変える。そして、皇城の城壁に沿って南に流れ、そのまま城郭を通り抜けて大都の外へと流れ出ている。大都の外に出た通恵河は約五〇キロ離れた通州《つうしゅう》までつながっていた。そして、通州からは改修された白河《はくが》を通り直沽《ちょくこ》に至ることができる。直沽は現在の天津《テンシン》であり、北京の外港となっているところである。つまり、直沽の港から、船で白河と通恵河をさかのぼり、大都の城内にまで至ることができるのだ。大都は通恵河と白河という水運によって外海と結ばれた都市であり、積水潭は城内に設けられた港に他ならない。

大都建設以前、カラコルムや上都《じょうと》を起点にして陸上の交通網が整備されていた。また、江南《こうなん》沿岸を中心とした海上の交通路は通州にまでつながっていた。大都が建設されると、カラコルムや上都と大都を結ぶ陸上の交通路が整備され、通州まで延びていた海上の交通路は大都まで延長されることとなった。ここに、ユーラシアに張り巡らされた陸上交通路と南海に張り巡らされた海上交通路が、大都をターミナルとして一つに結びつけられた。フビライのもとで、ユーラシア大陸全体を包み込む巨大な交易のネットワークがついに完成したのである。こうして完成した交易路を利用して、イスラム商人たちの活動が活発に展開され、様々なものや人が東から西へ、西から東へと移動したのである。

ここに日本からの貿易船は、モンゴル帝国・元のもとユーラシア全域に形づくられた商業ネットワークの末端に結びついていたことになるのである。

（篠塚明彦）

《参考文献》■杉山正明『クビライの挑戦』朝日新聞社、一九九五年
■杉山正明・北川誠一『世界の歴史9　大モンゴルの時代』中央公論社、一九九七年

一体化する世界 10

日本人はいつごろイスラム教徒と出会ったか

東アジアのイスラム商人

●鎌倉時代、日本人はイスラム教徒と出会っていた。その出会いとはどのようなものだったのか。日本人と出会ったイスラム教徒とは。

慶政上人と南蛮文字

現在、世界中に暮らすイスラム教徒は十三億人といわれている。世界の人口の五人に一人はイスラム教徒ということになる。だが、その割には我々にとって馴染みが薄いのではないだろうか。しかし、日本人にとって馴染みの薄いイスラム教徒との出会いは意外に古く、鎌倉時代にまで遡ることができる。

鎌倉時代のはじめ、ちょうど北条氏が幕府の実権を握ろうとしていたころ、天台宗の僧侶で勝月坊《しょうげつぼう》慶政《けいせい》という人物がいた。慶政は一二一七(建保五)年ころ、仏教を学ぶために宋《そう》を訪れた。慶政は旅の途中で福建《ふっけん》省の泉州《せんしゅう》を訪れている。マルコ=ポーロは、この港町をザイトゥンとよび「世界二大貿易港の一つである」と紹介している。慶政は、泉州の港に停泊する船上でたまたま三人の外国人と出会った。慶政は、彼らを仏教発祥の地である天竺《てんじく》、すなわちインド出身の者と思いこみ、インドの文字で経文を書くことを求めた。外国人たちは、求めに応じて紙片に何某《なにがし》かの文字を書いて慶政に渡した。

この紙片は、京都・高山寺《こうざんじ》方便智院《ほうべんちいん》旧蔵「紙本墨書南蛮文字《しほんぼくしょなんばんもじ》」とよばれており、重要文化財に指定されている。しかし、慶政がインドの文字で書かれた経文と思っていたものをよく見ると、それはインドの文字ではなくペルシア文字であった。また、その内容も経文ではなくペルシアの詩文であった。つまり、慶政が出会った外国人は、インドからやってきた人ではなくペルシア人だったのである。

マルコ＝ポーロが紹介するように、十三世紀ごろの泉州は東アジア有数の貿易港であり、そこにはたくさんのイスラム商人たちが訪れ、商業活動を展開していた。慶政が出会ったペルシア人たちも、商業活動のために泉州を訪れていたイスラム商人である可能性が高いだろう。

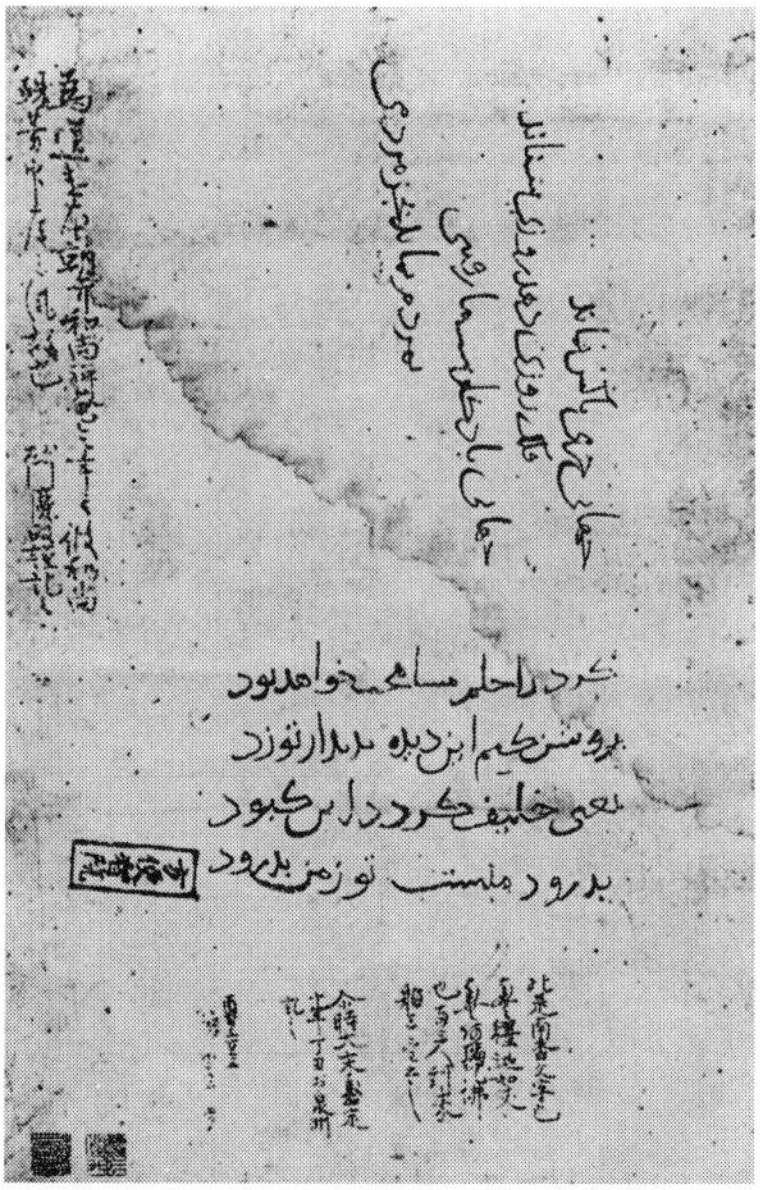

▲高山寺方便智院旧蔵の「紙本墨書南蛮文字」

日本に散ったイスラム教徒

さて、鎌倉時代にはもう一つ、日本人とイスラム教徒との出会いを示すものが残されている。

神奈川県藤沢市と鎌倉市の境、江ノ島《えのしま》電鉄の江ノ島駅からほど近いところに日蓮宗の常立寺《じょうりゅうじ》という寺がある。この寺の門をくぐるとその左手に大きな石碑が建てられている。この石碑は、「元使塚」とよばれるもので、鎌倉幕府第八代執権北条時宗《ときむね》の命によって、鎌倉の龍ノ口《たつのくち》で首をはねられた元からの使者たちを弔うためのものである。最初の日本遠征（文永《ぶんえい》の役《えき》）が失敗した翌一二七六（至元《しげん》十三）年、元の世祖フビライは礼部侍郎《れいぶじろう》の杜世忠《とせいちゅう》を正使として、兵部侍郎の何文著《かぶんちょ》、計議官の撒都魯丁《さとるじん》（サドル＝アッディーン）らを鎌倉幕府のもとに使わした。一行は高麗《こうらい》、長門《ながと》の室津《むろつ》を経て大宰府《だざいふ》に着き、同年鎌倉に到着した。しかし、時の執権北条時宗は彼らに会うこともなく首をはねることを命じ、龍ノ口で一行は処刑された。そして首は由比ヶ浜《ゆひがはま》にさらされた。この悲運の使者たちを偲ぶため、処刑から六五〇年後の一九二五（大正十四）年九月に供養塔として元使塚が建立された。

さて、この使者のなかに見える計議官の撒都魯丁という人物であるが、彼は回回国人ということである。つまり、彼は中央アジア、あるいは西アジア出身のイスラム教徒であった。元やモンゴル帝国の政府では、商人出身のイスラム教徒が多数活躍しており、あるいは撒都魯丁もそんなイスラム商人であったのかも知れない。おそらくこの撒都魯丁が、日本の土となった最初のイスラム教徒であろうと思われる。

▲常立寺「元使塚」（藤沢市片瀬）

イスラム商人、中国へ

鎌倉時代の日本人とイスラム教徒との接触で、はっきりと史料から確認することができるのはここで紹介した二つの例ぐらいである。しかし、記録には残らないところで、日本人とイスラム教徒との出会いはあったに違いない。また、それは鎌倉時代よりもさらに古い時代であった可能性もある。具体的には、唐のころから多くのイスラム商人たちが中国を訪れている。また、日本からも中国へは多くの人々が渡っている。そうであれば、当然中国を舞台に日本人とイスラム教徒の直接的な接触がおこなわれたはずである。イスラム教は、七世紀に成立したが、早くも八世紀には多くのイスラム商人が中国の港に姿を現している。

インド洋には、古くから季節風や海流を利用してアラビア半島や東アフリカとインドを結ぶ海の交易ルートが存在していた。また、インドと東南アジア、東南アジアと中国の間にも同様な海の道は存在していた。イスラム商人たちは、まずインド洋を舞台に活発な貿易活動を展開しはじめた。まもなく、その商業活動は東南アジア、そして中国にも及ぶようになっていった。当時、中国に栄えていた唐王朝は中国人の海外渡航を禁じており、自ら積極的に海上交易に乗り出すこともなかった。交易活動は、主として海外の商人を自国の港に招き入れておこなうという形式がとられていた。

こうした唐の政策ともあいまって、多くのイスラム商人が海路中国へやって来るようになった。八世紀の終わりから九世紀のはじめ頃に賈耽《かたん》によって書かれた『皇華四達記《こうかしたつき》』には、中国の広州からアッバース朝の都バグダードに至る海上ルートや所要日数について詳しく述べられている。この記録は、イスラム商人からの情報によって書かれたもので、すでに中国とバグダードを結ぶ海上交易ルートがイスラム商人によって確立されていたことがうかがい知れる。

こうして多くのイスラム商人が中国にやってきたため、広州には「蕃坊《ばんぼう》」とよばれる外国人居留地が設けられたほどであった。ただし、九世紀後半、唐末に黄巣《こうそう》の乱が起こり広州が占領されると、混乱のなかで多くのイスラム商人が殺害され、イスラム商人は中国から撤退を余儀なくされてしまう。

ところで、西方イスラム世界ではこうしたイスラム商人たちの活動を通じて、断片的ながらも、早くから日本に関する情報を得ていた。九世紀にイブン＝フルダーズベフによって書かれた『諸道路と諸国の書』には、日本について次のような記述がみられる。「シーンの東にワークワークの地がある。この地には豊富な黄金があるので、その住民は飼い犬の鎖や猿の首輪を黄金で作り、黄金で織った衣服を持ってきて売るほどである。またワークワークには良質の黒檀《こくたん》がとれる。」この記述から、ワークワーク、つまり「日本＝黄金の国」伝説の原型を垣間見ることができる。

宋代のイスラム商人

九六〇年、宋が成立すると、この王朝は唐の政策とは一転して積極的に海上交易活動に乗り出した。ジャンクとよばれる大型船が建造されるようになり、この中国の大型船はたくさんの中国商人をのせて東南アジアを経て、遠くインドにまで赴《おもむ》くようになった。唐末の混乱や中国王朝の貿易政策の転換などがあったが、これでイスラム商人の中国での活動が後退したわけではなかった。

唐末以来の中国社会の混乱が収拾の方向に向かうなかでイスラム商人は中国の港に戻ってきた。北方や西方から遊牧民たちの圧迫を受けていた宋にとって、唯一開かれていたのは南の海であった。宋王朝は自らも積極的に南海交易に乗り出したが、それはイスラム商人を排除しておこなわれたものではなかった。むしろ、イスラム商人の力と結びながらの交易活動であった。インド洋を渡ったイスラム商人は、インドや東南アジア各地で中国へ戻るジャンクに乗り込み、商業活動を展開するようになった。

南宋時代、海外交易の拠点となったのは慶政上人も訪れた泉州《せんしゅう》であった。この港町には多くのイスラム商人がやってきて活躍をしていた。とくに南宋末に活躍した蒲寿庚《ほじゅこう》は有名だ。彼の姓の「蒲」というのは、「アブー」という音に漢字を当てはめたものである。蒲寿庚はもとは南海交易に従事するイスラム商人であったが、政府と結び、泉州で提挙市舶司《ていきょいちはくし》（海外交易を司る役所の長官）という要職を帯びるようになり、さらに、海賊討伐にも活躍し海軍力も掌握するほどにまでなっていった。

ところで、なぜ多くのイスラム商人たちが中国を訪れ、商業活動を展開したのだろうか。彼らを引きつける中国の魅力とは何だったのか。それは、美しく白い輝きをもつ磁器であった。現在でも磁器のことを英語では「チャイナ」というように、磁器は中国の特産品であった。磁器は西アジアやヨーロッパで珍重され、宝石と同様に高値で売ることのできる商品であった。それというのも、ヨーロッパや西アジアには磁器を焼くための良質な土が余りなく、中国以外では磁器の製造が不可能だったからである。ちなみに、ヨーロッパで初めて磁器の製造に成功したのが、今や高級洋食器として有名なドイツのマイセンであり、それは十八世紀のことであった。

モンゴル帝国とともに

十三世紀のユーラシア大陸では、モンゴル帝国が急速にその勢力を拡大していた。東アジアでは、モンゴル高原と中国を統治する元のフビライによって、一二七九年に南宋は滅ぼされた。宋にかわって中国を支配したモンゴル帝国・元は宋以上にイスラム商人との結びつきを強く持っていた。強大な軍事力を持つモンゴル帝国に対して、イスラム商人たちは商業上の安全の確保を期待したのだろう。一方、モンゴル帝国の側もまたイスラム商人の持つ商業力や財政手腕を必要としていた。

モンゴルとイスラム商人との結びつきは、チンギス＝ハーンによるモンゴル高原掌握以前に始まっていた。一二〇三年ごろ、ライバルのオン＝ハンとの戦いに敗れたチンギス＝ハーン（当時はまだテムジンと名乗っていた）は、ほんのわずかな手勢と共にバルジュナ湖のほとりへと逃れていった。この時、テムジン一行の窮地を救ったのがハサン＝ハジという名のイスラム商人であった。また、テムジンと行動をともにした部下のなかには、ジャバール＝ホジャというイスラム商人出身者も含まれていた。やがて、チンギス＝ハーンがモンゴル高原を統一し、モンゴル帝国がさらに西方に勢力を拡大するなかでイスラム商人との結びつきは一層深まった。モンゴル帝国のもとで、多くのイスラム商人が財務や情報収集などの面で大いに活躍するようになっていたのである。モンゴル帝国や元では情報収集の役目を担って、イスラム商人が各地への使者となることがあった。日本にやってきて、首をはねられた撒都魯丁もまたそんなイスラム商人であったのかもしれない。

（篠塚明彦）

《参考文献》
■ 桑原隲蔵『蒲寿庚の事跡』平凡社、一九八九年
■ 杉田英明『日本人の中東発見』東京大学出版会、一九九五年
■ 堀川徹編『世界に広がるイスラーム』栄光教育文化研究所、一九九五年

一体化する世界
11

本州の北端「十三湊」が大繁栄を遂げたのはどうしてか

津軽安藤氏と日本海貿易

●本州の北端は辺境の地ではなかった。朝鮮・沿海州を含む日本海両岸にまたがる交易ルートの発展が十三湊の繁栄をもたらした。

よみがえった中世の国際貿易港

青森県の日本海岸に十三《とさ》湊《みなと》とよばれる中世の貿易港があった。今日の北津軽《きたつがる》郡市浦《しうら》村、岩木《いわき》川が日本海に流れ出る河口にある十三湖《じゅうさんこ》にその面影を残している。ここは日本中・近世の遺跡の宝庫ともいわれ、古くから発掘が進められてきた。

四十年ほど前には中国・漢代の五銖銭《ごしゅせん》から明代の永楽通宝《えいらくつうほう》にいたる二万枚以上の古銭が発掘されている。土塁《どるい》や堀で囲まれた館《たて》跡も数ヶ所にわたって分布し、その周辺からは竪穴《たてあな》住居跡も発掘された。館は十三湊に面する標高三〇メートルほどの所につくられ、十五世紀から十六世紀の間に整備された模様である。整然とつくられた道路には間口五～六メートル、奥行き十五メートル程度の屋並みが形成されていたと考えられる。これら館跡や竪穴住居跡からも永楽通宝をはじめとする古銭や中国製の青磁《せいじ》・白磁《はくじ》・天目《てんもく》茶碗などが多数発見された。竪穴住居は、館や町並みをつくる工人の集落あるいは狩猟・漁

▲十三湊の地（青森県北津軽郡市浦村）　市浦村教育委員会提供

労のための仮小屋ではないかともみられている。中国製の青磁・白磁は十一・二世紀から出現し、十四世紀にいたって急増している。十五・六世紀になると、日常の飲食用具をはじめ、半数以上が中国製で占められるというほど中国との接触の深さがうかがわれる。

十三湊の繁栄と安藤氏の進出

なぜ、日本列島本州の北端にこのような湊が開けたのであろうか。

鎌倉幕府は東夷《とうい》成敗を北奥《ほくおう》津軽と北羽《ほくう》秋田の拠点二ヶ所で執行するために蝦夷沙汰代官《えぞさただいかん》をおいた。この代官職に蝦夷管領《かんれい》として抜擢されたのが蝦夷系の安倍《あべ》氏の流れをくむといわれる安藤《あんどう》氏であった。蝦夷管領とは、幕府により蝦夷支配と犯罪人の夷島《えぞ》(北海道)流刑を現地で執行する代官職であり、あわせて夷島との交易の管理統制にもあたった。

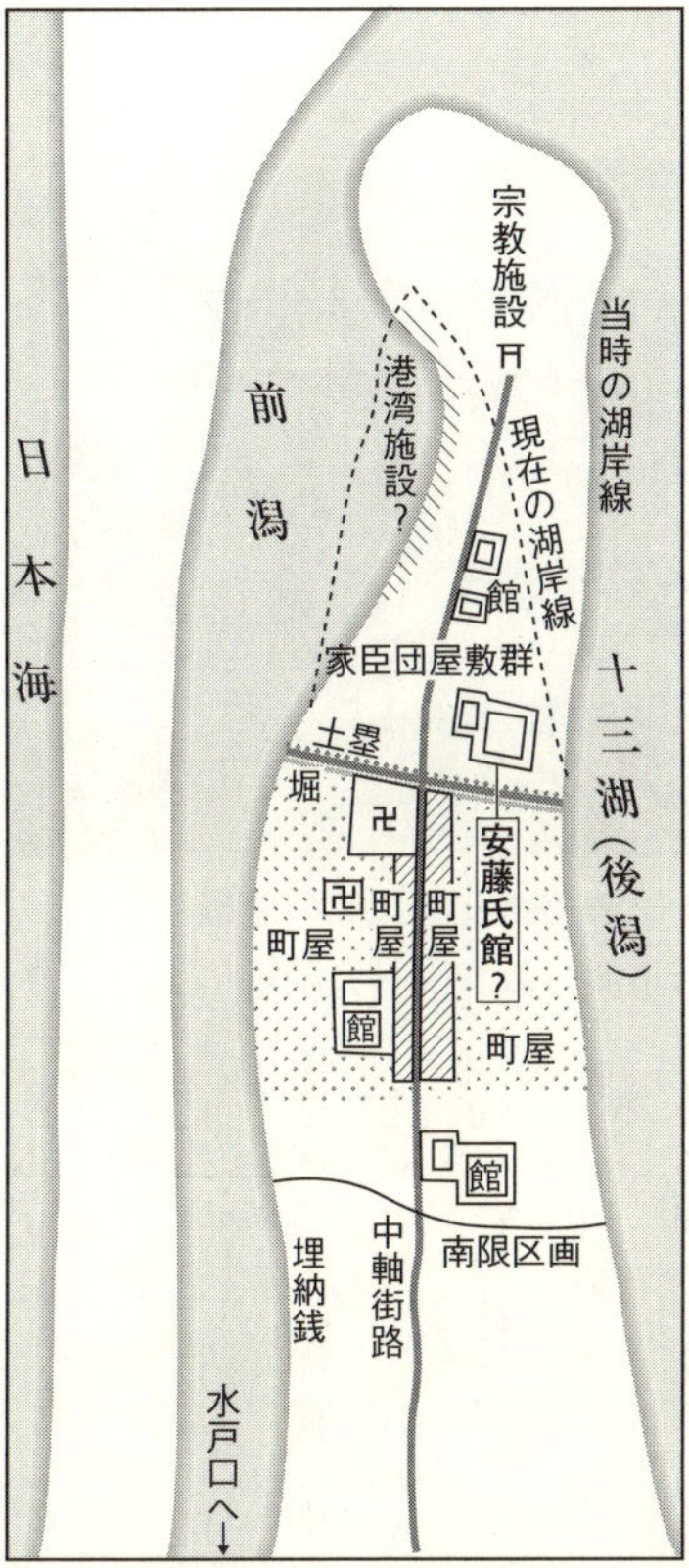

▲15世紀前半の十三湊中心部(想定復元図)　国立歴史民俗博物館提供

安藤氏は、津軽を中心に男《お》鹿《が》半島、下北《しもきた》、渡島《おしま》周辺を活動の舞台とする海民の一族で、中世末には仙台《せんだい》湾、松島《まつしま》湾にまで姿を現している。陸奥《むつ》国海民の守護神とされる塩竈《しおがま》神

▲十三湊遺跡安藤氏館の遺構
市浦村教育委員会提供

社(宮城県塩釜市)の社人《しゃじん》でもあった。

陸奥国は馬・鷹羽《たかは》・砂金など中世武士社会に不可欠な産物を官物として納める特異な地域として位置づけられていた。これを統括する代官もまた特殊であり、安藤氏もその土着性、機動性をかわれての抜擢であったであろう。十三湊《とさみなと》に接する福島《ふくしま》城といわれる館も安藤氏の拠点であったと思われる。

正和《しょうわ》五(一三一六)年の『大乗院《だいじょういん》文書』には、十三湊に入港した船に関して「大船は関東御免《ごめん》津軽船二十艘《そう》の内の随一《ずいいち》なり」との記録がみられる。関東御免津軽船とは、北条《ほうじょう》氏得宗《とくそう》家の御内人《みうちびと》(家臣)である安藤氏が、幕府の許可を受けて港津で徴収される津料《つりょう》の免除などの特権を得て航行したか、あるいは北条得宗領の回船として安藤氏の管轄する湊に入港していたものであろう。

室町幕府三代将軍足利義満《あしかがよしみつ》の時代、津軽安藤氏は「日《ひ》の本《もと》将軍」と呼ばれ、日本列島北辺において独自の存在を示すようになる。室町時代の「廻船式目《かいせんしきもく》」には、代表的な交易港として「三津七湊」があげられている。「三津」とは伊勢《いせ》の姉津《あねつ》、博多《はかた》の宇津《うつ》(安濃津《あのつ》)、泉州《せんしゅう》の堺《さかい》津であり、「七湊」とは越前《えちぜん》の三国《みくに》、加賀《かが》の本吉《もとよし》、能登《のと》の輪島《わじま》、越中《えっちゅう》の岩瀬《いわせ》、越後《えちご》の今町《いままち》(直江津《なおえつ》)、出羽《でわ》の秋田、津軽の十三湊のことである。七湊はいずれも日本海岸に位置し、当時の日本海海運の隆盛ぶりがうかがわれる。

十三湊を中心とする安藤氏の貿易が最盛期を迎えるのは十四・五世紀のことである。この頃から北方の産物が増えはじめ、これらを交易品として中国からの輸入陶器が国産品を上回る状況も生まれてくる。

十五世紀のはじめ、室町幕府五代将軍足利義量《よしかず》の就任を祝って、安藤陸奥守《むつのかみ》が「馬二十四、鳥五千羽、鵞眼《ががん》(中国からの輸入銭)二万匹(貫《かん》)、海虎皮《らっこ》三十枚、昆布《こんぶ》五百把《は》」を献上したとされる。これらの多くはいずれも北海道、東北あるいはオホーツク海の産物であり、十三湊はこれら産物の集積地であった。ここに集まった産物は日本海交易ルートを経て畿内に運ばれ、畿内や西日本・南海の産物が同じルートで本州北端の地にまで運ばれたのであろう。

中国色豊かな豪族の生活

七湊のひとつにまで数えられた十三湊周辺の人々の生活は、どのようなものであったのであろうか。

青森市の北部、陸奥湾に面した後方《あとかた》西方に山城形式の城郭遺跡、尻八館《しりはちだて》がある。標高一八九・五メートルの山頂に堀と土塁を巡らしたこの遺跡は、十三湊の福島城にも匹敵する大規模な防衛的要素を備えた砦《とりで》としての性格を持っていたようである。ここからは大量の陶磁器や硯《すずり》などの石製品、鏃《やじり》、刀子《とうす》などの鉄製品、銅製装飾品が出

▲尻八館遺跡から出土した青磁碗(左)と古瀬戸尊形仏花器(右)(青森市後方)　青森県立郷土館提供

土しているが、とりわけ青磁、白磁、十三、四世紀の中国陶磁器に見るべきものが多い。天目硯《てんもくすずり》など、浮牡丹《うきぼたん》文様の丸型香炉《こうろ》や牡丹唐草文《からくさもん》の酒会壺《しゅかいこ》、砧手《きぬたて》の鉢など、また、瀬戸《せと》の淡緑釉《たんりょくゆう》印家文瓶子《いんかもんへいし》なども逸品である。これらの品は茶道具として使われるものであり、単なる家臣としての武人や商人ではなく、傑出した経済力をそなえた喫茶の風もわきまえた文人が使ったことをうかがわせる。

このような経済力は、商業活動のみで得られたものとは考えられない。背景に何らかの生産活動があっての結果といえよう。青森市の西南、津軽平野内陸部の浪岡《なみおか》遺跡(南津軽郡浪岡町)は北畠《きたばたけ》氏の居館《きょかん》であるが、ここから坩堝《るつぼ》、銅鐸《どうたく》、石製刀貨《とうか》、金具の鋳型《いがた》や漆《うるし》液を精製するための漉殻《こしがら》、石型の鉢などが発見されている。漆の製造工房、銅製品の鋳型工場の存在を示すものであろう。城下での生産活動の活発さがうかがえる。中国製の茶器、青白磁、香炉、明銭なども同時に出土しているところから、城主に仕《つか》える職人という身分ではなく、家臣の中でもある程度の富を有する経済力のある工房集団があったと考えられる。

津軽海峡を挟んだ対岸、北海道渡島《おしま》半島南端には十二の館《たて》が林立している。そのひとつ志苔館《しのりたて》跡から

▲浪岡遺跡の板塀で区画された武家屋敷跡(北館)　浪岡町教育委員会提供

は四〇万枚にのぼる中国銭が発見された(⇩P.92)。その名も銭亀沢《ぜにかめざわ》という場所で、越前古窯、珠洲《すず》窯で焼かれた室町時代前期の大瓶《びん》に入っていたのである。本州東端に及んだ内地勢力が北海道にまで渡り、アイヌ勢力の反撃に備えたものであろう。前漢代の四銖《ししゅ》半両銭から明《みん》代の洪武通宝《こうぶつうほう》にいたる九十五種の古銭は、北海道から北東アジアにまたがる交易圏の広さを物語っている。

日本海貿易の展開

北海道オホーツク海沿岸では、八～十二世紀にかけて東北アジアの文化と共通性をもつオホーツク文化が展開していた。この文化の担い手は主にニブヒと呼ばれる海獣狩猟民族であったが、東北地方の政治的変動や鉄の導入は北海道における擦文《さつもん》文化の担い手であるアイヌ民族にも影響を与えた。北海道地域に居住していたニブヒはサハリンから沿《えん》海州《かいしゅう》地域に押し戻され、北海道では独自のアイヌ文化が形成される。

アイヌ民族の新しい動きに、北奥羽に台頭してきた安倍氏や、その一統と考えられる安藤氏、藤原氏などがアイヌと接触してアザラシ皮や貂《てん》皮などオホーツク海の特産品を求めようとしていた。これらの諸豪族は、特産品の供給地としてさらに北方世

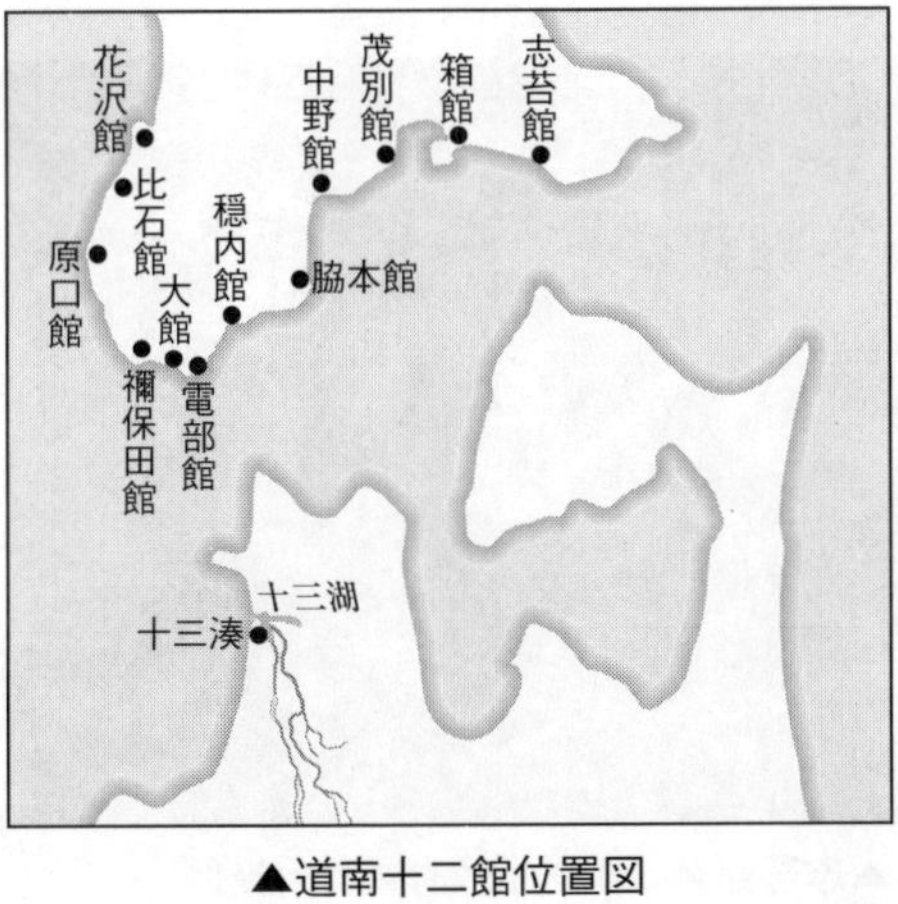

▲道南十二館位置図

界を見据えていたのであろう。平安中期の官僚である中御門宗忠《なかみかどむねただ》（藤原宗忠）は「契丹《きったん》はもとこれ胡国也《ここくなり》。武勇の聞こえ有り」と日記『中右記《ちゅうゆうき》』に記している。また、『今昔《こんじゃく》物語』には、「胡国と云う所は、唐よりも遥《はる》か北と聞きつるに、陸奥の国の兵に有夷《あまえびす》の地に差し合わせたるにや有らむ」と記されている。

一二六〇年、モンゴル帝国では、フビライが汗《ハン》位につくと都をモンゴル高原のカラコルムから中国の大都《だいと》（北京《ペキン》）に遷《うつ》し、国号を元《げん》と改めた。元は、アイヌにおされて沿海州に後退したニブヒの求めに応じて、サハリンに攻め入った。元軍のサハリン侵攻は、一二六四年についで一二八四～八六年にもおこなわれた。この間、元軍は一二七四（文永《ぶんえい》十一）年と一二八一（弘安《こうあん》四）年の二度にわたって北九州を攻撃（元寇《げんこう》）しているが、サハリンのアイヌはその後首長を先頭に大挙して大陸に攻め入り、元軍と戦っている。

一三〇八年、アイヌは元と和睦し、以後元に対して毎年毛皮などを納めることを約束している。一九六八（昭和四十三）年、中世の館・志苔館《しのりたて》跡（北海道函館《はこだて》市志海苔《しのり》町）から四〇万枚というおびただしい銭貨が発掘された。この館は一四五七（長禄元）年、アイヌの首長コシャマインとの戦いで陥落したといわれるが、発見された銭貨の八〇パーセントは北宋《ほくそう》時代（九六〇～一一二七年）の貨幣であったという。

▲志苔館跡　函館市教育委員会提供

十四世紀後半、元を北方に退《しりぞ》けた漢民族の明朝《みん》は、一四〇九年にはアムール川下流域のサルに奴児干都司《ぬるかんとし》を置いて、北東アジア支配の拠点にした。都司の役人には韃靼《だったん》人、女真《じょしん》人など現地の首長を起用して懐柔《かいじゅう》しようという統治方針がとられた。間もなく都司の機能は事実上消滅するが、十六世紀にはいるとサハリンを含む東北に新たに衛《えい》が設けられた。

これは明朝に朝貢した首長に対して、その支配領域を衛として認め、統治を委《ゆだ》ねるというものであった。サハリンからの朝貢品には貂《てん》皮・黒狐《くろぎつね》・大鷹《おおたか》・黒鷲《くろわし》などが含まれ、返礼の回賜品《かいしひん》としては絹織物・緞子《どんす》・苧麻《ちょま》など高級織物が多くみられた。これらの品は北海道アイヌとの取引に用いられ、アイヌを通して貿易品として本州商人の手に渡ることになる。

十五世紀に倭人《わじん》（日本人）の蝦夷島渡島《えぞしまとうとう》（北海道行き）が活発化するのも、こうした情勢と無関係ではあるまい。安藤氏支配下の諸豪族が相次いで渡島《おしま》半島西南端の地に館を築いたのもこの頃であった。安藤氏の管轄下にあった十三湊は、北方貿易と南海貿易を結ぶ日本海交易ルートの結節点でもあった。同地の「夷《い》船京船群集して市《いち》を成《な》す」といわれる繁栄は、中世における安藤氏の蝦夷支配と日本海交通を背景にして実現したものといえよう。

（鬼頭明成）

《参考文献》■菊池徹夫・福田豊彦編『よみがえる中世〔4〕北の中世　津軽・北海道』平凡社、一九八九年
■国立歴史民俗博物館編『中世都市十三湊と安藤氏』新人物往来社、一九九四年
■小口雅史編『津軽安藤氏と北方世界』河出書房新社、一九九五年

一体化する世界
12

対馬は日本に属するのか、朝鮮の一部なのか

朝鮮王朝と倭寇

●対馬の宗氏は通交者の統制を朝鮮側から委任され、朝鮮米を輸入した。宗氏は単なる「日本の大名」なのだろうか。

「対馬は慶尚道に属す」

朝鮮半島にもっとも近い島、それが対馬島《つしま》である。その対馬を一四一九(応永二十六)年、朝鮮王朝の軍隊が襲撃する事件が起きた。日本では応永《おうえい》の外寇《がいこう》、韓国では己亥東征《きがいとうせい》とよばれる事件である。

この年五月に起きた倭寇《わこう》の襲撃をきっかけに、対馬への攻撃が決定された。当時、朝鮮王朝では、前国王太宗《たいそう》が実権を握っていたが、彼はかねてから倭寇の巣窟《そうくつ》とみなしていた対馬を討伐することを考えていたのである。その際に太宗は、「対馬島は、もと慶尚道《けいしょうどう》に属していた」ことを外征の根拠とした。

実際の戦闘では、朝鮮軍は対馬側の反撃にあい、十分な成果はあがらなかった。朝鮮側は、対馬島の

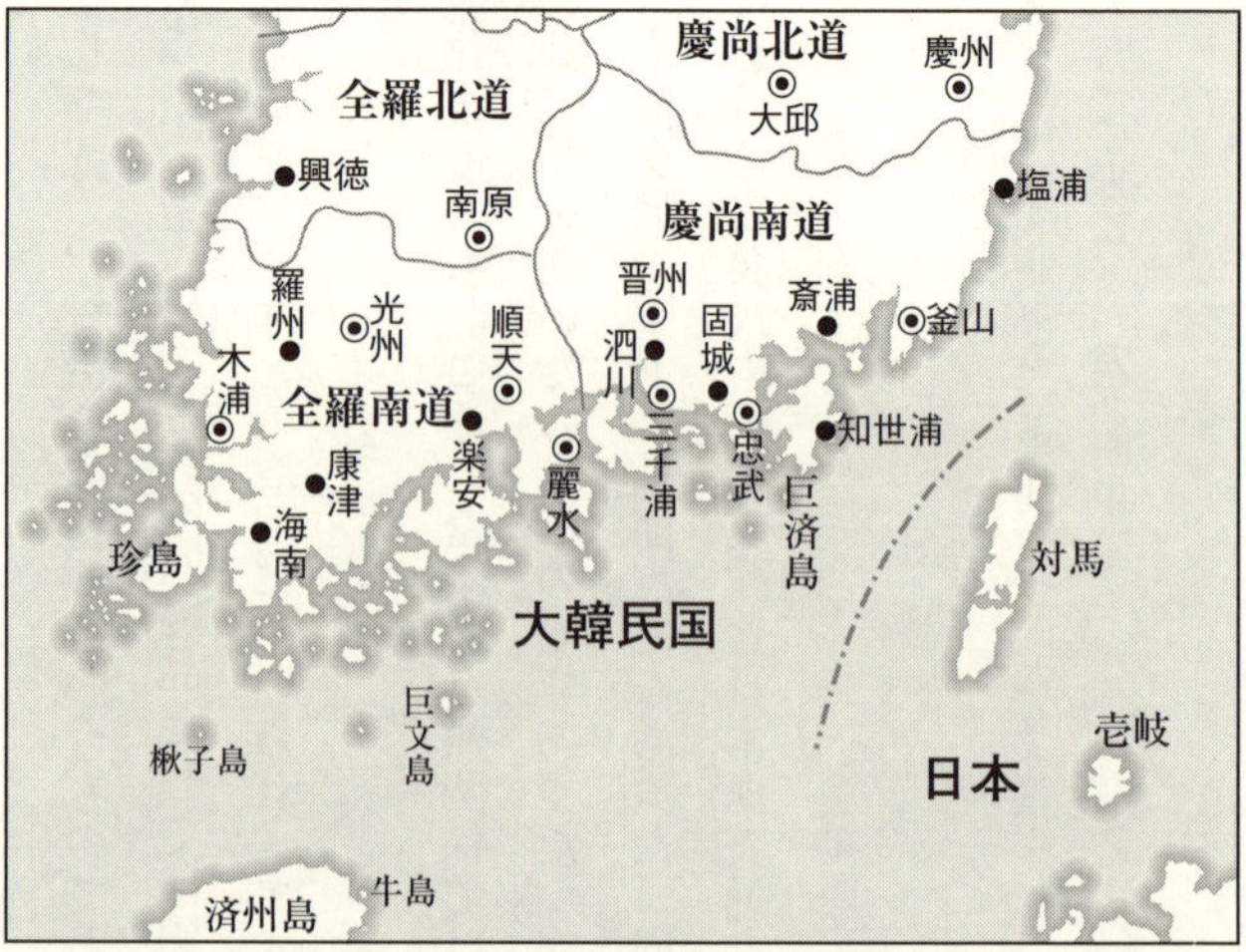

▲朝鮮半島の多島海

住民を朝鮮半島に移住させ、対馬島を空島にすることを考えたが、これも実現には至らなかった。さらに朝鮮側は、対馬を朝鮮領にすることを提案し、対馬の一部の勢力はそれを受け入れようとした。しかし結局、対馬守護《しゅご》(島主)宗貞盛《そうさだもり》が拒絶し、朝鮮の一部になることはなかった。

その後もことあるごとに、朝鮮側は「対馬は慶尚道に属していた」という認識を示し、また対馬と日本を別個の領域として扱っている。対馬が朝鮮の一部であったという根拠は明らかではないが、そうした認識をもつ背景には、対馬と朝鮮半島との活発な交流がある。

対馬に残された朝鮮半島の文物

対馬には、朝鮮半島との交流をうかがわせる多くの文物が残されている。

▲観音寺観音菩薩坐像　豊玉町教育委員会提供

下県《しもあがた》郡厳原《いずはら》町の法清寺《ほうせいじ》には、朝鮮三国時代の流れをくむ、七世紀のものとみられる銅造菩薩《ぼさつ》形立像が伝えられている。上県《かみあがた》郡峰《みね》町の海神《かいじん》神社にも、統一新羅《しらぎ》時代(八世紀)の銅造如来《にょらい》形立像が残されている。

高麗《こうらい》時代の仏像では、下県郡豊玉《とよたま》町小綱《こづな》の観音寺《かんのんじ》にある観音菩薩坐像が注目される。この像の胎内《たいない》には、高麗の人々が書いた結縁文《けちえんぶん》がおさめられている。天《てん》暦《りゃく》三年(一三三〇、中国年号)二月に高麗国瑞州《ずいしゅう》の浮《ふ》石寺《せきじ》において戒真《かいしん》ら三十二人が発願《ほつがん》して、この像を鋳造したことが記されている。瑞州は、韓国忠清《ちゅうせい》道《どう》の瑞山《ずいさん》のことである。浮石寺には、観音菩薩坐像が対馬に移った経緯については、伝えられていない。

対馬には、経典類も残されている。仏教国であった高麗は、一〇八七年に大蔵経《だいぞうきょう》の開板を完了した。しかし一二三二年、モンゴルの襲撃を受けて焼失してしまった。そのため一二三六年から一二五一年にかけて再び大蔵経の版木を作成した。同版は朝鮮王朝時代に慶尚道の海印寺《かいいんじ》に移された。上県郡上対馬《かみつしま》町琴《きん》の長松寺《ちょうしょうじ》には初雕《しょちょう》本が、厳原町豆酘《つつ》の多久頭魂《たくずたま》神社や金剛院《こんごういん》には、海印寺版(再雕本)がある。

上対馬町西泊《にしどまり》の西福寺《さいふくじ》には、元《げん》版の大般若経《だいはんにゃきょう》が伝えられている。これは一三二六年に高麗門下省《もんかしょう》の役人であった趙璉《ちょうれん》が、元の杭州《こうしゅう》(浙江省《せっこうしょう》)の南山普寧寺《なんざんふねいじ》で印刷させたものである。その後、対馬に将来されたものと思われ、経典の奥書には、檀越《だんおつ》として宗貞茂《そうさだしげ》、勧進《かんじん》僧宗益《そうえき》、住持《じゅうじ》比丘《びく》慶玽《けいしゅん》の名がみえる。

このように対馬に残された文物は、この島が朝鮮半島の活発な交流があったことをよく示している。

朝鮮を襲った対馬の拠点

対馬は山がちのところであり、島民たちの活躍の場は、むしろ周辺の海域であった。その点から島民の多くは、海民《かいみん》とよべるだろう。島の浦々において製塩がおこなわれ、網・釣り・潜水による漁業がおこなわれた。釣り漁では、朝鮮半島南岸の海域でもおこなわれていた。さらに各地に交易に向かう廻船《かいせん》もあった。それは壱岐《いき》・筑前博多《ちくぜんはかた》・肥前《ひぜん》・長門《ながと》、さらには北陸方面にまで及び、朝鮮、さらには琉球《りゅうきゅう》との交易に携わる者もいた。

彼らの中には、朝鮮半島や中国大陸を襲撃する倭寇《わこう》に転ずる者も多かった。早い例では、鎌倉時代の一二二六（嘉禄《かろく》二）年、対馬島民が高麗国全羅道金州《ぜんらどうきんしゅう》を襲撃している。

一三五〇（観応元《かんのう》）年以降、大規模な倭寇が継続して朝鮮半島を侵攻した。当初は朝鮮半島南部の沿岸を襲撃したが、しだいに高麗の首都開京《かいきょう》（開城《かいじょう》）の近くや、朝鮮半島北部にまで出没した。中には、一〇〇・三〇〇・五〇〇艘などという大船団をくむものもあり、内陸部まで侵攻する大規模騎馬集団も登場した。彼らは、官倉や漕船《そうせん》を襲撃して米穀などを奪い、また人を掠奪した。

朝鮮側は、倭寇の根拠地を「三島」と考えていた。三島とは、対馬・壱岐・松浦《まつら》地方と考えられている。対馬の海民も、倭寇の仲間に加わって侵攻を繰り返していたのである。

朝鮮王朝から官職を与えられる

一三八〇年代後半になると、高麗軍の倭寇討伐が功を奏し、倭寇はしだいに沈静していく。倭寇制圧に功績のあった李成桂《りせいけい》が台頭し、クーデタを起こして朝鮮王朝を建国した（太祖《たいそ》）。

朝鮮王朝は、倭寇を武力で制圧する一方、懐柔策もとり、彼らを朝鮮の通交体制に組み入れるようになった。太祖は建国後、明へ入貢《にゅうこう》する一方、周辺の日本・女真《じょしん》族・琉球からの通交者を受け入れていた。日本からは、倭寇を制圧し得る室町幕府（足利将軍）・守護大名クラス（大内氏や、九州探題今川《たんだいいまがわ》了俊《りょうしゅん》ら）などの領主層の他、もと倭寇であった者や商人らの通交を認めた。日本から派遣された使節一行は、外交文書（国書・書契《しょけい》）や進上《しんじょう》品を携え、回賜《かいし》品を与えられた。また王朝が使節から物資を買

▲現在の乃而浦（1992年、筆者撮影）

い上げる公貿易や、指定された場での交易（私貿易）もおこなわれた。

朝鮮王朝に服属した倭寇は降倭《こうわ》とよばれるが、彼らの中には朝鮮王朝から官職を与えられる者（受職人《じゅしょくにん》）もいた。受職人には対馬島民が多かった。都の漢城《かんじょう》（ソウル）に勤務したり、日本に滞在して年一回の来朝を義務づけられた。「倭人《わじん》」と「野人《やじん》」（女真人）は、王朝の朝賀の儀式に参列した。朝鮮王朝は、彼らを夷狄《いてき》とみなしており、彼ら「野蛮」な連中が朝鮮国王の下にくることは、王朝の小中華意識を満足させることになる。

十五世紀前半、朝鮮側は、日本からの使船の停泊地を三浦《さんぽ》に限定した。三浦とは、乃而浦《ないじほ》（薺浦《せいほ》）・富山浦《ふざんほ》・塩浦《えんぽ》の三港である。三浦は日本からの使節らが滞在したが、三浦に居留する（多くは非合法）対馬島民も数多くいた。朝鮮側は彼らを恒居倭《こうきょわ》とよんでいる。三浦の人口は、一四七五年には四三〇戸・二二〇九人、一四九四年には五二五戸・三一〇五人（その内、乃而浦は三四七戸・二五〇〇人）を数えた。一四七〇年代、宗氏の居館のある府中《ふちゅう》（厳原町）は二五〇戸ほどであった。三浦は、対馬の中心府中をしのぐ人々が集中していたのである。彼らは、交易や漁業などに従事していた。三浦には、対馬から興利倭船《こうりわせん》が往来し、魚塩をもちこみ、米穀と交易していた。こうして対馬島民は、朝鮮領内や朝鮮半島南岸の海域を行動圏にし、しばしばトラブルを引き起こした。

通交によって成り立つ宗氏の支配

対馬島を十四世紀以降、支配していたのは宗氏《そう》である。彼は、室町幕府から対馬国守護に任じられており、日本の領主である。しかし一方では、朝鮮王朝との緊密な関係を結んでいる。時には外臣としての立場を主張することで、朝鮮からさまざまな権益を得て、権力基盤を固めていった。一三九九(応永六)年、宗貞茂《さだしげ》が朝鮮に通交を開始し、以後宗氏は通交頻度においては最大級の通交者になる。一四四三(嘉吉《かきつ》三)年、宗貞盛《さだもり》(貞茂の子)は、朝鮮王朝と癸亥約条《きがいやくじょう》を結び、歳遣船《さいけんせん》五〇隻の派遣が許され、歳《さい》賜米《しまい》二〇〇石を与えられる権益を得た。そして、次のように島民の活動に統制を加えた。

朝鮮に渡海して交易をする船に対しては、高麗公事《こうらいくじ》という一種の渡海税を賦課する権限をもち、家臣に対し高麗公事を免除する特権を与えている。また、魚や塩に対する課税もしていた。

朝鮮へ通交する船に対しては、文引《ぶんいん》という渡航証明書を発給する権利を朝鮮に認められた。文引を所持した船のみが、朝鮮側から接待を受けることができる。文引の発給権を得たことにより、宗貞盛は、対馬島内・島外の朝鮮通交者を統制することができるようになった。

一四四一(嘉吉元)年、朝鮮との間に孤草島釣魚禁約《こそうとうちょぎょきんやく》を結び、孤草島(巨文島《きょぶんとう》に比定される)に出漁する対馬漁民に文引を与える権限を得た。島主文引を所持していない漁船の出漁は認められず、これにより島民の漁業活動を統制することができた。このように宗氏は、朝鮮との関係を通じて、対馬島民の活動を統制し、島内の基盤を固めたのであった。宗氏は、三浦の恒居倭《こうきょわ》に対する課税権も握っていた。その意味で、日本と朝鮮の両方に足場を持っていた領主であった。

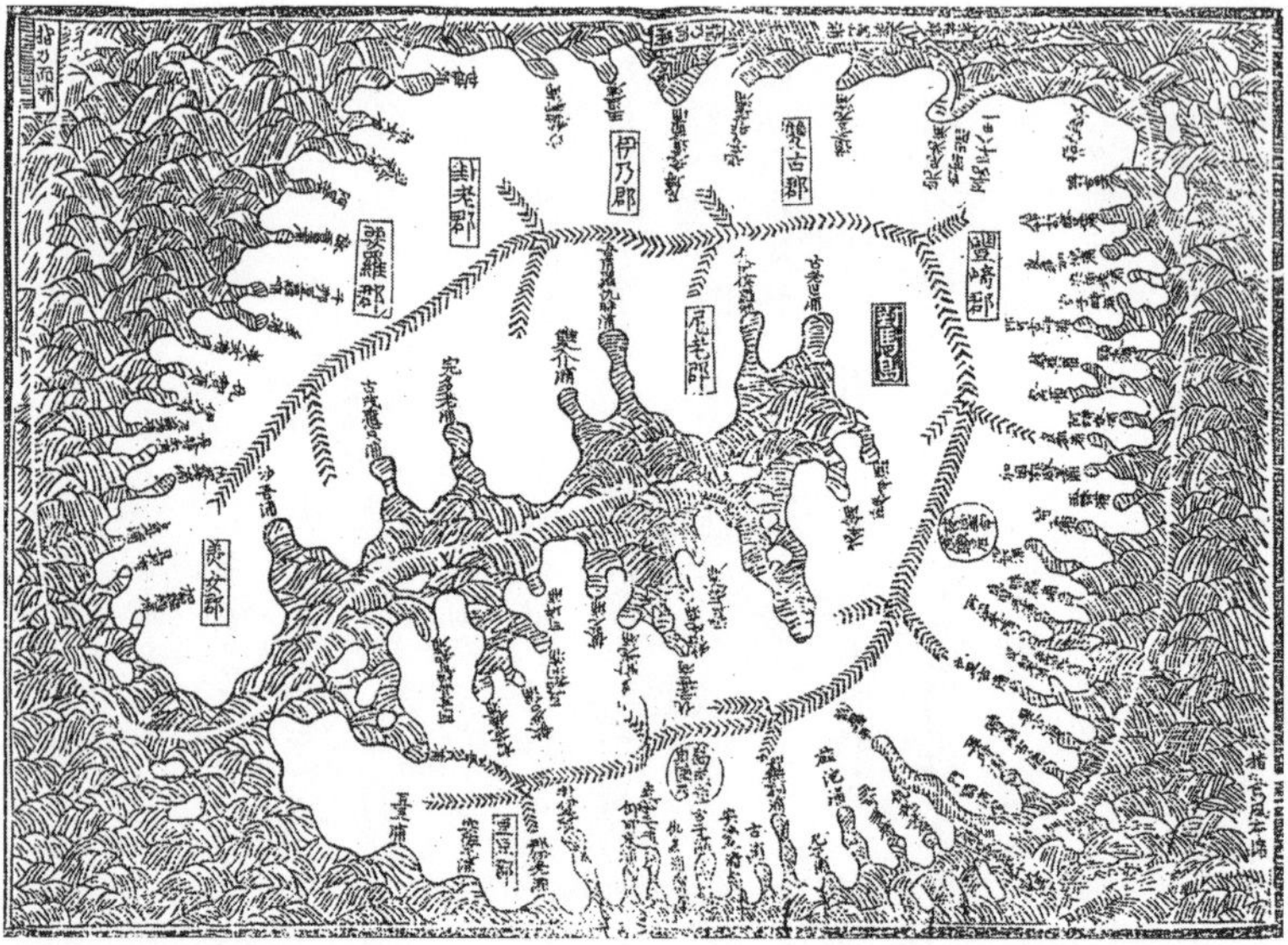

▲申叔舟『海東諸国紀』所収の15世紀ごろの対馬の地図　東京大学史料編纂所蔵

海洋アジアの中で生きる

これまでみてきたように対馬は、文化・政治などの諸側面で朝鮮半島と深い交流があり、島民は朝鮮領内に踏み込んだ活動を展開している。貿易面では、対馬島内で十分な生産ができない米を輸入していた。宗氏らが贈る進上品には、胡椒《こしょう》や蘇木《そぼく》のような東南アジア産のものが含まれていた。これらの物資は、琉球や博多を通じて入手したものであり、海洋アジアの交易ネットワークにも、対馬は組み込まれていたのである。（関　周一）

《参考文献》

■田中健夫『倭寇』教育社、一九八二年

■網野善彦他編『海と列島文化　第三巻』小学館、一九九〇年

■村井章介『中世倭人伝』岩波書店、一九九三年

一体化する世界
13

沖縄の酒、泡盛はどこから伝えられ、どのように広まったか

明を宗主国とした東南アジアの朝貢体制

●明の海禁政策によって中国の貿易商人はどうなったか。南シナ海の貿易で活躍した琉球王国と中国人商人の関係はどうなっていたか。

東南アジアから来た酒?

「レキオ人たちの間では、マラカの酒が珍重される。かれらはブランデーに似たものを多量に積荷する。マラヨ人はそれを飲んでアモクになるのである。」

これは、十六世紀の初期、マラッカにおいてトメ＝ピレスにより記述された『東方諸国記』の一文である。この時期、マラッカは一五一一年にポルトガルにより占領され、ポルトガルの東南アジアおよび中国への根拠地となった。中国との朝貢関係の中で、十五世紀からマラッカ王国と交易をしていた琉球王国は、レキオ人の国と記録される。琉球とマラッカの交易は、この時にはすでに中止していたと思われるが、同時期の東南アジアにおける琉球王国の交易の様子を知ることのできる貴重な記述である。

十五世紀から十六世紀にかけて琉球王国は、中国(明《みん》)を宗主国とした東南アジアを含む朝貢体制の中で、マラッカやアユタヤなどの国々と交易をおこなっていた。レキオ人は、中国から買い入れたジュンコ、つまりジャンク船で黄金や銅、武器、金箔《きんぱく》をおいた寄せ木細工の手筥《てばこ》、扇、その他の陶器や生糸、

紙などを持ってやってきて、代わりに胡椒《こしょう》やその他の香料、象牙《ぞうげ》、各色の毛織物などの品の他に、マラカ産の酒を多量に持ち帰った。

　レキオ人が東南アジア産からの酒を持ち帰っていることは、当時の外交記録史料としての『歴代宝案《れきだいほうあん》』に記録された明年号の成化十六（一四八〇）年三月の暹羅《シャム》国よりの書簡などに「香花紅酒《こうかこうしゅ》」や「香花酒」があることからもわかる。これらの酒は、琉球王国に持ち帰られ飲用されたことが、『朝鮮王朝実録』の「成宗実録」成化十五（一四七九）年六月、琉球に漂流し送還された朝鮮の済州島《さいしゅうとう》民の金非衣《きんひい》など三人の報告にある。琉球酒に清・濁があり、味は朝鮮の酒に似ていること、その他に南蛮酒《なんばんしゅ》があること、それは色が黄色で焼酒のようで、甚だ猛烈であり、数杯飲むと大酔いすることが記されている。また、中国皇帝から派遣された冊封使《さくほうし》の陳侃《ちんかん》の皇帝への報告書にあたる『使琉球記』に、「王より酒を勧められたが、これは清にして烈で、暹羅より来ている」と記録されていたりすることからわかる。しかしこれらの酒は、一般の人々の口に入ったかは疑問で、賓客《ひんきゃく》などに饗される特殊な酒としてあった。

贈り物としての酒

　ところで、それらの酒は国内で消費されるのみではなかった。成化六（一四七〇）年に琉球国王より朝鮮国王にあてた返礼物の中に「天竺《てんじゅく》酒」があることや、また天順五（一四六一）年十二月に、琉球から朝鮮に遣わされた使節普須古《ふすこ》が遭遇した次の事件からも知ることができる。琉球からの使者普須古は、朝鮮国王の前で、進上の品としての「天竺酒」の松脂《まつやに》で封じられた蓋《ふた》を開けた時のことであった。この酒は長旅の運搬に際して厳重に封がされていた。しかし、どこで間違えたのか、その中味は砂糖にかわっていた。普須古は驚愕してその失敗に対し、死を覚悟したところ、朝鮮国王より、琉球国王が酒を勧め贈ってくれた心を受けようという許しの言葉があり、許されたというものである。

もちろん、この時期、琉球王国に輸入酒以外の伝統の酒が無かったわけではない。先の『東方諸国記』にも、レキオの国には独特の酒があることが述べられている。『朝鮮王朝実録』の「世祖実録」の明年号、天順六(一四六二)年二月の記録の中の「米を浄洗して飯を作り、麹《こうじ》を和して之を醸《む》す。但し、一日の酒は則ち十五歳の処女を以て口を漱《すす》ぎ、飯を咬《か》ましめて之を醸す其の味甚だ甘し。」とあるように、当時、女性たちが作る酒があったことがわかる。いわゆる口嚙《くちか》みの酒である。しかし、こちらの酒は現在でも祭祀に使われるように、おそらく当時も、祭祀の時や一般の人の飲用などにしか使用されなかった。賓客《ひんきゃく》や他国への献上品には使われていないのだろう。外交記録には登場しない。

十七世紀が近くなると、琉球の周囲の状況は刻々と変化してゆく。東南アジアへのヨーロッパ諸国の進出や、中国の海禁政策の緩《ゆる》みから、琉球が東南アジアや中国の間で中継貿易をする必要性が無くなってきたのである。そして、最後まで続けられた東南アジアの国である暹羅《シャム》との交易も一五七〇年に終わりを告げることになる。南蛮より直接ルートでの酒の流入が断ち切られたのである。

しかし、酒を贈り物に使うことは、その後も続けられる。中国からの酒は入手可能であっただろうから、そのまま、輸入酒を使い続けることもできたはずだが、国内でも類似の酒が生まれるようになる。この時期、琉球は東南アジアの交易ルートを失っただけでなく、日本の天下統一にともない、北への進出を閉ざされた薩摩《さつま》からの強圧的な態度に、協調関係を迫られつつあった。琉球王国は、紋船《あやふね》という外交船を薩摩へ派遣している。明《みん》年号の万暦五(一五七七)年、薩摩への紋船により派遣された外交使節の天界寺《てんかいじ》僧侶の進上品目録の中に、唐焼 酎《とうしょうちゅう》や老酒《ろうしゅ》という中国産と思われる酒と並んで、「焼酎《しょうちゅう》」が出てくる。口噛《くちか》みの酒ではない酒の登場である。琉球王国内では、この時期ごろに酒の製造法を取り入れ、作り始めたと考えられる。製造法に関しては、これまでタイのラオ・ロンという酒と同じであり、これこそが東南アジアと琉球の交易の証しの様にいわれてきたが、近年の琉球・沖縄独特の酒である泡盛《あわもり》の入ってきた道を探る研究によると、ベトナムや中国の南部にも「泡を盛る」方法で、アルコール度を判別する酒があり、それから考えると、琉球が酒の製造を受け入れたルートは、タイから直接というよりは、琉球が交易した様々な港や、また中国を経由して入ったと考えるのが有力であるという。

琉球文化は、チャンプルー文化、つまりいろいろな文化をミックスした文化といわれるが、酒も三線《さんしん》やかすり文様と同様に多くのところから少しずつとり入れられていったのであろう。そして、作り出された焼酎は、琉球を代表とする贈答品として、琉球ブランドの一つになっていった。ただ、ここで注意すべき点がある。この新しい酒ができることで、これまでの女性たちが中心であった口噛みに由来する酒造りが脇へと追いやられたのではないかということである。

しかし、現在の酒造家による泡盛の本の中に、泡盛の麹《こうじ》は女性たちの手により守り育成されてきたという内容がある。酒造りに関して、日本酒のように蔵に女性を入れないという文化は琉球の文化としては受け入れられていないようである。

江戸上りの中で登場する「泡盛酒」

　琉球文化の一つとして、対外的な影響をうけて作り上げられてきた酒は、近世琉球になって初めて、「泡盛」という名前で登場する。琉球王国は、紋船の派遣など薩摩との関係に努めたが、一六〇九（慶長十四）年に薩摩島津氏の侵略によって、薩摩藩の支配下に入り、江戸幕府を中心とする幕藩体制のなかに組み込まれてしまった。それまでの中国を中心とした朝貢国家としての面以外に、日本の江戸幕府を中心とする小華夷《かい》秩序の中に位置付けられることになる。

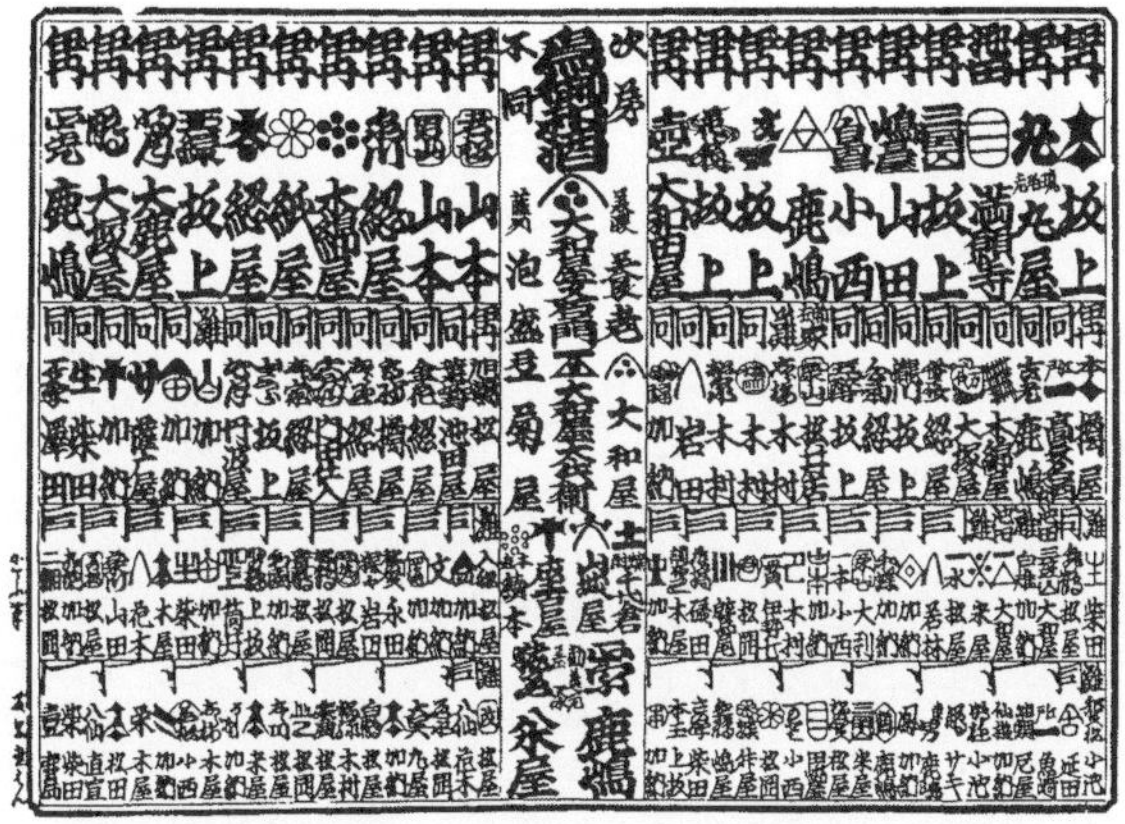

▲江戸時代の酒番付　中央左の方に「薩州泡盛」の文字が見える。沖縄県立博物館『あわもり―その歴史と文化―』1992年より転載。

　敗れた琉球王国の尚寧《しょうねい》王は、一六一一（慶長十六）年島津氏に伴われて徳川家康に拝謁した。これにならって始められたのが、将軍の代替わりを慶賀《けいが》する慶賀使と、国王の即位を謝恩《しゃおん》する謝恩使として派遣した江戸上り、つまり琉球使節の江戸参府である。江戸参府は一六三四（寛永十一）年から始められ、一八五〇（嘉永三）年までに十八回おこなわれた。この使節は、薩摩藩主とともに江戸へ向かい、城下などでは一行が中国風の路次楽を演ずるなど、「異国」琉球が江戸へ参府することを印象づけるものであった。この使節は、江戸の将軍やその他諸大名たちへの献上および進上品として、芭蕉布《ばしょうふ》などの沖縄の織物や、螺鈿《らでん》や沈金の施された琉球漆器など多くの琉球の特産品を江戸へ運んだ。その品々の中に「焼酎、もしくは焼酒」があった。十六世紀末に贈答用の品として、南蛮酒に替わって使用されてきた「焼酒」は幕府・薩摩との関係の中でも贈答用として使われることになったのである。さらに、この焼酎もしくは焼酒は一六七一(寛文十一)年からは「泡盛」という名に替わり、以後ますます琉球を代表する物産として位置付けられていく。

泡盛は、単に将軍に献上されたばかりではない。列席する諸大名たちの目に触れ、老中やその他の幕閣にも進上された。東京都港区の汐留《しおどめ》遺跡の大名屋敷からも泡盛が入ってきたと思われる壺屋焼《つぼややき》が発掘されている。焼酎・泡盛の名声はあがり、江戸上りについて記録された記録にも、その強烈さと希少さが記録され、また大坂や名古屋などの琉球使節の道中で出された、行列を見るための案内書にも記述されることになった。さらには、江戸時代の酒番付のような物産記録にも泡盛が登場するほど、泡盛は日本の中での琉球の位置を表していった。十九世紀に入ると、琉球王国にやってくるペリーなど異国人への接待用としても使用される。

飢饉と酒、王国の悩み

しかし、この泡盛について、琉球王国内では手放しで製造を奨励したわけではなかった。近世に入ると、酒は王府の主要な行事の中で、王に献じ、また王から賜る品としての利用と共に、口噛みの酒から発した神酒と並んで、「御五水《ウグシイ》」などと呼ばれ、地方の祭祀の時にも使用されるようになっていった。

また許可制ではあるが、士族の婚礼などにも登場し、さらに公用の諸用を勤めた役人たちへ疲れ直しとして杯《さかずき》一杯ほどずつ支給されることがあるなど、まだ泡盛の使用は限られ希少なものでありながら、徐々にあらゆる層に広がりを見せ始めていた。しかしながら、泡盛が制限なしに蒸留されたわけではない。泡盛の原料が米や粟という穀物であるために、首里城の南西に位置する鳥小堀《とりこぼり》・赤田《あかた》・崎山《さきやま》の三ヶ村のみで製造が許され、その蒸留量も、そして製造された酒の管理も王府の下におかれていた。

十八世紀の末から十九世紀の初めに琉球王国の三司官という上層役人であった伊江《いえ》朝睦《ちょうぼく》によって記録された『伊江親方日々記』をみると、乾隆四十九（一七八四）年の三月に、琉球王国内の飢饉などのために穀物が高値になっているので、焼酎造りを禁止してはどうかというような問題が、国王と王府の中枢部の間で話し合われている。しかし、その対処は難しく、焼酎作りのみを禁じても、酒屋が値をつり上げたり、禁止前の駆け込み製造が増えるばかりであるとの効果を疑う議が出て、取り締まりを再度吟味し、国王に言上するという内容で終わっている。泡盛文化が庶民の文化の中に広がれば広がるほど、手に入らぬ酒を自ら作り出そうとする者も増え、米や粟だけでなく、黍《きび》などを使った密造酒も後を絶たず、その禁止令もなかなか出しづらいものであった。

十五世紀ごろ、東南アジアや中国とのつながりをもちつつ、琉球がうけ入れた酒、泡盛は琉球・沖縄を代表する酒として、現在に至るまで人々に愛飲されているのである。

（小野まさ子）

《参考文献》■トメ・ピレス著、生田滋ほか訳『東方諸国記』（大航海時代叢書V）岩波書店、一九六六年
■沖縄県立博物館『あわもり―その歴史と文化』一九九二年

一体化する世界
14

鉄砲はどのように伝わり、どのような影響を与えたか

堺の鉄砲

●ヨーロッパ社会を大きく変えた鉄砲はアジアではどのように用いられたのか。堺の鉄砲鍛冶はどのような役割を果たしたのか。

▲鉄砲伝来の碑(鹿児島県西之表市)

鉄砲の始まり

火薬を兵器として用いることは宋《そう》の時代(一〇～十二世紀)の中国に始まる。北九州に来襲したモンゴル軍も火薬の弾丸を投げ込んで、その炸裂《さくれつ》音と煙で鎌倉武士を驚かせた。やがて、火薬の爆発力を用いて弾丸を発射する金属製の「銃筒」が登場する。現存するものでは、元《げん》の時代の一三三二年製のものがもっとも古い。

ヨーロッパで大砲が使われた最古の記録は一三三一年のイタリアであった。命中率が低いので心理的な効果をねらったものとみられる。敵に大きな打撃を与えるようになるのは、十四世紀末から後のことである。

大砲が攻城用に用いられたのに対して、命中率が高く、軽くて持ち運びに便利な火縄銃がヨーロッパにはじめて登場するのは一四五〇年ころとみられる。一五二五年には、北イタリアのパヴィアの戦いにおいてスペイン軍の火縄銃がフランス軍の重装騎兵をなぎ倒して、勝利をもたらした。こうして、鉄砲

を備えた常備軍を持つ王権はいっそう強化され、重装騎兵の担い手であった封建諸侯の地位は急速に没落していった。

鉄砲の伝来

天文《てんぶん》十二年八月二十五日（西暦一五四三年九月二十三日）午後六時頃、種子島《たねがしま》の西村《にしむら》（門倉岬《かどくらみさき》）の小浦《こうら》に一〇〇人余の乗った大船が漂着した。大船は中国船（ジャンク船）であった。その時から半世紀以上も経った一六〇六（慶長十一）年、領主の種子島久時《ひさとき》が祖父時堯《ときたか》の功労を顕彰《けんしょう》するため、薩摩《さつま》（鹿児島県）の日蓮《にちれん》宗の大竜寺《だいりゅうじ》の僧南浦文之《なんぽぶんし》（玄昌《げんしょう》）に『鉄炮記《てっぽうき》』を筆録させた。

それによると、西村の主宰《しゅさい》（地頭《じとう》か）は種子島家の家老西村時弘《にしむらときひろ》の子の時貫《ときつら》（織部丞《おりべのじょう》）で、海岸の砂上でこの中国船の頭目の王直《おうちょく》と筆談した。八月二十七日、赤尾木（現在の西《にし》之《の》表《おもて》市）の津に曳航《えいこう》し、領主の時堯（当時十六歳）と父恵時《としとき》（当時四十一歳）は慈遠寺《じおんじ》の往来院日忠《おうらいいんにっちゅう》を通訳として王直と対談した。九月九日、漂流船の船客に西南蛮種《ばんしゅ》（ポルトガル人）の賈胡《ここ》（商人）の長牟良叔舎《フランシスコ・ゼイモント》と喜利忘多侘孟太《アントニオ・ダ・モッタ》の二人がいて、彼らが一物（火縄銃《ひなわじゅう》）を持っていたので、その性能を見た上で領主時堯は大金をもって二挺を購入、合わせて「妙薬《みょうやく》」（火薬《かやく》）と「鉛玉《なまりだま》」（弾丸《だんがん》）も買った、という。

これが日本へ初めて鉄砲が伝来された時の事情のようである。ただし、ポルトガル人の種子島漂着の事については、ポルトガルの記録では一五四二年とされており、いまのところ、いずれが正しいかは判定できない。

大金で入手した鉄砲（火縄銃）を、領主の時堯はその使用法と製造法を家臣らに学ばせた。

鉄砲・弾薬の製法

鉄砲は、銃身部（筒）と銃床《じゅうしょう》部（台木《だいぎ》）と機関部（カラクリ）から成るが、いちばん製作に困難をきたしたのは、筒の底をふさぐネジ（尾栓《びせん》）の製法であった。銃身は刀鍛冶《かたなかじ》の八板金兵衛清宅《やいたきんべえきよたか》に作らせたが、彼は尾栓ネジの製法を聞き出すために、娘の若狭《わかさ》をポルトガル人のもとに送るなどした、ともいわれる。

種子島は砂鉄の産地で、製鉄には困らなかった。しかし火薬の製法は、小姓《こしょう》の篠川小四郎秀重《しのかわこしろうひでしげ》に命じたが、木炭と硫黄《いおう》は国内で入手できても、硝石《しょうせき》は存在せず、すべて中国船かポルトガル船を通して外国から購入しなければならなかった（中国の山東省《さんとう》とインドのビハール州が主産地）。その調合は、硝石九（75％）、木炭二（16.7％）、硫黄一（8.3％）の割合であったらしい。木炭は松の木が最良で、他にナラ、クヌギ、マキなどの雑木が使われた。玉（弾丸）は鉛が使われ、多くはないが、生野《いくの》（兵庫県）、神岡《かみおか》（岐阜県）、花岡《はなおか》（秋田県）などに産し、タマガネという鋳型で作られた。火縄の原料には、十五世紀に朝鮮から入ってきた木綿の糸が利用された。

鉄砲は、銃身ができると、銃床とカラクリつけにまわされ、最後は金具師《かなぐし》が象嵌《ぞうがん》をほどこしたりして完成となる。もっとも、当初は武器としての機能をもつだけのシンプルな姿であったが。

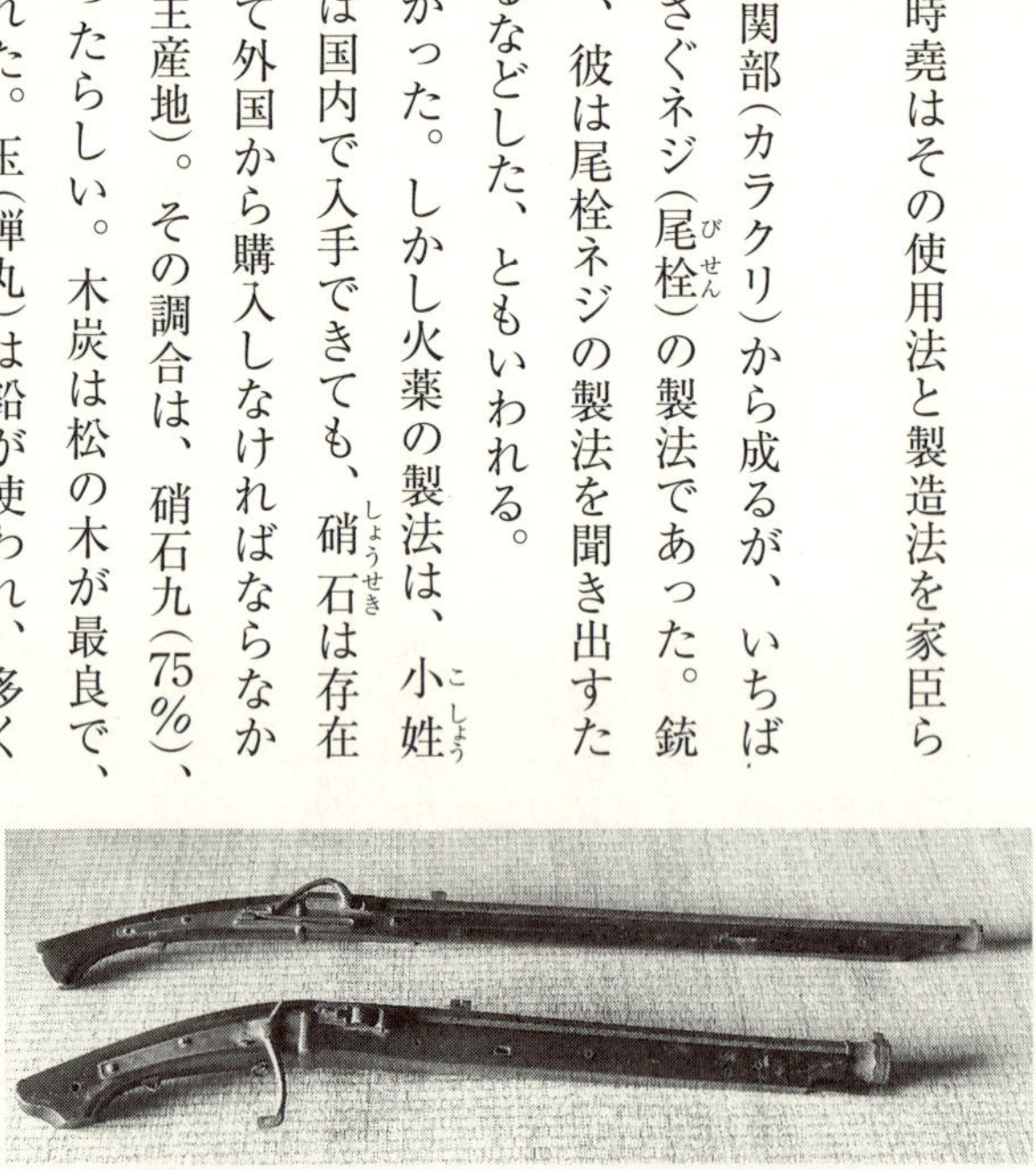

▲種子島に伝来した鉄砲

鉄砲製造は、機能的・金属的・化学的知識と技術が結びついた当時のハイテク製品であった。その製造は分業に基づく協業という、いわゆるマニュファクチュア生産形態の一典型とも言え、その製造地はハイテク工業団地でもあった。

その威力は、口径にもよるが、だいたい戦国大名が多く使用した四匁《もんめ》(口径一・四五センチ)、六匁(口径一・五八センチ)などの細筒《ほそづつ》(小筒《こづつ》。六匁以下をいう。なお五〇匁=口径三・三センチ以上を大筒《おおづつ》、その中間を中筒《ちゅうづつ》という。騎上から片手で発射する短筒《たんづつ》・馬上筒《ばじょうづつ》もあった)は、最大射程は一〇〇〇メートルだが、有効射程距離はせいぜい一〇〇メートル前後であり、人馬を標的とした命中精度となると五〇メートル以下となり、三〇メートルだと鉄二枚の胴具足《どうぐそく》を射貫《いぬ》く威力を発揮した。

堺の鉄砲鍛冶

種子島鉄砲は、紀州《きしゅう》(和歌山県)の根来寺《ねごろじ》杉之坊《すぎのぼう》院主《いんしゅ》明算《みょうさん》が根来寺を代表して、種子島家に伝来鉄砲の割愛《かつあい》を要請した。明算の兄の津田監物算長《つだけんもつかずなが》が使者となって来島し、翌一五四四(天文十三)年三月に根来に持ち帰った。鉄砲は、根来寺門前町の西阪本《にしさかもと》に住む堺《さかい》(大阪府)出身の鍛冶《かじ》職人芝辻清右衛門妙西《しばつじせいえもんみょうせい》に倣製《ほうせい》を命じ、やがてその国産化と量産化に成功した。根来鉄砲隊は、天下統一をめざす織田信長《おだのぶなが》に抵抗するが、一五八五(天正十三)年、あとを継いだ羽柴秀吉《はしばひでよし》軍によって壊滅された。そのため、芝辻一家も堺へ帰住していった。

その一方、種子島銃のことを聞きつけた堺商人の橘《たちばな》屋《や》又三郎《またさぶろう》が、一五四三年に早くも種子島に渡り、八板金兵衛からその製法を学び、一五四五年に堺に帰って製造を開始し、人々から「鉄砲又《てっぽうまた》」と言われたともいう。一五四九（天文十八）年には今井宗久《いまいそうきゅう》ら堺の豪商らも製銃業を開始した。

貿易港の堺は、各種手工業が発達していたので、鉄砲の原材料を入手するのに有利な場所にあった。例えば、砂鉄については、伯耆《ほうき》（鳥取県）産のものを使用した。なお、堺と並んで一大鉄砲製造地となった近江《おうみ》の国友《くにとも》（滋賀県長浜市）は出雲《いずも》（島根県）の砂鉄を使用した。

しかも堺は、会合衆《えごうしゅう》（納屋《なや》衆）とよばれる豪商たちの自治の町でもあった。権力者から統制を受けることもなく、その豊富な資金力をもって工場（作業場）の規模を拡大し、量産体制を築き上げ、織田信長をはじめとする戦国大名の需要に応じ、販路を拡張していった。

しかし、皮肉にも堺が鉄砲生産で日本最大となった頃の一五六九（永禄《えいろく》十二）年、堺の「黄金の日々」は、鉄砲を大量装備した信長の前に屈した。だが、信長の堺獲得の最大の要因が堺の鉄砲生産力であったから、信長はその製造には保護を加えた。

▲今も残る堺の鉄砲鍛冶井上関右衛門の屋敷

堺は、翌一五七〇（元亀《げんき》元）年の近江の姉川《あねがわ》合戦（この三年後、信長は長浜の国友村を獲得した）、さらに一五七五（天正三）年の三河（愛知県）の長篠《ながしの》合戦にも鉄砲・弾薬を供給し、信長軍の兵器廠《しょう》の役割を担っていった。この長篠合戦は、三千挺の鉄砲を装備した織田・徳川連合軍の足軽《あしがる》鉄砲隊が武田騎馬隊を破り、十六世紀が「鉄砲の時代」ということを象徴する戦いとなった。

鉄砲の出現は、戦闘の主力を騎馬隊から足軽鉄砲隊にかえ、城壁の土蔵を厚くし、さらに大砲の攻撃に耐え得る石垣を築くなど、築城技術の改良を促した。そして、大量の鉄砲と弾薬の調達（鉄砲の原材料入手の道の確保も重要となった）は、戦国大名の経済的負担を増大させ、軍事・政治的戦略とともに、経済的戦略が重要なキーポイントとなっていった。

中国・朝鮮の鉄砲と大砲

日本に火縄銃が伝えられたころ、明《みん》ではすでにヨーロッパ式の大砲（フランキ砲）が作られていた。一五二二年にポルトガルの艦隊と戦ったときに奪い取った大砲をモデルにして、明の軍制局は翌年にはやくも三十二門の大砲を製造した。火縄銃については、ヨーロッパ系統のものとオスマン帝国の系統のものが知られていたが、製造技術が未熟で実用化されていなかった。ポルトガル人が日本にもたらした銃は東南アジア系統のもので、他の二者とどのような関係であるのかは、解明されていない。

一五四七年に倭寇《わこう》による密貿易の基地となっていた双嶼《そうよ》を明軍が攻略したときの捕虜の中に、たまたま日本の火縄銃の製法を知る者がいた。その技術に基づいて中国における火縄銃の製造が始まり、一五五八年には明の兵仗局《へいじょう》が一万丁を製造するほどになった。中国ではこの銃を「鳥銃」と呼ぶ。

朝鮮でもフランキ砲が作られるようになり、一五六三年製のものが今も残っている。豊臣秀吉の朝鮮侵略に対して、李舜臣《りしゅんしん》の水軍はフランキ砲を用いて日本の水軍を苦しめている。また、この戦争中に降伏した日本兵の技術を用いて火縄銃の製造も開始された。朝鮮の鉄砲隊は半世紀後にロシアの進出を阻止しようとする清《しん》を援助して、二度にわたってロシア軍を撃退している。

天下統一によって職を失う

豊臣秀吉の天下統一後も朝鮮侵略、関ヶ原合戦で鉄砲はその威力を発揮した。鉄砲だけではない。一六一五(元和元)年の大坂冬の陣にむけて、徳川家康は国友の鉄砲鍛冶に大量の大砲を注文している。こうした戦いを経て、徳川氏による支配が確立し、長い戦乱の時代に終わりを告げることになった。

しかし、皮肉なことに、堺や国友といった鉄砲鍛冶職人や武器商人にとっては、それは生活の糧を失う「冬の時代」の到来を意味した。幕府・諸大名からの発注は激減し、一部の鍛冶年寄衆(堺では芝辻理右衛門・長左衛門、榎並屋勘左衛門《えなみやかんざえもん》など)を通じての統制も強化され、離職者が相つぐことになった。その技術を生かして、包丁・煙管・仏具・打上花火の製造に転じる者もあらわれた。

火縄銃や大砲を扱う兵士たちも失業した。彼らは「足軽」などと呼ばれて一人前の武士として認められず、所領や財産もなかったので失業は飢え死にを意味した。そのため、東南アジアにまで渡って、傭《よう》兵《へい》としてヨーロッパ人や現地の支配者に仕えて戦場で活躍する者も少なくなかった。

(遠藤巌)

《参考文献》■奥村正二『火縄銃から黒船まで』岩波新書、一九七〇年
■宇田川武久『鉄炮伝来』中公新書、一九九〇年

一体化する世界
15

ザビエルがはるばる日本まで来たのはなぜか

大航海時代と宗教改革

●ローマ教皇はスペイン・ポルトガルの領土拡大にのって宣教師を世界の各地に派遣した。ザビエルは何をめざしてアジアに来たのか。

山口とザビエル

JR山口駅から県庁の方に向かっていくと、かつては小高い山の上に古風な二つの尖塔《せんとう》を持つ教会を目にすることができた。それは一九五二(昭和二十七)年、ザビエル来山四百年を記念して建造されたザビエル記念聖堂で、彼が育ったスペインのナバラ県のザビエル城をモデルとした教会であった。それから一九九一(平成三)年五月の火災によって消失するまで、西の小京都山口を象徴する建物として市民に愛され続けた。

フランシスコ＝ザビエルは、最初にキリスト教を伝えた者として日本史上に大きな足跡を残す。しかし、彼が日本に滞在して布教活動をおこなったのは、鹿児島に第一歩を記した一五四九(天文十八)年八月十五日から一五五一(天文二〇)年十一月に豊後《ぶんご》(大分県)を後にして日本を離れるまでの二年と三ヵ月であった。一五五一年一月、ザビエルは修道士のフェルナンデスと鹿児島で洗礼《せんれい》を受けた日本人ベルナルドを従がえて、布教の許可を天皇に求めるため幾多の困難を乗り越えて京都にたどり着いた。

▲旧ザビエル記念聖堂(山口市亀山)

しかし、その地は応仁《おうにん》の乱《らん》(一四六七〜一四七七年)以降の戦乱によって、見るも無惨な姿になりはてていた。彼らが日本の国王と考え、布教の許しを請《こ》おうと考えていた天皇が無力であることを思い知らされることになった。そこで彼らは、京都へ来る途中、一ヵ月滞在して往路布教活動をおこなった、山口の大名大内《おおうち》氏の力を頼りに日本伝道を進めるのが最良の策と考えるようになった。

当時、大内氏は周防《すおう》・長門《ながと》・安芸《あき》などの西中国のみならず、九州の筑前《ちくぜん》・豊前《ぶぜん》など七カ国の守護職《しゅごしょく》を兼ねる最大の守護大名で、明や朝鮮との貿易によって財力を蓄え、国際的視野を持ち合わせた大名であった。また、代々、中央の貴族や禅僧・学者とも親しく交際し、当主大内義隆《よしたか》にあっては、仏教・儒学は言うに及ばず、連歌《れんが》・能楽の芸能にいたるまで幅広い教養の持ち主であった。そのため、一五三六(天文五)年の天文法華《てんぶんほっけ》の乱以降、京都から戦乱を避けて公卿《くぎょう》や学者・文化人が山口に移り住み、さながら小京都の観を呈していた。

そこでザビエルは再び山口を訪れ、インド総督《そうとく》及びゴアの大司教《だいしきょう》からあずかった文書二通と贈り物を携《たずさ》えて、正装して義隆に面会を申し込んだ。この時、ザビエルは義隆に望遠鏡やポルトガルの衣服、オルゴールや装飾を施した置き時計、火縄《ひなわ》小銃などを贈った。これに対して義隆は、黄金一箱と太刀《たち》を贈ろうとしたが、ザビエルはこの返礼を固く断わり、ただ布教の許可を受ければこれ以上の望みはないと答えた。この態度に義隆をはじめ家臣一同、ひどく感激し、空き寺になっていた大道寺《だいどうじ》(現在のサビエル公園)を宿舎及び布教所として与え、領内でのキリスト教の布教の自由と家臣の信仰の自由を認めた。そして山口の辻々には、その布教を妨害する者には、厳罰に処すべしという高札《こうさつ》が立てられた。

こうしてザビエルらに対し、山口の人々の信用と評判は高まり、朝夕二回おこなわれる大道寺の説教は説教を聞こうとする者や新しい学問を求めて集まった人々でにぎわった。この中でザビエルたちは、天地万物の創造主である神と神の救いについて説くことだけでなく、地球球体説や太陽の動きなどの天体や気象に関する知識についても説いた。こうした日々の説教が、二ヵ月半も続いた後、改宗を申し出る者が出始めるようになった。

ところでザビエルは布教にあたり、仏教を研究した結果、真言《しんごん》宗の大日如来《だいにちにょらい》が宇宙唯一の絶対者であるということを知り、キリスト教で説く神（デウス）と等しいと考えて、当初は「大日を拝《おが》め」と説いた。そのため、当初は真言宗の僧侶から大いに歓迎されたが、日本人信者の言によって「大日」と「デウス」がまったく違うものであることが判明した。そこで直ちにフェルナンデスに命じて「大日を拝むな」と街頭で叫ばせた。このことによって真言宗の僧侶との友好関係は断たれた。さらに山口で改宗した信者から仏教の五戒《ごかい》とその五戒をはらって救われるため、僧侶にお布施《ふせ》をつつまなければならないことを教えられた。ザビエルは、ここに僧侶の金銭欲と欺瞞《ぎまん》に満ちた姿を見ることになり、公然と僧侶を批判した。

▲ザビエル画像
神戸市立博物館蔵

山口で宣教すること四ヵ月に及び、改宗する者が五〇〇人を数えたころ、一隻のポルトガル船が豊後に入ったという情報を得、ザビエルはヨーロッパのイエズス会本部や東洋伝道の根拠地であるインドからの消息を知りたいと思い、豊後に旅立った。その後任として平戸《ひらど》(長崎県)にいたトルレス神父を呼び寄せ、山口での宣教を頼み、日本を後にしてゴアへ帰還した。

ザビエルは、この間の布教活動で、日本が中国の多大な文化的影響を受けていることを知り、ゴアに戻ってから東アジア宣教のための中国行きを決意することになった。しかし、当時の明朝《みん》は、鎖国《さこく》政策をとり、入国は困難を極めた。ザビエル一行は広州《こうしゅう》沖にあるポルトガル商人と中国商人が、密貿易を行う上川島《ジョウセン》で、ポルトガル商人のアルヴァレス船長の世話になりながら、中国本土へ渡る方法を模索した。そうした折り、ザビエルは熱病を患《わずら》い、一五五二年、対岸を臨みつつ、息をひきとったのである。

ザビエルはなぜ、日本に来ることになったのか

ザビエルは、スペインとフランスにまたがるピレネー山脈の真っ只中にあるナバラ王国と呼ばれるバスク人の小王国の財務大臣の末息子として一五〇六年四月七日、この世に生を受けた。一五一二年、スペインとフランスの間に戦争がおき、ナバラ王国にも戦火は及んだ。ザビエル一族は王国の存立をかけてスペインと戦ったが、三年の攻防の末、併合された。その後、一五二五年、ザビエルは聖職者になるために、パリ大学のバールバラ学院へ入学し、哲学・論理学・認識論を修めた。

この一五二一年の蜂起でスペイン側の隊長として鎮圧する側にいたのが、後にザビエルらとともにイエズス会を創設する同郷の貴族イグナティウス＝ロヨラであった。彼は戦いで負傷し、これまでの世俗的な名声を求めた騎士としての生き方を悔《く》い改め、神の僕《しもべ》として、人々の救霊のために尽くすこと、す

なわち神の戦士になることを誓い、一五二八年、パリ大学に入学してきた。

当時、パリも宗教改革の波に洗われ、カトリック教会の権威は揺《ゆ》らいでいた。ロヨラは、カトリック教会の権威を回復するために同志を求めており、同郷のザビエルを説得しようとした。その際、新約聖書の一節にある「たとえ、全世界を手に入れても、自分の魂《たましい》を失ったならば、何の益があろうか」という言葉を繰り返し説いた。当初はロヨラに違和感をいだいていたザビエルとその同宿生のファーベルらも次第に彼のキリストに従い、救霊のために布教活動をおこなうという高貴な理想に共鳴するようになった。一五三四年、同じ志を持った七人の若者はモンマルトルの小聖堂で清貧・貞潔・聖地巡礼の誓願《せいがん》をたてた。そして彼らは聖地巡礼の許しを教皇に授かるために、ローマへ赴《おもむ》いた。

当時、イタリアは東方のイスラム教国オスマン帝国の侵攻を目前にし、臨戦体制に入っており、地中海を横切ってエルサレムへ渡るのは困難を極めた。ここに至り、彼らは聖地巡礼を断念し、協議の結果、自分たちの処遇を教皇の裁断に委《ゆだ》ねた。この時、ロヨラは「キリストの代理者である教皇が仰せられる命令ならば、世界各地のいずこへも赴き、宣教に努めたい」と教皇に告げたという。

一五三九年、布教活動をおこなう修道会として会名を「イエズス会」とし、教皇より認可を受けた。時代はスペイン・ポルトガルが新大陸やアジア・アフリカに進出した「大航海時代」、スペイン・ポルトガル両国王は、教皇よりカトリック教会の保護者に任じられ、新しく「発見」された土地において布教活動を進めることを条件に領有の独占を認められていた。

そのため、イエズス会の布教活動はポルトガルの新大陸・アジア・アフリカでの植民地政策と連動することになった。中でもアフリカのキリスト教国、エチオピアでの布教活動は、オスマン帝国に対抗するという十字軍的意味も兼ねていた。そうした中で、ポルトガル国王の要請で、ザビエルがインドのゴアに赴いて現地住民に対して布教活動をおこなうことになった。

当時、ゴアは、ポルトガルの香辛料《こうしんりょう》交易の拠点で、そこには総督府や東洋伝道のための司教府《しきょうふ》が置かれ、商館が所狭しと立ち並んでいた。この地に住み着いて数ヶ月、ザビエルがわかってきたことは、渡航者の多くが本国に妻子がいるにもかかわらず、現地の女性と享楽的な生活を送り、金儲けに奔走しているため、魂の救済を怠《おこた》っているということであった。その背景には、布教活動を進める司祭が不足し、司祭にしてもキリスト教の教理に無知で、あげくの果てには金儲けに日々を費やしている者さえいた。そこでザビエルは、布教にあたり、教理を誰にでもわかる平易な言葉におきかえ、歌うように語った。

また、インド南岸においては、現地の言葉であるタミール語を学んで、タミール語の教理書を作成し、布教活動をおこなった。この方針は、日本での布教にもとられた。ゴアを拠点にしてインド各地で布教

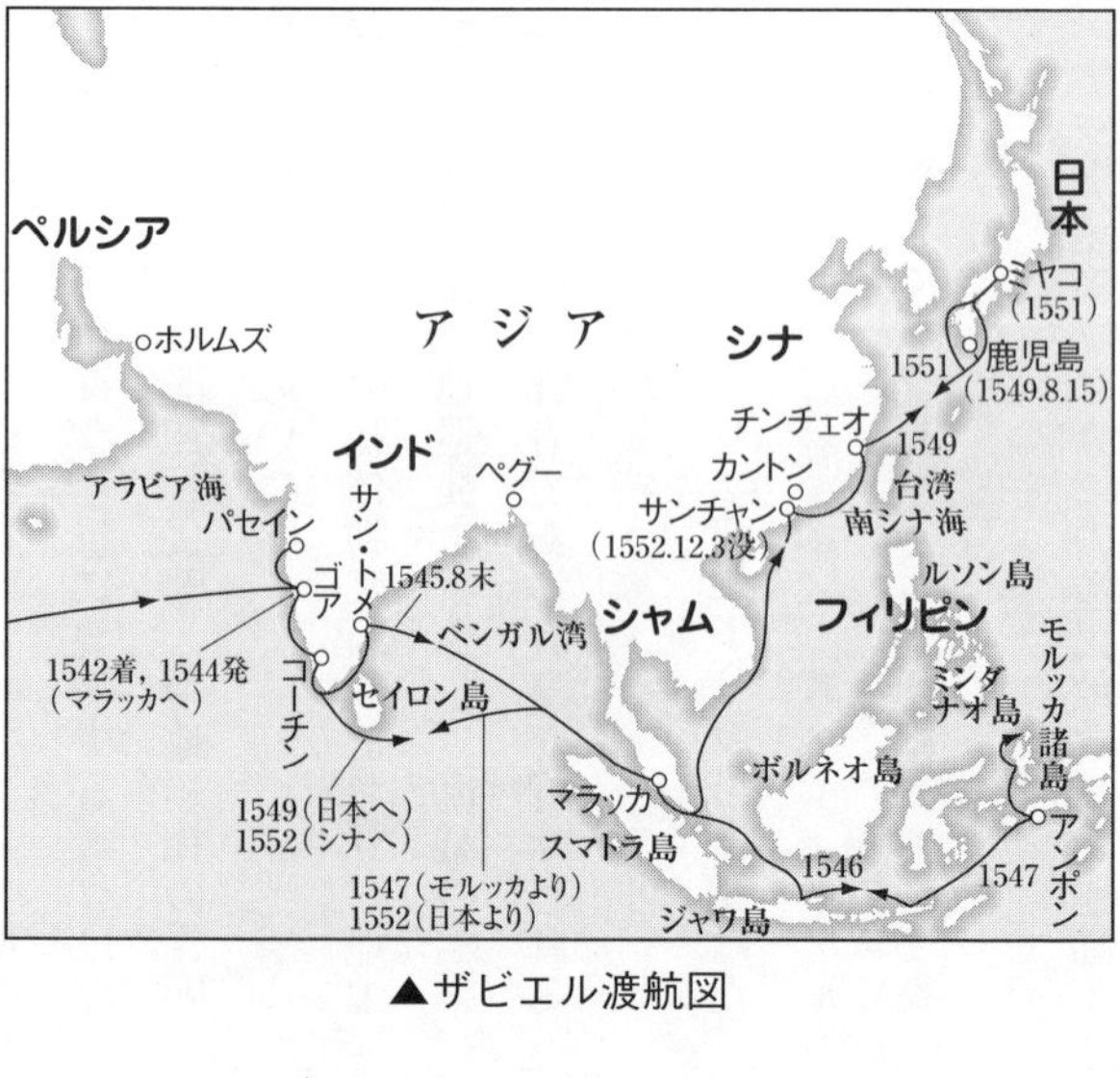

▲ザビエル渡航図

活動を二年半ほどおこなった後、マラッカや香料諸島に赴いた。

しかし、このマラッカにおいて、鹿児島出身のアンジローという名の日本人と出会うことになった。彼は人をあやまって殺したために国外へ逃亡したものの自分のおかした罪の重さに耐えきれず、ザビエルに会って罪を告白することで、魂を救ってもらおうと考えていた。ザビエルはアンジローの改宗を認めた。そして彼といろいろ話すうちに、日本人が知識欲旺盛な民族であることがわかり、日本への布教に一筋の希望を見いだすことになった。

ザビエルが日本にもたらしたもの

上智大学の高祖敏明氏は、ザビエルの日本布教によってもたらされた点について次のように述べている。一つは日本人が西洋の絶対的な神の存在を知り、人間は霊魂を持っているがゆえに万物の頂点に立ち、神の前で一個の人格として平等な存在であることを知った。また、天文学・地理学・気候学などの自然科学などの知識を学んで西欧文明を知ったこと、さらに日本人の世界観がこれまでのインド・中国・日本の三国的世界観から地球的視野に立った世界観に転換されたことなどである。

この後、ルイス＝フロイスやヴァリニャーノなど多くの宣教師が渡来し、各地に南蛮寺《なんばん》(教会堂)やコレジオ(宣教師養成所)などが建設された。彼らの活動により、信者は急増し、一五八二年には九州で十二万五千人、畿内で二万五千人の数に達したという。

(藤村泰夫)

《参考文献》▒ 山本一成『サビエルと山口』大内文化研究会、一九九九年

一体化する世界
16

ポルトガル商人は日本まで来てどのような利益があったのか

銀の生産と中国経済

●ポルトガル人は胡椒を求めてインドにやってきた。それでは、胡椒のとれない日本にまでやってきたのは何のためだったのか。

鉄砲伝来と脱亜入欧

一五四二年(または四三年)、ポルトガル人が種子島《たねがしま》に来て、鉄砲を伝えた。日本がヨーロッパと出会った瞬間として、だれもが知るこのできごとは、世間的にはつぎのようなイメージで受け取られているらしい。ポルトガル人は、はるか地球の向こう側から、見慣れない西洋式の帆船に乗って、種子島に姿をあらわしたのだ、と。

これははなはだしい誤解である。事実は、彼らの出発地はシャム(今のタイ)のアユタヤであり、乗っていた船は中国式のジャンクであり、船の持ち主は中国人海商だった。ポルトガル人は、この船に便乗して浙江《せっこう》省沿海に赴き、密貿易に参入しようとしたが、嵐にあって日本列島南辺に漂着したのである。数年後に鹿児島に来てキリスト教を伝えたザビエルも、インドのゴアを基地にアジア布教をおこなったのち、マラッカで鹿児島の人アンジローと出会い、中国人密貿易商のジャンクに乗せてもらって、日本にたどりついた。

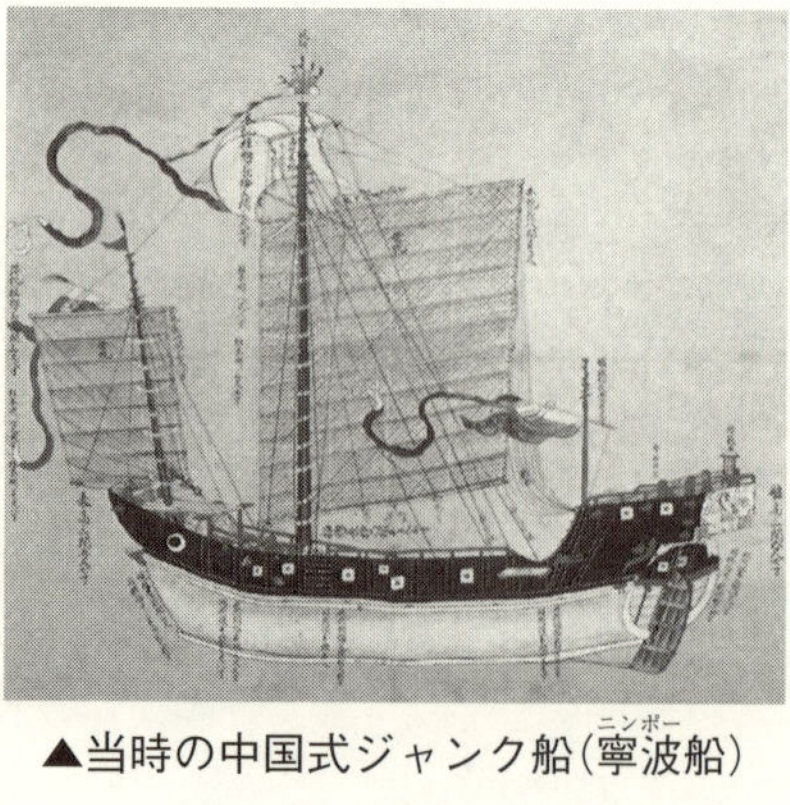

▲当時の中国式ジャンク船(寧波《ニンポー》船)

ところが、明治以来の「脱亜入欧《だつあにゅうおう》」の発想が染みついた日本人は、日本とヨーロッパが何の媒介もなくいきなり出会ったかのように思いこみがちである。この見方では、ポルトガル商人ははるばる日本まで何を運んできたのか、そんな貿易にどんな利益があったのか、まったく理解できない。彼らのアジアでの活動を理解するには、彼らがあらわれる以前のアジアに存在した交易ルートや交易圏について知ったうえで、これまでにない性格を帯びた新勢力として、彼らがアジアにどのように食いこみ、どこまでアジアを変貌させることになったのかを、正確に測る必要がある。

アジアの三つの交易圏

ポルトガル人たちが活動した、アフリカ東岸から日本に至る海域には、十五世紀初頭以来、大きく見て三つの連鎖する交易圏があった。

第一は、東アフリカからアラビア海、ベンガル湾、マラッカ海峡あたりまでの海域で、アラビア海交易圏とベンガル湾交易圏に分かれる。アラビア語をあやつるイスラム商人の活動に支えられ、ダウと呼ばれる外洋船で特徴づけられる。この交易圏は、ポルトガル人がアフリカ南端をまわってアジアに進出する以前より、紅海《こうかい》またはペルシア湾の港から陸路をへて地中海に出るルートで、ヨーロッパと接続していた。

第二は、マラッカから東インドネシアに至るジャワ海と、その北に連なるシャム湾を中心とする海域で、プラウと呼ばれるマレー人の船で特徴づけられる。域内にスパイス・胡椒《こしょう》・香木《こうぼく》を産するマルク諸島(香料諸島)を抱えることから、十五世紀から十七世紀にかけて、イスラム化の進行と同時に、華僑《かきょう》が拠点を構え、やがてヨーロッパ諸勢力の角逐の舞台となるという、「交易の時代The Age of Commerce」を迎える。

第三は、インドネシア諸島から日本列島南端に至る海域で、南シナ海交易圏と東シナ海交易圏からなる。その主人公は中国人海商と彼らのあやつるジャンクである。明朝を中心に冊封《さくほう》で結ばれた国際政治社会を形成したが、海禁によって中国人商人の交易活動は非合法となり、密貿易や琉球を窓口とする中継貿易がそれを代替した。十六世紀にはヨーロッパや日本の勢力も入り込み、同世紀後半にはスペインが太平洋横断ルートを開いたことにより、新大陸とも結ばれるようになる。

東南アジアの港市国家

三つの交易圏は閉鎖的な空間ではなく、古くよりイスラム商人は中国に姿を見せていたし、十六世紀のヨーロ

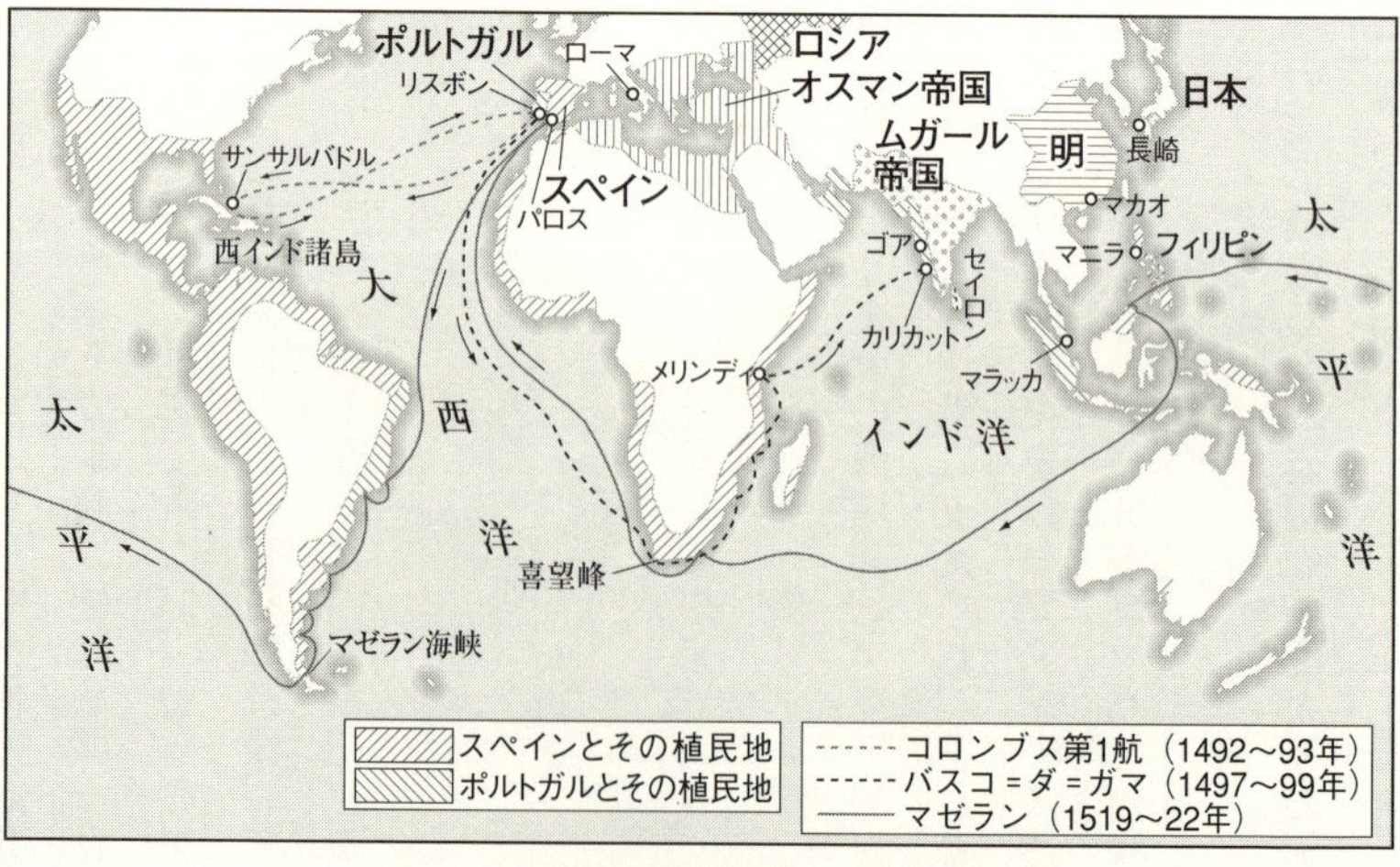

▲15～16世紀の新航路と貿易の拠点

ッパ勢力も、第一・第二の交易圏をたどって最東端の日本にまで至った。これらの交易圏は外部の商人が自由に出入りできる開放空間であり、そのなかで諸勢力は争いながらも、利益を分けあって共存していた。だからこそ、後述するような異質性をもつポルトガルでも、容易にアジア各地に拠点を築くことができた。

また、隣りあう交易圏は大きく重なり合っており、とくにマラッカ海峡から西ジャワにかけては、三つがすべて重なる要地だった。十五世紀初めに国家を形成したマラッカは、明の冊封を受けて正式の外交関係を結ぶとともに、みるべき自国産物がなかったにもかかわらず、優れたロケーションを生かした貿易で繁栄を謳歌した。十六世紀初めのマラッカ港では、東は琉球から西はトルコやアルメニアに至る広大な地域から商人が訪れ、八十四種類もの言語が話されていたという。

また四人のシャーバンダル（港務長官）が貿易業務をつかさどっていたが、第一の交易圏中のアラビア海交易圏とベンガル湾交易圏に各一人、第二に一人、第三に一人という地域分担になっていた。第二の交易圏で貿易で栄えた国々にはたいていシャーバンダルがおり、ポルトガルも含む外国人商人が起用されることが多く、土地の権力者と外から来る商人の仲介役として活躍した。またこれらの国々では国王自身が国内第一の商人として交易の先頭に立った。こうした国家を「港市国家《こうし》」と呼ぶが、第三の交易圏内で要の位置を占め、中継貿易で繁栄した琉球もその典型であり、東南アジア的な要素を多分にもっている。

アジアの交易者としてのポルトガル

一五一〇年、ポルトガルはインド西海岸のゴアを確保して貿易・布教の基地とし、翌一五一一年にははやくもマラッカを占領して王国を崩壊させ、さらにその翌一五一二年には香料諸島のアンボンに商館を設置した。こうして香料貿易の主導権を確立しただけでなく、「世界の十字路」マラッカを手に入れたことで、その先のシナ海交易圏へと眼をひらかれてゆく。

彼らは、長い歴史をもつジャンクの航路をたどって、開放的なアジア交易圏に参入した新参者にすぎない。しかし、マラッカの速やかな占領が語るように、彼らの特徴は何よりも武装船や鉄砲・大砲を擁する優越した武力にあり、その行使は、「不信者」を正しい信仰と文明へ導くという、キリスト教徒としての選民意識をともなっていた。それに加えて、ゴア・マラッカ・マカオなどの交易センターを押さえて、香料などの生産支配と貿易独占を追求する政策を展開したため、彼らが覇権を握ると、アジア交易圏の開放性をしだいに衰退させる結果を招いた。

アジアの側もそれを座視していたわけではない。マラッカを失ったマレー商人は、ポルトガルのイスラム敵視や管理貿易をきらって取引拠点を他に移し、その結果交易網は多極化するにいたり、マカッサ

▲マラッカの要塞《ようさい》　ポルトガルはマラッカを確保するため、このような要塞を建設した。

ル(スラウェシ島西南部)・アチェ(スマトラ島西北端)・バンテン(ジャワ島西部)などの港市国家が台頭してくる。

第二の交易圏における貿易は、香料・胡椒など圏内の産物を外から買い付けるというかたちで、基本的に輸出超過の構造をもっていた。したがってこれに参入するには対価となる物を用意しなければならなかったが、ポルトガル人の手には銃や火薬以外に売りこめる商品がなかった。そこで彼らは、インド—東南アジア—中国間の貿易に活路を見出していく。東南アジアの産物の対価として、インドからは綿製品、中国からは絹製品・陶磁器・銭貨などが、ポルトガル人によって運ばれた。

中国の銀吸引力と日本銀

明朝では、十五世紀なかば以降、経済規模の拡大と軍事支出の増大にともない、従来の銅銭中心の貨幣体系が手狭《てぜま》となり、国家財政が銀中心へと転換しつつあった。最終的には、一五七二年から始まる張《ちょう》居正《きょせい》の財政改革で、さまざまな租税・徭役《ようえき》が一本化・銀納化されて土地に賦課《ふか》されるに至る。この動きは膨大な銀需要を産んだが、国内生産では足りず、国外からの巨大な銀の流れを呼び起こした。

まずこれに応えたのが日本産の銀だった。一五二六(大永六)年に博多商人によって石見《いわみ》銀山(島根県)が発見され、ついで一五三三(天文二)年に灰吹《はいぶき》製錬法の導入によって生産が急激に拡大した。当時の日本国内では銀の需要はさほどのものではなく、みるべき国際商品をもたなかった日本が、中国産の生糸・絹織物、陶磁器、金などの海外物資を獲得するための対価として、銀の大部分が搬出され、そのほとんどが中国へ流れこんだ。一五四二（天文十一）年には博多の勢力が朝鮮を訪れ、八万両もの銀の買い取りを迫ったが、これらの銀も大半は朝鮮半島を通り抜けて中国へ流入していった。やがて、東シナ海を横断して直接中国に日本銀を運びこむルートの有利さに、交易者たちは気づくことになる。

ところが、倭寇《わこう》の跳梁に悩んだ明は、自国商人の日本渡航、日本商人の来航を禁じていたので、その貿易を担ったのはシナ海域を活動の舞台とする密貿易集団だった。大内氏・毛利氏・松浦《まつら》氏ら日本西部の戦国大名たちは、この貿易を保護することで利益の一部を得ていた。ポルトガル商人は、このような日中間の貿易に参入することで、巨利をあげていた。しかし彼らはこの貿易を独占できたわけではなく、あくまで中国人の密貿易商や九州各地の商人たちに交じって活動したにすぎなかった。東南アジアでは威力を発揮した彼らの軍事力も、戦乱の続く東アジア、とくに日本ではそれほどの脅威とはならなかったのである。

（村井章介）

《参考文献》

■小葉田淳『金銀貿易史の研究』法政大学出版局、一九七六年

■増田義郎『ビジュアル版世界の歴史13 大航海時代』講談社、一九八四年

■村井章介『海から見た戦国日本』筑摩書房、一九九七年

■岸本美緒「東アジア・東南アジア伝統社会の形成」・鈴木恒之「東南アジアの港市国家」（『岩波講座世界歴史』13）一九九八年

■大木昌「東南アジアと「交易の時代」」（『岩波講座世界歴史』15）一九九九年

一体化する世界
17

朝鮮に出兵した秀吉軍は何のために、たくさんの捕虜を連れ帰ったのか

壬辰倭乱と肥前やきもの戦争

●豊臣秀吉の出兵によって、朝鮮から日本に連れ去られた多数の捕虜たちの運命はどうなったか。

朝鮮文化の宝庫、唐津

唐津《からつ》(佐賀県)を含む肥前《ひぜん》は、九州の北西部に位置し、背振《せぶり》山系で北と南に分けられている。背振の名も朝鮮語のソブルから由来するといわれるほど、肥前は日本で最も朝鮮と地理的・歴史的に近く深い関係にある。とくに、その北部の玄界灘《げんかいなだ》沿岸にある松浦《まつうら》地域の上松浦(唐津市・東松浦郡)は、対馬海峡をへだてて対岸の朝鮮半島南岸と一衣帯水《いちいたいすい》の地にある。

この上松浦地域は、原始時代から朝鮮文化の土器の交流や米づくり、青銅器、墓制ドルメンが渡来し、その遺跡や出土物などが多く、一九五六(昭和三十一)年から一九六五(昭和四十)年にかけて東亜《とうあ》考古学会や日仏共同の発掘もおこなわれ、大陸の青銅器文化が入ってきた地として、日本の地下正倉院《しょうそういん》といわれるほど多数の朝鮮の金属器が出土してきた。

しかし一方では、この地は朝鮮への侵略の基地としても長い歴史があり、神功《じんぐう》皇后の三韓征伐《さんかんせいばつ》の神話をはじめとして、松浦党の倭寇《わこう》の港や豊臣秀吉の肥前名護屋《ひぜんなごや》城跡のあるところである。

壬辰倭乱の強制連行と肥前

豊臣秀吉の文禄《ぶんろく》・慶長《けいちょう》の役《えき》を朝鮮では壬辰《イムジン》・丁酉倭乱《チョンユーウェラン》という。一五九二（文禄元）年四月の小西行長《こにしゆきなが》の釜山《プサン》上陸から始まり、朝鮮の軍民は釜山や東莱《トンネ》の両城で激しく抵抗したが敗れ、あと加藤清正《かとうきよまさ》、鍋島直茂《なべしまなおしげ》、黒田長政《くろだながまさ》など九州の諸大名を先頭に侵入して一カ月ほどで王都漢城《ハンソン》（現ソウル）を落し、朝鮮王は北へ逃避した。日本軍はすぐに朝鮮人を捕えて日本へ連行した。

秀吉は、日本国内でも三十万の軍民を強制的に肥前名護屋へ動員し集めた。常陸《ひたち》（茨城県）の佐竹《さたけ》氏の家臣平塚滝俊《ひらつかたきとし》は、主君に従い名護屋に着くとすぐ、この五月に国元《くにもと》へ書状を送っている。

「高麗《こうらい》之《の》内《うち》（朝鮮国内で）、二三《にさん》城せめ落《おとし》、男女いけ取《どり》、日々参候由《ひびまいりそうろうよし》、首を積みたる舟も参候由、是《これ》ハ見不申候《みもうさずそうろう》、女《おんな》男《おとこ》ハ何《なに》（何人）も見申候、扨《さて》不思議なる世にて候」（平塚滝俊『名護屋陣からの書翰《しょかん》』）。

人々は首は見ていないが、何人もが名護屋へ連行されて来るのを見た、不思議な世になったものだと記している。この名護屋の波止場《はとば》から城へ向かう坂道を、今も土地の人々は「唐人坂《とうじんざか》」と呼ぶ。捕えられた唐人（朝鮮人）が城へ連行されていく姿を、この坂で毎日見たことからきた地名という。名護屋

▲肥前名護屋城天主台跡から玄界灘を望む　左端にかすかに壱岐が見える。中央は名護屋港、右手の方向には呼子《よぶこ》港がある。両港は倭寇の港だった。

港は、かつて鎌倉から室町時代にかけて、朝鮮へ侵攻して米を奪い、人々を捕えて連行した倭寇《わこう》の拠点の一つとして、当時の中国の書に「喃哥呀《なこや》」と記された港でもあった。

肥前最大の領主であった鍋島直茂は、秀吉に最も忠実で好戦的・侵略的な加藤清正と同じで、自分の治める肥前領は大陸への渡船場なので秀吉へ献上し、かわりに朝鮮の領地をいただきたいと、秀吉側近に願い出るほどであった。

▲肥前名護屋城大手門正面の跡（佐賀県鎮西町）

鍋島直茂は、この朝鮮の役を機会に主君龍造寺《りゅうぞうじ》氏に代わって領主の座を秀吉に保障され、名護屋城などのある上松浦領主波多親《はたちかし》もその家臣団に組み入れ、一万二千の大軍勢を連れ、加藤清正と同じ二番隊を構成して朝鮮の最北端のオランカイまで侵入していった。その一軍の田尻鑑種《たじりあきたね》軍は、本隊に遅れて四月二十九日に釜山に上陸すると、「若衆被打出《うちいだされ》、唐しん（唐人）あまた引取《ひきとり》、夫丸《ふまる》（人夫《にんぷ》）にめしつれ候」（田尻鑑種『高麗日記』）と、捕えた人々を人夫として連行し従軍させた。

鍋島の家臣で『葉隠《はがくれ》』の著者山本常朝《やまもとつねとも》の祖父は、「朝鮮童共《わらべども》をとらへ、鼻そぎ申し候内《そうろううち》、奇麗《きれい》な男子（略）土産《みやげ》に日本に連れ越し申すべく（略）巾着《きんちゃく》より小銀《こがね》を取り出しとらせ、もらひ候て連れ越し（略）千《せん》松《まつ》被官《ひかん》の初め（略）奉公仕《ほうこうつかまつ》り候」（山本神右衛門重澄《じんえもんしげずみ》年譜）と、捕えられた朝鮮の子どもたちで鼻を剃《そ》がれている中に顔立ちの良い子が目に止って買い取り、日本への土産と子の千松（常朝の父）の奉公人として日本へ連行してきたのである。

主君鍋島直茂も慶尚南道《キョンサンナムド》の晋州《チンジュ》城の戦場で捕えた少年を、子の勝茂《かつしげ》に仕える奉公人として連行した。その少年、洪浩然《ホンコウネン》は佐賀藩随一の書家・儒学者として成人し、老齢になり、故国で骨を埋めたいと帰国を願い出たが、勝茂から許されず自刃《じじん》した。また、同じ連行されて来た少年の中には、賢明すぎるという理由で、直茂の命により処刑された子もいた。さらに秀吉は、一五九三（文禄二）年十一月に朝鮮に駐留する諸大名が捕えた朝鮮人の中から、技術者や女性を秀吉のもとに送るよう命じると、鍋島直茂もすぐさま「ぬい官」という技術者と女二人を送り届けている。

▲朝鮮少年の墓地（佐賀県多久《たく》市）
佐賀藩の祖・鍋島直茂の命令で処刑されたといわれている。

「人面獣心」の倭人の連行と唐人町

日本軍は、朝鮮侵攻をした一五九二（文禄元）年の翌年四月、早くも王都漢城から釜山へ敗退していった。それは、朝鮮各地で敗走する官軍に代わって、朝鮮民衆による義兵《ぎへい》が結成され、とくに漢城～釜山間では日本軍の兵糧《ひょうろう》と武器の供給路を断《た》つ戦いを続け、また李舜臣《イシュンシン》水軍が日本水軍を連破し、釜山～名護屋間の海上権を握り、さらに朝鮮の将軍らとともに明の大軍が朝鮮来援に南下し、日本軍と交戦するようになったからである。

このあと五年間続けられた講和交渉が決裂すると、秀吉は一五九七(慶長二)年、再び朝鮮侵攻を諸大名に命じ、講和条件の一つであった朝鮮南部四道要求を武力で実行することにした。そうして朝鮮人への残虐行為や連行は、さらに激化していったのである。

豊後《ぶんご》(大分県)臼杵《うすき》の安養寺《あんようじ》の従軍僧慶念は、この年八月、南原《ナモン》城を落とした日本軍の行為を次のように記している。

「野も山も城ハ申《もうす》ニおよばず皆、焼立《やきた》て、人を打ち切り、鎖竹《くさりたけ》の筒にして首をしばり、親は子を嘆き、子は親を尋ね」「高麗人子どもをばからめとり、おやをば打ち切り、二度とは見せず」という残虐な仕打ちで捕え、日本軍のあとにつき従っている日本の人買商人へ売った。「男女老若かい(買い)取《とり》て、縄にて首をくゝり集め先へ追い立て歩み候はねば、あとより杖《つえ》にて追い立て打ち走らかす」(慶念『朝鮮日々記』)という状態で釜山へ集め、日本へ連行したのである。

このとき日本軍に捕えられた儒学者姜沆《カンハン》も、その連行の残虐行為を手記『看羊録《かんようろく》』に次のように記している。全羅道《チョルラド》務安《ムアン》県では「賊(日本軍)船は数千艘《そう》も海港に充満し、紅白の旗が日に輝いていた。(賊船に)わが国の男女が大半相雑《あいまじ》り、(船の)両側には屍《しかばね》が乱暴にも山のやうに積まれていた。哭声《こくせい》は天に徹《とう》り、海潮も嗚咽《めいえつ》するかのようであった」という。この光景を見た姜沆は、日本人を憎悪して「百蛮《ひゃくばん》の中で最も醜悪な種族。わが国の住民にとって共ニ天を戴《いただ》かざる敵」、「人面獣心《じんめんじゅうしん》」の倭人《わじん》と書いている。

姜沆自身、船中で紐《ひも》が膚《はだ》にくい込み、手は亀のように折り曲げて縛られ、飢餓状態におとされた。同行する一族の幼児は泣き叫ぶと、日本軍の手で海中へ投げ捨てられ殺された。また、宣教師のカルレッティの『日本見聞録』には、「沿海諸地域から年齢の老若を問わず、いとけない子供たちも含む、おびただしい数の男女が奴隷として連行されてきており、これもひどく安い値段で売り払われた」とあり、その中には大村《おおむら》(長崎県)などの奴隷市場から日本人の手でポルトガル商人を通じて海外へ売り飛ばされた人々もいた。

肥前には、このとき連行された人々が関係した佐賀と唐津の城下に唐人町があった。佐賀の唐人町は、これ以前に朝鮮から漂流した宗歓《そうかん》を使って、この侵攻の道案内と密偵役や陶工の連行に盡力《じんりょく》させ、その功績の報償と連行した人々を住まわせるために、宗歓に与えた町である。一方、唐津の唐人町は、領主の寺沢広高《てらざわひろたか》が連行してきた繊維関係者を住まわせた町である。

このように、九州各地には、このとき連行された人々の町が、その領主の城下町につくられていった。福岡、玉名《たまな》、人吉《ひとよし》の唐人町、熊本、平戸《ひらど》、鹿児島などの高麗《こうらい》町などがそれである。

やきもの戦争と望郷の丘

「露《つゆ》と落ち　露と消えにし我身かな　難波《なにわ》のことは夢のまた夢」

▲布をさらす唐津城下「唐人町」の人々　「肥前州産物圖著」に見られるもの。同図は木崎盛標の作で、安永2(1773)年から天明4(1784)年までに製作された。佐賀県立博物館蔵

一五九八（慶長三）年八月十八日、秀吉は自ら企てた朝鮮侵略の兵に撤退帰国を命じ、辞世の歌を残して、京都の伏見《ふしみ》城で息を引き取った。九州の大名は七年間、帰国を許されず駐留し、その期間や撤兵するときも、技術者、とくに朝鮮陶工を競って捕え、連行してきた。千利休《せんのりきゅう》が高麗物《こうらいもの》（朝鮮陶器）を愛用し、諸大名はこぞってそれを求めたためである。

ただ肥前では、戦前に朝鮮陶工によって唐津焼《からつやき》は開窯《かいよう》していた。そこへ、佐賀の鍋島氏、唐津の寺沢氏、平戸の松浦《まつら》氏、そうして大村氏などの肥前の諸大名が多くの陶工集団を連行してきたので、一躍、肥前は焼物王国として成長し、この戦争（朝鮮の役）を「やきもの戦争」とも呼んだ。

当時、陶磁器は舶来品《はくらいひん》が主で高価な品であったが、この戦争の直前に朝鮮陶工の手によって初めて唐津に登《のぼ》り窯《がま》が築窯されて陶器の大量生産が始まった。そして、この戦争で多くの陶工が肥前に連行され、肥前一帯に登り窯が築窯されると、日本各地に唐津陶器が運ばれ、民衆の手にも入るようになった。それは、初め唐津や伊万里《いまり》の松浦地方に連行された朝鮮陶工によってつくられたものである。それが瀬戸《せと》、美濃《みの》地方の陶器、とくに日用雑貨から茶の湯の高級品も焼かれ、桃山陶器文化の一翼となり、「一楽《らく》（京都府の楽焼《らくやき》）、二萩《はぎ》（山口県の萩焼）、三唐津」といわれるほどになった。

この唐津焼の中心的な陶工集団の村であった唐津領椎ノ峯《しいのみね》には、朝鮮陶工の一族、中里茂右衛門《なかざともうえもん》の妻高麗媼《こうらいばば》の嬖女《えいじょ》がいた。彼女は夫の死後、息子と陶工集団を率いて平戸松浦藩の三河内《みかわち》（佐世保《させぼ》市）に移住し、肥前の西部（長崎県）地方の窯業の基礎をつくった一人となった。

佐賀藩の多久《たく》領から陶工集団を率いて有田《ありた》に移った李参平《イサンピョン》（金ヶ江三兵衛《かねがえさんべえ》）や、同じ藩の武雄《たけお》領に連行されてきた深海宗伝《ふかみそうでん》の陶工集団は、日本で初めて磁器をつくることに成功したといわれる。宗伝の妻の百婆仙《ひゃくばせん》は口伝であるが、九〇〇余人の大陶工集団を引き連れ、これも有田に移住した。これら有田の陶工たちは、さらに長崎から中国の技術を学び、赤絵《あかえ》の柿右衛門《かきえもん》または柿右衛門様式とよぶ日本独特の磁器を誕生させた。

これらの有田焼は、伊万里《いまり》の港から唐津焼の陶器に代わって全国に積み出され、また、明清交替期の戦乱で、中国の磁器輸出がストップしたことから、中国の磁器に代わってオランダの東インド会社の手で長崎から世界へも送り出されるようになった。こうしたことから、「イマリ」の名がヨーロッパでも高級品のイメージで知られるようになった。しかし、佐賀藩では、一六三七(寛永《かんえい》十四)年に有田の日本人陶工の八〇〇余人にも及ぶ大量追放と、「皿屋潰し《さらやつぶし》」という窯数を減らす政策が強行された。

これは、窯の薪《まき》用の森林濫伐《らんばつ》を防ぐという名目と同時に、朝鮮陶工の技術を優遇したかのように見えるが、佐賀藩はこれを機会に皿山代官《さらやまだいかん》を置き、陶工集団は一致して反対したが、運用銀を二倍以上に各窯から徴集し、他藩へその技術が流出しないよう管理するための政策であった。とくに、優秀な陶工たちを集めた藩直属の大川内山《おおかわちやま》の藩窯は厳しく管理され、この地から四国へ逃亡した陶工は捕えられ連れもどされて処刑された。肥前の各藩も同様、このころから陶工集団を管理下に置いていった。

肥前には、朝鮮陶工が故国を慕う望郷の丘や高麗神が多く残されている。唐津領で陶工集団の村であった椎ノ峯《しいのみね》では、山上の高麗神に朝鮮式の供物や「ヒユウラク」舞を奉納している。三河内《みかわち》では高麗媼《ばば》が村のサンハウケという丘の上に祀った山の神の祠《ほこら》を焼き、出身地の釜山《プサン》の方へ、その煙が流れていくか、その有無を確認するよう遺言した。その窯業の山の神であるニムネ明神《みょうじん》がいまも祀られている。

有田では、百婆仙の墓地のある寺の裏山の観音山《かんのんやま》に毎年、初秋に登り、故国の方を望み慕った。これは「山登り」または「有田くんち」の名で町の行事として、いまも残されている。「皿山代官旧記」によれば、窯業が不振に落ちたとき、有田で最大の陶山《とうざん》神社に故国の舞を奉納し、皿山の繁栄を祈ることを佐賀藩に願い出たが、許されなかった。ただ、子どもの踊りだけは許可されたのである。

こうして、秀吉の朝鮮侵略で連行されてきた多数の朝鮮陶工たちは、福岡の上野《あがの》、小石原《こいしばる》、熊本の八代《やつしろ》、人吉《ひとよし》、大分の小田《おんだ》、鹿児島の苗代川《なえしろがわ》、そして肥前の唐津、有田と九州を焼物王国にし、とくに有田(伊万里)焼の磁器を誕生させ、世界に輸出されて、日本の陶磁器文化を世界に広めた。

この陶工たちが、いつまでも古里の神を祀り、踊りを舞い、丘に登り故国を望み慕い続けたのは、心ならずも故国から引き離され、異国へ連行された人々の想いからきたものと考えられる。しかし、彼ら故国朝鮮の窯業は、このあと衰微したといわれる。

唐津の郊外の望郷の丘の眼下には、昭和の十五年戦争で、再び朝鮮から連行されてきた人々が居住していた炭坑の長屋が残されている。

(中里紀元)

《参考文献》■内藤雋輔『文禄・慶長における被擄人の研究』東大出版会、一九七六年
■北島万次『秀吉の朝鮮侵略とその歴史的告発—高麗日々記・高麗日記』そしえて、一九八二年
■佐賀県教育委員会『文禄・慶長の役城跡図』、一九八五年
■中里紀元『秀吉の朝鮮侵攻と民衆、文禄の役上巻』文献出版、一九九三年

一体化する世界
18

茶の湯で珍重される宋胡録はどこからやって来たか

朱印船貿易と日本町

●ポルトガル人だけが東南アジアで貿易をしていたのではない。ムスリム商人も中国商人もいた。そして日本からもでかけていった。

茶の湯と「すんころく」

宋胡録と書いて、「すんころく」と読む。果たしてどれだけの人が、それが「やきもの」であることをご存じであろうか。じつは、茶道《さどう》の世界ではよく知られた茶陶《ちゃとう》の一種なのである。「すんころく」の名が初めて登場するのは江戸時代初期の大名であり、茶人でもあった小堀政一《こぼりまさかず》（遠州《えんしゅう》）が、宋胡録焼の鉄絵《てつえ》香合《こうごう》の箱書きに「すんころく」と記したのに始まる。さて、当時の道具商たちが、茶人たちの意見を入れて作成した「形物香合《けいぶつこうごう》相撲番付《すもうばんづけ》」というものがある。一八五五（安政二）年に作られたこの相撲番付は、唐物《からもの》の陶磁香合を序列化し、評価したもので、この番付に「交趾《コウチ》」や「染付《そめつけ》」と並んで「宋胡録」の名が前頭六枚目にみられる。このことは「宋胡録」が茶道の世界では非常な珍品として珍重されていたことのあらわれである。

茶道は室町時代末期に、「茶《ちゃ》の湯《ゆ》」、「数寄《すき》」といわれた喫茶《きっさ》の風習から始まり、桃山時代に入って町人や武士の間でますます盛んとなり、とくに堺の富商である今井宗久《いまいそうきゅう》や千利休《せんのりきゅう》といった茶人を輩出するに及んで、禅の境地を取り入れた「侘《わ》び茶《ちゃ》」が大成した。この「侘び茶」と並んで戦国大名が主催しておこなわれた茶会を「大名茶」と言った。大名たちにとっては由緒正しい茶器や調度品、とくに名物の茶器をもつことは権力を握る者のステータスでもあった。「宋胡録」はまさに茶の湯の世界における希少価値の高い、珍品中の珍品であり、茶人や大名たちの垂涎《すいえん》の茶陶だったのである。

「宋胡録」のふるさと

「宋胡録」の名は一般には、日本におけるタイ陶磁の総称とされるが、正確には、タイ中部のサワンカローク市の北方六〇キロのスリー・サッチャナーライ市近郊にあるパーヤン窯《かま》とスコータイ市北部のコー・ノイ窯を合わせてサワンカローク窯と呼んでいるものである。タイでは、この地で製造された陶磁器を一般に「サンカローク」と呼んでいるところから、それが転化して「すんころく」となったと考えられている。

▲鉄絵柿香合(宋胡録)
東京都・根津美術館蔵

現在、これらの地には三〇〇余の窯跡が発見されており、おびただしい陶磁器片が発掘されたが、それと同時に明《みん》初の青花《せいか》磁器も発見されたという報告もされているところから、これらの窯が開かれたのは十四世紀後半頃と考えられている。タイ族による最初の統一王国であるスコータイ王朝下にあって、中国元《げん》朝の陶業、陶磁の影響のもとにスワンカローク焼きの焼成活動が始められた。

そのスコータイ朝も、一三五〇年、アユタヤ朝が勃興すると、しだいにその勢力を奪われ、一四三八年、アユタヤ朝に併合された。したがって、本来の宋胡録(スワンカローク焼)の生産は、すでに十五世紀半ばころにはほとんどおこなわれなくなっており、ますます珍品化した宋胡録は、江戸時代に入ると、一部茶人の間で垂涎《すいえん》の的となったのである。スコータイ時代に大量に焼かれたタイ陶磁器は東南アジア各地で大量に消費されていたことから、ヴェトナムから輸入されるヴェトナム陶磁器などにまぎれて、朱印船《しゅいんせん》貿易で渡航した日本人商人の手によって日本にもたらされたものと考えられている。

アユタヤ朝は一四三二年には、東隣のカンボジア・アンコール朝を滅ぼし、その高度な文化・技術を受け継ぎ、十五世紀後半には、インドシナ半島部における最有力国家へと成長し、その都アユタヤは貿易によって大いに栄えた。タイの陶磁器生産がもっとも活発に生産され、東西世界へ大量に輸出されたのもこの時代であった。明との間では実に七十八回の使節の往来が記録されており、さらに、朱印船時代に入ると日本との間で活発な貿易活動を展開した。

国際交易都市アユタヤの繁栄

アユタヤ朝の都アユタヤは、内陸商業の中心地としてだけではなく、広く東南アジア各地との交易も活発化し、さらには南シナ海を通じて中国南部との商業的つながりをもつに至った。また、国家間の貿易でも、アユタヤ朝は建国以来、中国の明に七〇回以上にもおよぶ使節を派遣し、活発な朝貢《ちょうこう》貿易を展開した。従って、都アユタヤには、早い段階で中国人海商《かいしょう》（華僑《かきょう》）が渡来し、十五世紀には中国人町を形成している。

一四九八年のヴァスコ＝ダ＝ガマによるインド西海岸のカリカット到着は、ポルトガルの東洋進出の始まりであった。それから十年後の一五〇九年、ポルトガルのインド副王アルフォンソ＝デ＝アルブケルケはアユタヤに使節を派遣してきた。こうして、一五一六年にはポルトガル人の居住と通商およびキリスト教の布教が認められたのである。

▲アユタヤの町の建設

アユタヤ朝は、十六世紀の後半には隣国ビルマのタウングー朝の侵攻を被り、一時衰退しかけたが、ナラースエン王（一五九〇～一六〇五年）の登場によって独立を回復し、十七世紀の到来とともに再び国勢を増し、海外貿易にも積極的な対応をしめした。

ちょうどこの頃、東南アジア貿易圏に係わる大きな出来事が起こっている。一つは日本の朱印船《しゅいんせん》貿易の始まりであり、他の一つは連合オランダ東インド会社（ＶＯＣ）の成立（一六〇二年）である。やがてこの両者は、従来からの勢力である華僑勢力とともに港市アユタヤにおいて商業覇権を争うことになったのである。ちなみに、オランダがアユタヤに商館を開いたのは一六一三年であった。

朱印船貿易と日本町

江戸に幕府を開いた徳川家康は、豊臣秀吉がおかした朝鮮侵略によって悪化した朝鮮、中国との関係改善に政権成立直後から努力を傾け、一六〇九(慶長十四)年、対馬の宗《そう》氏を介して李氏朝鮮との間で己《き》酉《ゆう》約条(慶長条約)を結び、朝鮮との新たな関係を築き、明との通交を模索した。この間、東南アジア方面にも注意を傾け、安南《アンナン》・暹羅《シャム》・柬埔寨《カンボジア》・太泥《パタニ》・占城《チャンパ》・交趾《コウチ》・澳門《マカオ》などの国々と書簡を往復して、各国に日本の朱印船貿易の理解と保護を依頼している。家康の宛てた書簡には、

本邦(日本)の舟、異日《いじつ》其《そ》の地に到《いた》らば、此《こ》の書の印(朱印)を以《もっ》て、証拠と為《な》す可《べ》し。印無きの舟は、之《これ》を許す可《べ》からず

と書かれている。こうして家康の善隣・通商外交政策に基づいて、朱印船貿易は日本にかつてない国際貿易時代をもたらしたのである。

朱印船貿易が始まった一六〇四(慶長九)年から海外渡航が禁止される一六三五(寛永十二)年までの三十二年間に朱印状をもらった船は少なくとも三五五艘《そう》、年平均十一艘であった。朱印船の主な渡航地は十九カ所に及び、朱印状の多い順に並べると、交趾(七十一)、暹羅(五十六)、呂宋《ルソン》(五十四)、柬埔寨(四十四)と続く。これら四ヵ国には移住する日本人も多く、いずれの地にも日本町を発達させた。

では、朱印船貿易はどのようにしておこなわれたのであろうか。朱印船貿易の代表的な商人である茶《ちゃ》屋《や》家の朱印船は、三〇〇人乗りで、三〇〇トンと推定される。また、角倉《すみのくら》家の朱印船は八〇〇トンと推定される大船を所有していたという。しかし、一般的には二〜三〇〇トンの船であった。日本を出帆

した朱印船は銀・銅・銭・硫黄《いおう》・樟脳《しょうのう》・米や漆器・扇子《せんす》などの工芸品を積み、晩秋から初冬の北風を利用し、南下した。そして、渡航先で買い付けた後、次の年の春から夏に南風に乗って帰航した。この帰りの船の日本向けの主な積荷は、中国産の生糸を筆頭に、絹織物・綿織物、袋物や鎧《よろい》の縅《おどし》などに用いる鹿皮、刀の鞘《さや》や柄《つか》に巻く鮫《さめ》皮、銃弾用の鉛、赤色染料の蘇木《そぼく》、および香木《こうぼく》や砂糖などであった。

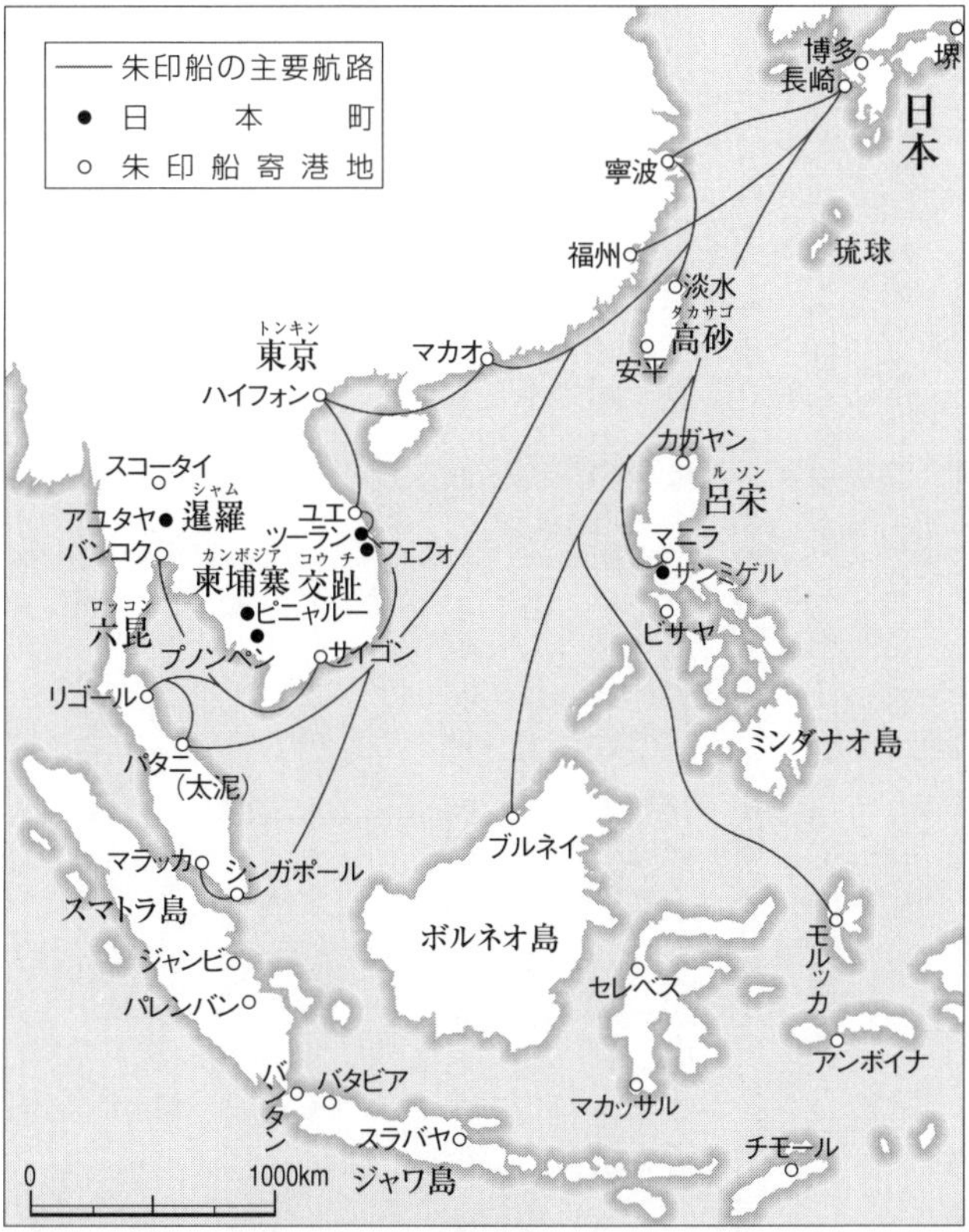

▲朱印船時代の貿易ルートと日本町

　現在知られている東南アジアの日本町は、ルソン島のマニラ、ヴェトナムのホイアン、カンボジアのプノンペン・ピニャルー、タイのアユタヤなどがあげられ、いずれも交易の拠点として重要な役割を果たしていた。

　なかでも、アユタヤは国際貿易の拠点として繁栄し、日本町以外にも、各国の商館が置かれ、中国人町やマライ人町などもあり、東南アジア屈指の国際交易都市であった。

ここアユタヤで朱印船が取引したのは、鹿皮・鮫皮・蘇木・鉛・錫《すず》などで、一時期、日本人が商品市場を支配していた。そのため、オランダ人にしても在留日本人を抜きにしては商売が成り立たなかったほどであった。

アユタヤの日本町も、他の日本町同様、居留民の中からその長を選んで自治制をしいた。この日本町の長として活躍しただけでなく、タイ国王の近衛《このえ》軍隊長として活躍し、リゴールの太守にまでなったのが駿河《するが》(静岡県)の山田長政《やまだながまさ》であった。長政は、彼を重用したソンタム王が没すると、王位継承の争乱に巻き込まれ、一六三〇年に新王プラサットン王の謀略にかかり毒殺された。長政の死後、アユタヤの日本町は急速に衰退し、一六三二年の日本町焼き討ち事件によって、事実上、日本町は消滅した。それは一六三六(寛永十三)年の鎖国《さこく》政策の完成前のことである。

この日本町の消滅と鎖国政策による朱印船貿易の衰退は、ライバルであったオランダにとっては東南アジア貿易を独占する格好の機会となった。一六六四年、オランダはアユタヤ王朝と一方的な貿易協定を結び、鹿皮の専買権独占などを認めさせ、日本人、中国人商人を締め出し、莫大《ばくだい》な利益を会社にもたらすこととなった。

▲山田長政画像　静岡県・浅間神社蔵

朱印船貿易がもたらしたものは

朱印船時代の日本は、まさに「日本の大航海時代」の到来であった。この時の海外進出を、一般には平和的進出とみているが、果たしてそれだけであろうか。アユタヤ日本町の焼き討ち事件には、東南アジアに進出した日本人のもう一面が隠されていた。それは、「武力」であった。各地の日本町は貿易と軍事の両面から経営され、各国の王家と緊密な関係をもっていた。それはまた、「勇敢な日本人」が各国の傭兵《ようへい》として相当数存在していたことでもあった。マニラでは五〇〇人、アユタヤでは八〇〇人の日本兵がいた。さらに、オランダ東インド会社の乗組員のなかにも、かなりの日本人傭兵がいたことを忘れてはならない。

朱印船時代のアジアは、まさに国際自由貿易体制が確立され、われわれの想像以上に自由な往来が可能だった。しかし、日本の鎖国にともなう朱印船貿易の衰退は、ヨーロッパ勢力同士の強引な勢力拡張競争の舞台となり、ついには国際自由貿易体制は崩壊し、オランダ東インド会社の独占するところとなったのである。

（関根秋雄）

《参考文献》■岩生成一『朱印船と日本町』（日本歴史新書）至文堂、一九六二年
■小倉貞男『朱印船時代の日本人』（中公新書）中央公論社、一九八九年

一体化する世界
19

スペインの船がどうして房総半島に漂着したのか

日本をめぐるスペインとオランダの対立

●スペインはマニラを支配して中国との生糸貿易にのり出した。生糸を積んだスペイン船はどこへ行こうとしたのか。

メキシコ塔―フィリピンとメキシコをつなぐ海上貿易

千葉県夷隅《いすみ》郡御宿《おんじゅく》町の岩和田《いわわだ》海岸に、「日西墨三国交通発祥之地」という文字を刻んだ十七メートルもの白い塔がある。地元では「メキシコ塔」と呼んでいる。西はスペイン、墨はメキシコのことだから、「日本・スペイン・メキシコの交流がこの岩和田の海岸から始まった」という意味である。

一六〇九(慶長十四)年九月、サンフランシスコ号というスペイン船がこの上総《かずさ》の岩和田の海岸に漂着した。乗組員およそ四〇〇名。フィリピンのマニラを出航して、当時スペイン領であったメキシコのアカプルコに向かう途中、台風にあったのだった。船は岩に乗り上げて破損し、五〇人余りが溺れて死んだ。板切れなどにつかまって、必死に海岸にたどりついた乗組員たちも、裸同様の姿で寒さにふるえていた。村人がこれを見つけ、食物や衣服を与えて親切にもてなした。遭難者のなかに日本人のキリスト教徒がいたので、言葉も何とか通じた。

▲「メキシコ塔」 1928(昭和3)年に建てられた。御宿町役場提供

当時、岩和田は人口およそ三〇〇人の小さな村であった。四日後、領主である大多喜《おおたき》城主の本多忠朝《ほんだただとも》がやってきて、村人に住居や食物の手配を命じた。乗組員たちは、岩和田に三十七日間滞在した。領主にとっても、遭難者をどう扱うかについて徳川幕府の指示を仰がなければならなかった。

ところで、スペインの船がどうして房総半島に漂着したのだろうか。フィリピンから北に進み、日本列島に沿って黒潮(日本海流)に乗り、太平洋を横断してメキシコに向かう航路は、一五六五年にスペイン人によって発見された。マニラを拠点にフィリピンを支配下においたスペインは、フィリピン産の香辛料、中国産の絹織物・陶磁器などを太平洋をこえてメキシコに送り、さらに今度は大西洋を渡ってヨーロッパ諸国に送っていた。メキシコからは新大陸産の銀が大量に運ばれ、マニラで中国の絹織物・陶磁器と交換された。つまり、マニラとアカプルコを往復する太平洋貿易は、スペインにとって東西二つの植民地を結ぶ重要な交易のルートとなっていたのである。

岩和田に漂着したサンフランシスコ号船には、スペインのマニラ総督だったドン=ロドリゴが乗っていた。彼は二年間の任期を終えて、メキシコに帰る途中でこの災難にあったのだった。彼の「回想録」には、生き残った乗組員が村人に食糧や住居を与えられ、さらに領主であった本多忠朝の好意を受けたことへの感謝の念が記されている。しかし、長いあいだメキシコで軍司令官の地位にあり、マニラ総督としてフィリピンを植民地として支配した経験をもち、またスペインが当時世界最強の国家であり、その領土は広く全世界に及んでいると考えていたドン=ロドリゴには、村人や大多喜城主に対する感謝のほかに、もう一つの重要な仕事があった。

ドン=ロドリゴと徳川家康との会見

ドン=ロドリゴが駿府《すんぷ》(静岡)で徳川家康と会見したのは、この年一〇月のことだった。すでに家康は将軍の職を秀忠に譲っていたが、依然として最大の実力者であった。会見に先立って、ドン=ロドリゴは、彼を一人の遭難者として扱うのか、あるいはスペイン国王の臣下として扱うのか、という点をただしている。スペイン国王の臣下としての彼が、家康に要求したものは次の三つであった。

一　キリスト教宣教師を保護すること。

二　スペイン国王との親交を継続・増進すること。

三　オランダ人を日本から追放すること。

ドン=ロドリゴの要求のなかに、「オランダ人の追放」が含まれていたのはどういうわけだろうか。十六世紀のはじめにスペインの領土とされたオランダは、一五八一年「独立宣言」を発表し、スペインとの間で激しい戦争がおこなわれた。これをオランダ独立戦争というが、その戦場は全世界にわたっていた。オランダ人の海外における活動は、めざましいものがあった。

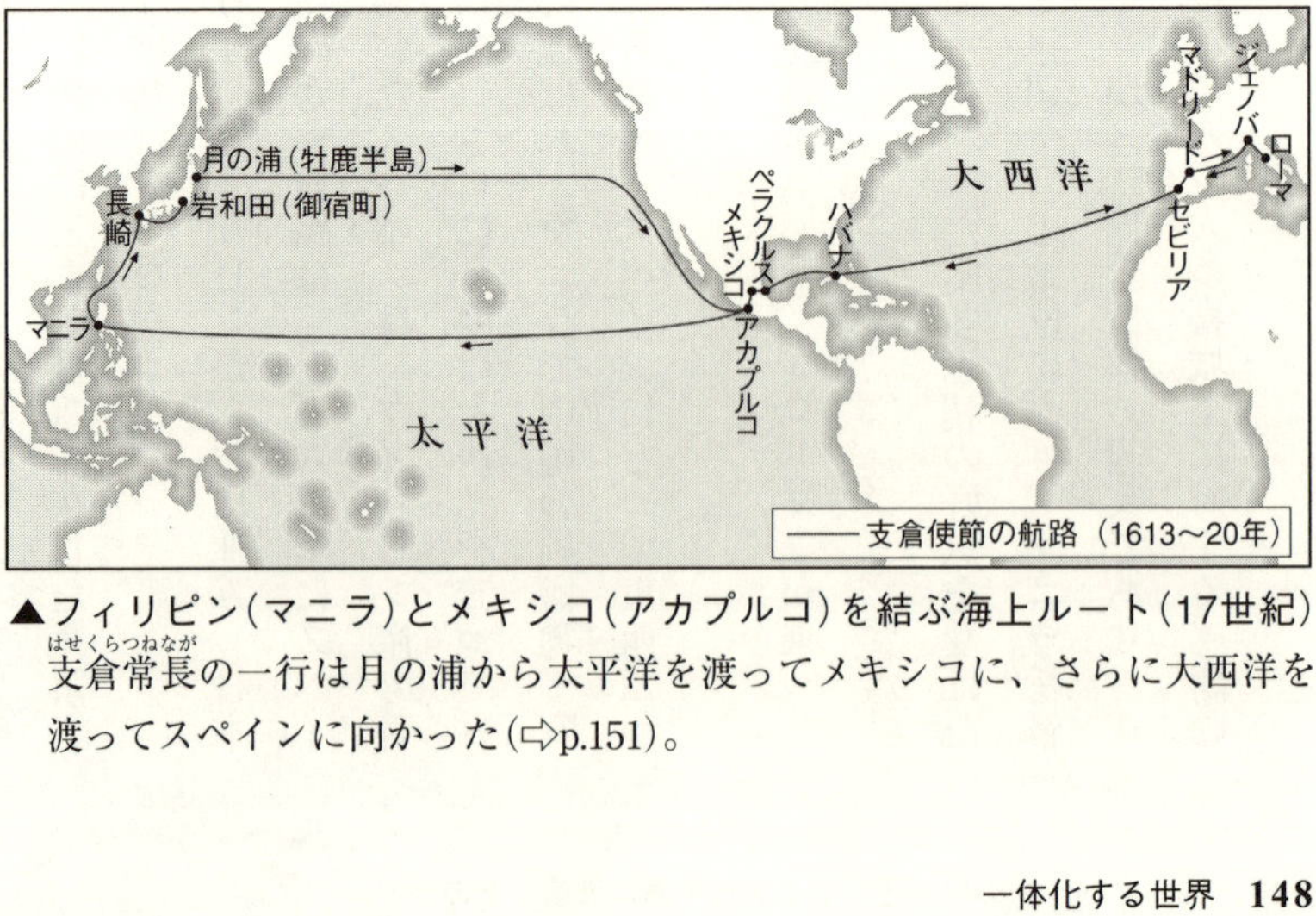

▲フィリピン(マニラ)とメキシコ(アカプルコ)を結ぶ海上ルート(17世紀)
支倉常長《はせくらつねなが》の一行は月の浦から太平洋を渡ってメキシコに、さらに大西洋を渡ってスペインに向かった(⇨p.151)。

一六〇二年には、オランダ東インド会社が設立され、アジアにおける商業活動および軍事作戦の中心となった。その本拠地は、はじめセイロンにおかれたが、後にジャワ島のバタビア(現在のジャカルタ)に移った。彼らはここを拠点として、しばしばポルトガルやスペインの船団を襲い、その積み荷を奪った。ポルトガルの貿易根拠地であるマカオやマラッカ、スペインの貿易根拠地であるマニラも、オランダの艦隊によって襲撃を受けた。

一六〇九年、つまりドン=ロドリゴが岩和田に漂着した年、オランダは九州の平戸《ひらど》に商館を設置した。オランダにとって、アジア貿易の一環として、日本は重要な意味をもっていたのである。

こうした事情は、家康や幕府の当局者も承知していた。家康の側近の一人に、ウィリアム=アダムズというイギリス人がいた。彼は一六〇〇(慶長五)年、関ヶ原合戦のあった年にオランダ船リーフデ号で日本に漂着し、以後家康の言わば外交顧問のような役割を果たしていた。日本名を三浦按針《みうらあんじん》という。彼はオランダの立場に立って、ポルトガル・スペインが日本に対して侵略的な野心をもっていると、家康に警告した。当時、日本ではカトリックであるポルトガル人やスペイン人を「南蛮人《なんばんじん》」、プロテスタントであるオランダ人やイギリス人を「紅毛人《こうもうじん》」と呼んで区別していた。

はじめて太平洋を渡った日本船

家康としては、貿易とキリスト教の布教とを結びつけようとするポルトガルやスペインのやり方よりも、貿易と布教とを切り離し、貿易優先の立場をとるオランダの方針に傾斜せざるを得なかった。ヨーロッパ諸国との貿易によって利益を得たいと望みながら、一方で国内におけるキリスト教徒の増加には、神経をとがらせていたからである。当時のキリシタンの数は、一六〇〇年には三〇万人、一六一〇年には七〇万人を数えていたという。

しかし、それにもかかわらず、太平洋をへだててのスペイン領メキシコとの貿易・交流は、家康にとって無視しがたい魅力をもっていた。家康には、メキシコとの貿易のほか、鉱山開発の技術者を日本に招きたいという希望もあった。当時、メキシコや南アメリカのスペイン植民地における金・銀鉱山の開発はめざましく、世界経済に大きな影響を与えていた。彼はドン＝ロドリゴがメキシコに帰るに当たって、特別の船を建造し、スペイン風にサンブナヴェントーラ号と名づけた。京都の商人田中勝助《しょうすけ》など二十二名を同行させている。これが、太平洋を渡った最初の日本船である。

ドン＝ロドリゴが無事にメキシコに帰ると、スペイン国王は軍人として名の高かったヴィスカイノーを返礼の使節として日本に派遣した。しかし、彼にはスペイン国王から与えられた特別の任務があった。それは、当時日本の東方にあると信じられていた「金銀島」を発見することであった。当時ポルトガルやスペインの航海者たちは、本気でこの「金銀島」の実在を信じていた。ヴィスカイノーははるか三陸沿岸まで測量を行った。そして、彼に接近をはかった大名が、仙台の伊達政宗《だてまさむね》である。

伊達政宗はヴィスカイノーを仙台に招いた。牡鹿《おが》半島にある月《つき》の浦《うら》は、ヴィスカイノーによって天然の良港であるという折紙がつけられた。そしてこの時、彼に同行して政宗の信頼を得たのが、宣教師ソテロであった。彼は、キリスト教を日本に布教するために、政宗の力を借りたいと考えていた。

伊達政宗は家臣の支倉常長《はせくらつねなが》をメキシコを経て遠くローマにまで派遣したが、これは、一種の「賭け」といってもいいだろう。メキシコやスペインとの貿易が順調に伸びれば、彼の膝元にある月の浦は、一躍太平洋貿易の花形港となる。そこから得られる富は、単に仙台の伊達藩の財政をうるおすだけではない。徳川家康死後の「天下」を望む者としての遠大な構想が、そこにはあったはずである。

「慶長遣欧使節」——支倉常長の長い旅

支倉常長以下一八〇余名を乗せた日本船サンファンバウティスタ号が月の浦を出港したのは、一六一三(慶長十八)年一〇月のことであった。これを「慶長遣欧使節」という。この船には、ヴィスカイノーや宣教師ソテロが同乗していた。しかし、伊達政宗の派遣したこの使節の前途には、大きな不安が横たわっていた。徳川家康がキリスト教徒に対する弾圧に取りかかっていたのである。

▲支倉常長着用の祭服

一六一二(慶長十七)年四月、支倉常長の一行が月の浦を出港する一年半前、家康は幕府の直轄地(江戸・駿府・京都・長崎)において「キリシタン禁令」を発し、その後、それはさらに全国に拡大したのである。

「一六一四年三月四日、火曜日。本日、このメキシコ市に初めて日本の貴族たちが我らと近づきになるためやってきた」。チマルパインというアステカ王国の一族の子孫は、支倉常長の一行がメキシコ市で大いに歓迎されたと日記に書いている。そして、その日記には、支倉常長の一行が「日本の皇帝の特使」としてやってきたと書かれている。

▲支倉常長の肖像

ここでいう「皇帝」とは「将軍」である。当時の将軍は徳川秀忠であるが、支倉常長を派遣したのは伊達政宗であって秀忠ではない。つまり、徳川幕府が派遣した正式の使節ではなく、地方の一大名の使節である。チマルパインや、メキシコの人びとが支倉らの立場を誤解していたのか、あるいは支倉らがそうした誤解を与えるような言動をわざと取っていたのかは明らかではないが、このことは、彼らがヨーロッパに渡った時に大きな問題になる。

支倉常長の一行は、ヨーロッパではかなりの歓迎を受けた。スペイン国王フェリペ三世と会見し、ローマ法王パウロ五世にも会うことができた。ローマ貴族・元老院議員の称号も与えられた。この間、支倉はカトリックの洗礼を受けている。

しかし、そうした歓迎とは逆に、彼らの本来の使命についてはいっこうにはかどらなかった。それは、何よりも彼らが徳川幕府の正式な使節ではなく、地方の一大名の派遣した使節にすぎないということによるものだった。しかも、幕府は現実にキリシタンに対する迫害を強めつつある。そうした報告は、スペインにもローマにも届けられていたのである。

支倉常長が帰国した一六二〇(元和《げんな》六)年、伊達政宗は幕府の強い圧力によって、領内におけるキリシタン弾圧を開始する。支倉についての記録は、ほとんど残されていない。彼が月の浦を出航してからずっと書き続けていたという「日記」も処分された。彼がキリスト教の信仰を捨てなかったために死罪になったというのが、おそらく事実であろう。しかし、キリスト教を捨てたという説や、表向き改宗してひそかに信仰を守りつづけたという説もある。

(中山　義昭)

《参考文献》■村上直次郎訳『ドン=ロドリゴ日本回想録』雄松堂、一九二九年
■高橋由貴彦『ローマへの遠い旅』講談社、一九八一年
■中山義昭『世界の国ぐにの歴史　メキシコ』岩崎書店、一九九〇年

日本への通信使の派遣は朝鮮にとってどんな意味があったのか

東アジアの中での日朝関係

●秀吉に侵略された朝鮮は、なぜ日本との国交回復を望んだのか。明から清への交替は日本・朝鮮に何をもたらしたのか。

朝鮮王朝前期の通信使と明の冊封体制

一三九二年、建国当初の朝鮮王朝が模索した対外関係は倭《わ》寇《こう》の活動が東アジア海域に及んだことから、東アジア全体に対する外交政策となった。まず、明の冊封《さくほう》体制に入って北方の安定を確保した(一四〇一年)。さらに、日本にも倭寇禁圧をたびたび要請し、足利将軍が明から冊封を受けたことにより、被冊封国間の安定した外交関係を結ぶことができた。

この被冊封国間の善隣友好の使節として、朝鮮王朝から日本国王=将軍に派遣されたのが通信使《つうしんし》である。一四二九年・一四三九年・一四四三年・一五九〇年に、朝鮮王朝の国書をたずさえた通信使が日本に到着した。また、朝鮮王朝は一四二九年の三山統一後の琉球王朝との間にも明の冊封体制にもとづく被冊封国間の外交関係を結ぶことができた。さらに、対馬《つしま》との伝統的な交易関係も維持されていた。

▲1711(正徳元)年度の通信使一行　正使の趙泰億《ちょうたいおく》を輿《こし》に乗せて進む一行。6代将軍徳川家宣《いえのぶ》の将軍就任を祝うために来日した。江戸城に登る使節団や警備などで行列に加わっている日本人が描かれている。

秀吉の侵略による東アジア対外関係の混乱

一五九二（元禄元）年四月に始まる豊臣秀吉の侵略（壬辰倭乱《じんしん》）は、東アジア世界で、明の冊封《さくほう》体制への編入を選択することによって安定した外交関係を築きあげていた朝鮮王朝の外交関係に混乱をもたらした。秀吉軍は一五九八（慶長三）年に撃退したが、いつまた攻めてくるか不安であった。さらに、鴨緑《おうりょく》江《こう》以北では女真《じょしん》の活動が活発化（のちに後金《こうきん》・清《しん》建国）している中で、秀吉軍侵略の救援後、朝鮮に駐屯していた明軍が一六〇〇年九月に撤兵し、朝鮮王朝は南方・北方での不安定な対外関係を早急に安定的な外交関係に修復してゆかなければならなかった。

事情は日本も同様であった。一六〇〇（慶長五）年に関ヶ原合戦に勝利し、一六〇三（慶長八）年に征夷《せいい》大将軍《たいしょうぐん》になった徳川家康《いえやす》も、秀吉の朝鮮侵略によって混乱した日本の対外関係の再建に苦慮していたが、とりわけ朝鮮・明との国交回復が問題であった。さらに、朝鮮王朝との交易に大きく依存してきたにもかかわらず秀吉の朝鮮侵略に加わった対馬の立場は非常にむずかしいものになったが、対馬はなんとしても朝鮮との交易の再開を必要としていた。

明の冊封体制に基づく対外関係の回復をめざした朝鮮王朝

秀吉の侵略軍の撤退後早くも一五九九年六月には、対馬から講和要請と朝鮮使臣の派遣要請の使者が朝鮮に到着した。続いて、対馬は講和要請の使節を送り続けたが、朝鮮王朝にとっても北方の防衛に専念するためにも南方の日本との国交回復は緊急の課題であった。そこで朝鮮王朝は明の意向にも注意をはらいつつ、一六〇二年二月、対馬に使者を派遣して日本の再侵略の可能性の有無と講和要請の意図の確認をした。日本からの国交回復要請に対し、朝鮮王朝では、日本から帰還した被虜人《ひりょにん》らの報告とともに日本の実情を直接確認することにした。一六〇四年六月、対馬に派遣した惟政《いせい》らの使節(探賊使《たんぞくし》)の報告をもとに、当時の朝鮮王朝をとりまく東アジア状勢に対処して自国の安全と平和を確保するためには、日本との講和に踏み切るという現実主義が優勢となった。

その後も引き続き講和要請をしてくる対馬に対して、講和の条件として徳川家康の国書と壬辰倭乱時に王陵を荒らした犯人(犯陵賊《はんりょうぞく》)の引き渡しを要求した。この要求は朝鮮王朝にとっては、侵略戦争に対する日本側の謝罪を意味したが、それと同時に、壬辰倭乱で混乱した明の冊封体制に基づく対外関係の回復をねらったものであった。

このような朝鮮王朝の要求に接した対馬は、徳川政権が明との国交回復の見通しがたたない状態の中で、朝鮮王朝との交易の復活のために、国書の偽造と偽の犯陵賊を送ってしまった。それを受けた朝鮮王朝は疑念をいだきながらも要求条件が満たされたものと解釈し、日本との国交回復の方針を決定し、明の冊封体制に基づく東アジアの対外関係の再建に積極的に乗り出していった。

明の冊封体制と三回の回答兼刷還使

一六〇四年の探賊使派遣後も、対馬を通じて日本との講和交渉は続いた。国書は、対馬が偽造したものだが、徳川政権からの国書による要請を受けた形で、それへの回答である朝鮮国王の親書を携えて一

表1　江戸時代の朝鮮使節一覧表

	回	西　暦	干支	朝鮮暦	日本暦	回	西　暦	干支	朝鮮暦	日本暦
回答兼刷還使	1	1607年	丁未	宣　祖40	慶長12	2	1617年	丁巳	光海君9	元和3
	3	1624年	甲子	仁　祖2	寛永元					

	回	西　暦	干支	朝鮮暦	日本暦	回	西　暦	干支	朝鮮暦	日本暦
通信使	1	1636年	丙子	仁　祖14	寛永13	2	1643年	癸未	仁　祖21	寛永20
	3	1655年	乙未	孝　宗6	明暦元	4	1682年	壬戌	粛　宗8	天和2
	5	1711年	辛卯	粛　宗37	正徳元	6	1719年	己亥	粛　宗45	享保4
	7	1748年	亥辰	英　祖24	延享5	8	1764年	甲申	英　祖40	宝暦14
	9	1811年	辛未	純　祖11	文化8					

表2　明清交替期の中国・朝鮮・日本関連年表

中国		朝鮮		日本	
		1590	通信使を日本に派遣	1590	秀吉，関東・奥州平定
1592	明軍，朝鮮救援	1592	壬辰倭乱	1592	秀吉，朝鮮侵略（～98）
	【明の冊封体制】	1596	通信使を派遣		
		1598	秀吉の侵略軍を撃退	1598	秀吉死去，朝鮮から撤退
1600	明軍，朝鮮から撤兵			1600	関ヶ原の戦い
				1603	家康，将軍となる
		1604	探賊使を日本に派遣		
				1605	秀忠，将軍となる
		1607	**回答兼刷還使**を派遣		
		1608	光海君即位		
				1609	島津氏，琉球侵略 対馬，己酉約条締結
1616	女真，後金建国			1615	大坂夏の陣，豊臣氏滅亡
1619	サルホの戦いで後金が明を撃破	1617	**回答兼刷還使**を派遣		
1627	後金，朝鮮侵略	1623	仁祖即位	1623	家光，将軍となる
		1624	**回答兼刷還使**を派遣 李适の乱		
1636	後金，清となる 清，朝鮮侵略	1627	後金の侵略（丁卯胡乱）		
	【後金と兄弟関係】			1635	「柳川一件」 日本人の海外渡航・帰国禁止
1638	清軍，明に大挙侵入	1636	**回答兼刷還使**を派遣 清の侵略（丙子胡乱）		
	【清と君臣関係（冊封体制）】				
1644	明の崇禎帝自殺 清，北京に入城			1641	オランダ商館，出島へ
		1643	**通信使**を派遣		
1656	清，海禁令強化	1649	孝宗即位	1651	家綱，将軍となる
1661	鄭成功，台湾占領 清，遷海令	1655	**通信使**を派遣		
1673	三藩の乱（～81）	1659	顕宗即位		
1683	鄭氏降伏 台湾清領土化	1674	粛宗即位	1680	綱吉，将軍となる
1684	清，遷海令撤廃	1682	**通信使**を派遣		
		1689	宋時烈処刑		

▲明清交替期の朝鮮・中国・日本関連略年表と朝鮮使節一覧表

六〇七年一月、朝鮮王朝は使節団を日本に派遣した。しかし、日本との安定的な国家関係が結ばれていない段階でのこの使節は、「朝鮮国王」号と明の年号を使った国書を家康に届けること(回答)と壬辰倭乱時に連行された人々の返還(刷還)を目的としたため「回答兼刷還使《かいとうけんさっかんし》」と呼ばれた。この帰国時、徳川秀忠《ひでただ》からの国書には「日本国王」号もなく明の年号も使用されていなかったため、明の冊封体制を前提とした対外関係の再建をめざしていた朝鮮王朝にとっては、今後の対日政策に多くの課題を残した。しかし、一六〇九年の己酉《きゆう》約条により対馬との交易が再開されるようになる。

一六〇八年に即位した朝鮮の光海君《こうかいくん》は、明と女真に対して中立的な立場をとってゆくが、その女真はヌルハチを中心に一六一六年に後金《こうきん》を建国し、大きな脅威となった。この時、朝鮮王朝は、この北方からの脅威の増大を前にして、南方の日本との安定的な関係を確保しておく必要があった。

その後、日本からは一六一三年に使節派遣要請があったものの、拒否したままになっていた。日本も一六一五(元和元)年に豊臣家が滅亡し、一六一六年には家康が死亡するなど国情も急変していた。ここに、朝鮮王朝は日本の実情を知るために、一六一七年七月に使節団「回答兼刷還使」を派遣し、日本統一を祝賀するとともに日本が脅威とならないことを確認して帰国した。この帰国時に受け取った徳川秀忠の国書には「日本国王」の号があったが、当時日本はまだ明と国交回復がなされていない中で、これは対馬が偽造したものであった。このように、今回も朝鮮王朝は、明の冊封体制を前提として日本との関係を安定的なものにすることをめざしたが、一六一九年に撫順《ぶじゅん》東方のサルホの戦いで明が後金に敗れたことから、東アジアにおける明の存在そのものに危機が訪れようとしていた。

こうした中で一六二三年に即位した朝鮮の仁祖《じんそ》は、国内の安定化を目指すとともに親明反後金の姿勢をとった。ここに、日本との安定的関係を確認するため、一六二四(寛永元)年に三代将軍家光《いえみつ》の将軍就任を祝う使節団「回答兼刷還使」を日本に派遣した。

しかし、一六二六年の李适《りかつ》の乱で政情が不安定化した朝鮮に対して、北方の後金軍が侵略してきた(丁卯胡乱《ていぼうこらん》)。その結果、朝鮮は後金を兄とする「兄弟盟約」を強制され、明との冊封体制を重視する朝鮮王朝にとって、その対外政策は困難な状況に陥ってしまった。そこで、次第に強まる後金の圧力に対抗するためにも日本との安定的関係は重要になった。それゆえ、これまでの対馬藩の国書偽造が露見して、一六三五(寛永十二)年に幕府の朝鮮外交体制が大きく変化し(「柳川一件」)、日本の国書には日本の年号を使い、将軍の称号は「大君」とすると通告してきたが、これを受け入れざるをえなかった。

明・清交替期の冊封体制と通信使

強大化した後金は、一六三二年に兄弟関係を君臣関係に変えるように要求したのに対し、朝鮮王朝はこれを拒絶したが、一六三六年に後金は国号を清《しん》と改め、朝鮮に対して君臣関係を求めてきた。

こうした中で、従来通り明・後金・日本との間に均衡のとれた関係を模索していた朝鮮王朝は、幕府との安定的な関係と対馬との伝統的な関係とを確認しておく必要もあり、一六三六年八月に日本の泰平を祝す使節団「通信使」を派遣した。この使節団の重要な点は、まずこの時はじめて「通信使」の名称が使われたことである。しかし、後金・清の強大化により従来の明の冊封体制を前提とした東アジアの対外関係は大変動していた。それゆえ、まず何よりも幕府との安定的関係の確保、対馬との通交体制の維持を最優先する朝鮮王朝にとって、帰国時に受け取った家光の国書に規定に反して「大君」号がなく、かつ日本の年号が使われているにもかかわらず、受け取ってゆくのであった。

ところが、この使節団が日本滞在中の一六三六年十二月に朝鮮は清軍の侵入をうけ(丙子胡乱《へいしこらん》)、その結果、清との冊封関係を強要された。確実に強大化してゆく清に対抗し、牽制するためにも、一六四三(寛永二〇)年に家綱《いえつな》(のち四代将軍)誕生を祝って日本に通信使を派遣した。これにより、朝鮮王朝は日本との友好関係を確認することができた。しかし、一六四四年に李自成《りじせい》の農民反乱軍の前に明の崇禎帝《すうてい》が自殺し、北京に清軍が入城してきた。いままで明と清の双方の冊封体制下にあった朝鮮王朝にとって、従来その外交政策の基本にしてきた明の冊封体制が崩壊しはじめ、清の冊封体制が強まってゆく。

その後も清と反清勢力との抗争は続くが、清は一六八三年に台湾の鄭氏《ていし》勢力を降伏させ、清朝の中国支配は確立した。このような明から清への王朝交替期に、朝鮮・日本の双方で、中国の冊封体制からの意識上での離脱が加速してゆく。

清の冊封体制の変動と通信使

この離脱現象は、通信使をめぐって、徳川政権が国書に「国王」号ではなく「大君」号を使い、明の年号の代わりに日本の年号を使ったのに対し、朝鮮王朝が明滅亡の一六四四年以降は、明の年号も清の年号も使わずに干支《かんし》だけを記したことにあらわれている。ここに、朝鮮王朝と徳川政権双方の脱中華の志向が一致することになる。清の冊封体制への反発と自意識を強く持つ「朝鮮中華主義」の朝鮮王朝と、「日本型華夷《かい》意識」の徳川政権との国交関係は、清の冊封体制から独自の距離を意識する自己中心的な傾向が強かったため、朝鮮通信使は形式上は対等な交隣関係を演出できた。実際一六五五年、一六八二年と続き、一七一一年の時は新井白石《あらいはくせき》によるいくつかの制度改変があり軋轢《あつれき》を生じたものの、一七一九年の時には白石の改変は否定され、それ以前にもどった。

以後、一七四八年、一七六四年と続き、一七八七年に徳川家斉《いえなり》が十一代将軍になったが、その祝賀の通信使派遣は思うように実現しなかった。日本の凶作・財政事情悪化や白石の頃から強まった朝鮮蔑視《べっし》意識もあって幾度か延期となったうえ、やっと対馬での国書交換（「易地聘礼《えきちへいれい》・易地通信」）でようやく一八一一年に実現した。一八一一年以降も通信使派遣は何度か交渉がおこなわれたが、両国の国内政治変動や財政悪化もあり、さらにはしだいに強まる欧米勢力の圧力に朝鮮・日本双方が独自に対応するようになる中で、通信使を通じた両国の交隣体制は機能しなくなった。ついに、明治維新後の日本の対朝鮮外交の変質とともに、通信使の使命は終わったのである。

（糟谷政和）

《参考文献》
■三宅英利『近世日朝関係史の研究』文献出版、一九八六年
■荒野泰典『近世日本と東アジア』東京大学出版会、一九八八年
■　同　『近世アジアの日本と朝鮮半島』朝日新聞社、一九九三年
■孫承喆著、鈴木信昭監訳『近世の朝鮮と日本』明石書店、一九九八年（原著『朝鮮時代 韓日関係史研究』知性の泉社、一九九四年、ソウル）

ロビンソン＝クルーソーはアジアにやってきて何を見たか

十八世紀イギリス人のアジア観

●産業革命が始まる前、世界中で貿易をしていたイギリス。イギリス人は、中国や日本をどのような国だと思ったか。

▲ダニエル＝デフォーの肖像（1706年）

ロビンソンは、デフォーの分身

ロビンソンは、ダニエル＝デフォー（一六六〇？～一七三一年）の分身である。今日では、少年少女向けの冒険小説として知られる『ロビンソン＝クルーソー』は、どのような時代に誕生したのだろうか。著者デフォーは、一六六〇年ころ、食肉業者の息子としてロンドンで生まれた。一六六〇年と言えば、国王チャールズ一世を処刑したピューリタン革命（一六四二～六〇年）の嵐がようやく静まり、国王チャールズ二世がイギリスに帰還した年である。しかし、王政復古後の政権は、やがて二度目の「名誉革命」（一六八八～八九年）によって打倒される。イギリスは、「権利の章典」などによって議会が国王の専制を抑える立憲君主制の国となった。

こうした社会的変化のなかで、デフォーは、ピューリタンの信仰をもつ非国教徒として成長し、さまざまな商売で成功と失敗を繰り返した。やがて彼は、文筆で生計を立てるようになり、議会を支持するホイッグ系のジャーナリストとして活躍した。その彼が、晩年になってから執筆して、一七一九年四月に出版された小説こそ『ロビンソン＝クルーソーの生涯と驚くべき冒険』（以下、第一巻と略称、岩波文庫版では上巻）である。この作品は、チリ沿岸のファン・フェルナンデス島で実際に四年四か月に及ぶ漂着生活を送ったアレクサンダー＝セルカークの体験談をもとに書かれた。小説上では、ロビンソンは一六三二年生まれで、外国貿易のために母国を離れたのが一六五一年に設定されている。

この作品は、出版されるとすぐに、大きな反響を呼び、同じ一七一九年八月には続編『ロビンソン＝クルーソーのその後の冒険』（第二巻と略称、岩波文庫版では下巻）が出され、翌年八月には『ロビンソン＝クルーソーの生涯と驚くべき冒険の真摯な反省』（第三巻と略称。この巻は小説ではなく、デフォーの宗教観や社会観をロビンソンを通して述べたもの）が刊行された。

これら一連の作品を読むと、実に生き生きと、アメリカからアフリカ、アジアに及ぶイギリス商人の世界規模での活動が浮かび上がってくる。著者デフォーは、まさに「ロビンソン＝クルーソー」の姿を借りて、十七世紀後半から十八世紀初頭の商人の世界を描き出したと考えられるのである。

イギリスの経済発展と国境を越える商人

それでは、十七世紀後半から十八世紀初頭のイギリスは、どのような状況にあったのだろうか。この時代、ようやく物価騰貴や経済不況が収まったイギリスでは、まず農業生産が回復・増大した。ジェントリと呼ばれる支配階層は、中規模のヨーマン層（中産的生産者層とも言われる）や借地農とも協力して、地域の農業改良を指導して、効率的な農業が実現した。また、市民革命後の自由な経済活動を反映して、

▲『ロビンソン=クルーソー』第１巻（1719年）にあるロビンソン像

各地で、日用品を製造する雑工業や毛織物工業が発展した。ロビンソンは、こうしたヨーマン層や製造業者を代表する「合理的・近代的経済人」であるという解釈も存在する。実際、第二次大戦後の日本の歴史学に多大な影響を与えた大塚久雄は、「ロビンソン的人間類型」なるものを提起して、彼こそ「近代に独自な合理的産業経営」を象徴していると主張した。

しかし忘れてならないのは、国内での経済発展と並行して進められた、海外での植民地獲得や商業活動である。この時代のイギリスは、オランダ、スペイン、フランスと数回にわたる戦争を遂行し、その勝利によって、カナダから北米、カリブ海地域に至る広大なアメリカ植民地を形成した。ピューリタン革命と名誉革命によってプロテスタント的な体制が定着したことは、特にスペインやフランスといったカトリック国との争いやその植民地への侵入に「大義名分」を与えた。

王政復古以後、本国と植民地間の貿易、あるいはヨーロッパ諸国への植民地物産の再輸出は「航海法」という法律に護られて飛躍的に増大した。この貿易の伸長や商業の拡大は「商業革命」と呼ばれ、富をたくわえた商人層が首都ロンドンや西部の都市ブリストルに出現した。一七一三年のユトレヒト条約でイギリスが、スペインから黒人奴隷供給権を獲得し、アフリカからアメリカへの奴隷貿易が主にイギリス商人の手によって営まれたことも想起すべきである。彼らは、イギリス領以外のスペイン植民地やポルトガル植民地にも奴隷を供給することができ、まさに国境を越えて活動する「越境者」であった。

『ロビンソン＝クルーソー』の第一巻は、このようなイギリスの貿易商人の活躍を余すところなく伝える。まずロビンソンは、アフリカのギニアまで出掛け、雑工業品を砂金や象牙と交換する貿易に従事した。次に彼は、ポルトガル領であったブラジルで土地を購入し、砂糖を生産するプランテーションを経営して、多大な成功を収める。ここでは、当然、労働力として奴隷が用いられた。その後、彼は、南米オリノコ川の河口近くの無人島に漂着して、二十八年に及ぶ耐乏生活を余儀なくされ、ようやく救出されて、一六八七年に三十五年ぶりにイギリスへ帰国した。その彼が、帰国後に大金持ちになっていたのは、彼がブラジルにある農場の不在地主であったからにほかならない。ロビンソンは、「合理的・近代的経済人」という枠に収まりきれない貿易商人であり、不在地主でもあった。

アジアに渡った貿易商人ロビンソン

そのロビンソンは、国内に土地を買って「一人前の地主になった」ものの、妻の死を契機に再び「放浪癖」がよみがえってくる。彼は、一六九三年ころ「知り合いの商人たちに私的な貿易商人として東インド諸島とシナにいってもらいたいと自分は頼まれている」と語る甥の誘いに心を乱され、第二巻で再度、海外へ向かうことになる。そのルートは、ブラジルから大西洋を渡り、喜望峰を経由してインド洋に入り、その先の中国に到達するという長大なものであった。彼は、インド、東南アジアをまわり中国に上陸し、北京を経て、アジア内陸部からロシアを通って、一七〇五年に帰国した。

ロビンソンは、行く先々で貿易活動に従事し、莫大な利益を上げながら、アジア各地の政治や宗教について興味深いコメントを残している。それは、まぎれもなく当時のイギリス人のアジア観を反映したものであろう。ロビンソンは香料諸島を中心に東南アジアをめぐり、丁子《ちょうじ》や肉桂《にっけい》といった貴重な香辛料を入手して、これをペルシア人の商人に売却した。注目すべきは、その価格である。「われわれは約五倍近くの値段で売ったので、全く大儲けというわけであった」。これは、言うまでもなく「不等価交換」であり、貴重品や奢侈品を遠隔地から運んで、大きな利益を上げたアジア貿易の一端が示される。

貿易品目は、ロビンソンが中国に到達したときの会話からうかがえる。彼は、最初に出会った「年老いたポルトガル人の水先案内人」に航海の目的を尋ねられ、「そこについたらこちらの積荷を売り、陶器、キャラコ、生糸、茶、絹織物その他を買いつけ、もときた航路を通って帰るつもりだ」と答えている。ここから「薄地のイギリス製毛織物」や雑工業品などを積んで、「陶器、キャラコ、生糸、茶、絹織物」などと交換し、ヨーロッパに戻って数倍から数十倍の値段で売却するという産業革命前のアジア貿易の構図が浮かび上がる。イギリスでは、インド産の綿織物キャラコや中国産の陶磁器、生糸、茶などが珍重されたが、イギリス側の輸入超過となったことはもちろんである。

越えられない宗教の壁

それでは、彼ら貿易商人をアジアに誘ったものは何であろうか。それは、アジア産品の魅力であり、

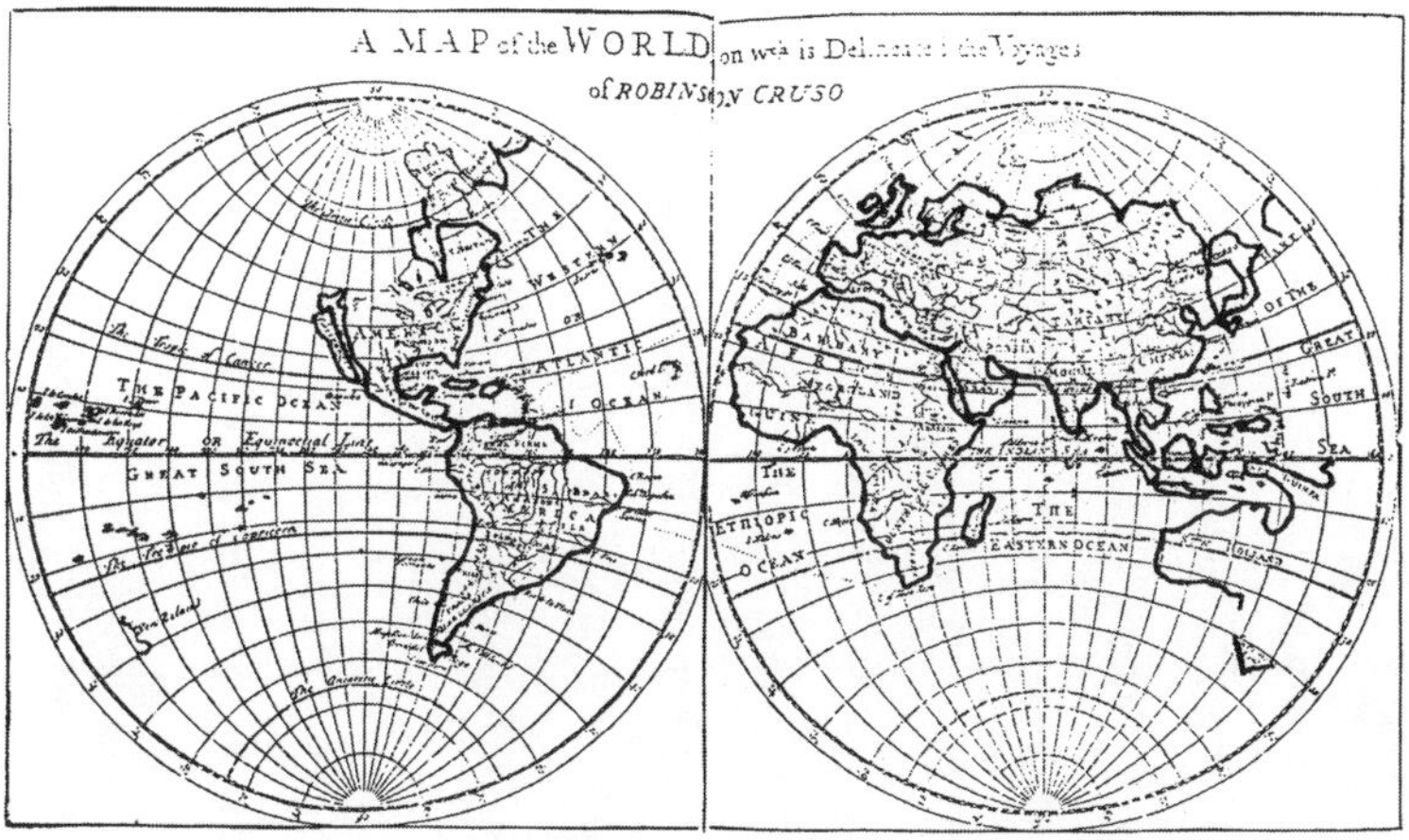

▲『ロビンソン=クルーソー』第2巻(1719年)にある世界地図　アラスカやオーストラリアは、まだ未確定である。

その背後にあるアジア文明の魅力でもあった。一般に、十七〜十八世紀のイギリス人が、インドや中国、日本の文明に憧れや敬意を抱いていたことは、よく知られている。しかし、ほとんどの場合、情報源であったイエズス会士がもたらす知見は、恣《し》意《い》的で、当てにならないものが多かった。イギリス人のアジア観は、無知や誤解に基づいた「思い込み」に由来していることが間々あり、時として蔑視《べっし》感と表裏一体のものであった。

ロビンソンは、前者の敬意と後者の蔑視感をともに表明しながらも、後者の方をより強く打ち出している。中国について見ると、彼は、一応、中国の「富や貿易や政治力や軍事力の偉大さ」に敬意を表してはいるが、結局「シナ人は野蛮人とそう大差のない未開の異教国民だ」と述べる。彼は続けて、中国人が「無知で汚らしい奴隷の単なる軽蔑すべき集団か群集にすぎず、そういう連中しか治める能力のない政府に隷属している」と言い放つのであった。

また中国から日本に渡航する話も登場する。「旅の伴侶として甥が」ロビンソンにつけた青年は、日本への航海の経済的魅力について大いに語り、実際に日本に渡り、貿易で大成功を収めた。彼の成功を助けた人物として、「非常に几帳面《きちょうめん》で正直な応対を示し、日本についた時には彼の安全を計ってくれた」日本人商人の存在は不可欠であった。だが、当のロビンソンは日本行きを思いとどまっている。その際「賢明な共同経営者」が、「日本人は嘘つきで残酷で陰険な国民だ」と説得したことは、無視できない要因と言えるだろう。

こうした中国や日本への認識の背後には、キリスト教徒と非キリスト教徒を峻別《しゅんべつ》する宗教観が少なからず横たわっている。プロテスタントであるロビンソンは、カトリック教徒に対しても柔軟に接し、宗教的寛容とも取れる態度を表明した。しかし、カトリックの布教活動に対して、彼が次のようなコメントをしたことは、忘れてはならない点であろう。「シナ人をキリスト教に彼らの言葉でいう改宗させるという仕事は、異教徒をキリストへの信仰に導くのに不可欠な本当の改宗とはかなりほど遠いものであり、したがって、要するにキリストの名を覚えさせ、聖母マリアとその御子への祈りを自分にも理解できない言葉で少々いわせ、十字架を切らせるくらいがせいぜいだと思われる」。

ここには、中国人やアジア人を「本当のキリスト教徒」にするのは困難というデフォーの見解が潜んでいるだろう。アジア産品に限りない魅力を感じ、国境や大洋を越えたロビンソンが、宗教や文化の壁だけは越えられなかったことが、次の言葉にも示されている。「この〔キリスト教―引用者〕世界は天によって見放されて度すべからざる迷妄《めいもう》に陥った人間どもが、ひたすら悪魔を拝み、木石の前にひれ伏し、怪物や地水火風や恐ろしい動物の像や怪物の影像・画像を拝む世界とは全く違う別の世界なのだ」。このようにアジアの「偶像崇拝」は排斥された。ロビンソンは、キリスト教中心の宗教観にとらわれたアジア認識を披瀝《ひれき》したのである。

さて、イギリス本国では、十八世紀後半から産業革命が始まり、アジアから輸入されていた綿製品も工場において大量生産されるようになった。それとともにアジアは、原料・食料の供給地となり、製品市場となることが要求されていった。魅力的な綿製品をイギリスに輸出したインドは、今や、イギリス製綿布の市場に作り替えられたのである。中国が、一八四〇年のアヘン戦争以後、イギリス中心の世界市場に組み込まれるのも、遠い先のことではなかった。

同時に、実体験や文献研究によって、アジアに関する知見は飛躍的に増加し、宗教観に代わる認識の手段を諸科学が提供するようになった。そのなかには、「科学」に裏付けられた差別的な人種観も存在しており、アジアの植民地化を正当化するのに貢献した。おそらくはその底に潜んでいる「ロビンソンのアジア認識」が、完全に払拭《ふっしょく》されたとは誰も言えないだろう。ロビンソン=クルーソーの冒険小説が読み継がれる限り、そのアジア観も再生産されるのである。

（岩井　淳）

《参考文献》

■D・デフォー、平井正穂訳『ロビンソン・クルーソー』上・下、岩波文庫、一九六七・七一年
■川北稔『工業化の歴史的前提』岩波書店、一九八三年
■岩尾龍太郎『ロビンソンの砦』青土社、一九九四年
■前沢伸行「ロビンソン・クルーソーの世界史」（樺山紘一ほか編『世界史へ』）山川出版社、一九九八年

近代化のうねり
22

マリー＝アントワネット愛用の日本製品は何だったか

オランダ東インド会社

●日本の漆器・磁器は、ヨーロッパで珍重されていた。オランダは鎖国の時代になっても、なぜ日本との貿易を許されたのか。

マリー＝アントワネットが愛用した日本製品

西暦一七八九年七月十四日、フランス革命が勃発した。革命は、一七九三年一月二十一日の国王ルイ十六世の処刑をもってクライマックスを迎え、それからおよそ九ヶ月後の十月十六日、王妃マリー＝アントワネットも国王ルイ十六世の後を追うように断頭台《だんとうだい》の露と消えた。その王妃マリー＝アントワネットが愛用していた物の中に美しい蒔絵《まきえ》を施した漆塗《うるしぬ》りの小物入れや小皿入れがあった。その数は八〇個あまりあったといわれるが、それはまさしく日本製の漆《しっ》器《き》だったのである。なぜ、王妃は日本製の漆器を数多く所持していたのであろうか。

これらの蒔絵漆器はマリー＝アントワネットが一七七〇年にフランス王妃となった時、母のオーストリア皇帝マリア＝テレジアから祝い物として貰ったのにはじまる。当時、ヨーロッパの王侯貴族の間では、日本の漆器が珍品として大変もてはやされていた。そして、それらの日本製の漆器を、この時代、

▲マリー＝アントワネット愛用の蒔絵漆器
（フランス・ヴェルサイユ国立博物館蔵）

ヨーロッパに運んだのが、他でもない連合オランダ東インド会社（ＶＯＣ）であった。ヨーロッパに運ばれた漆器の数量は、長崎・出島《でじま》のオランダ商館の仕訳帳《しわけちょう》によると一六五二年から一七八一年までのおよそ一三〇年間に実に一万個も送られていた。なかには、オランダ側の注文によって作られたものもあった。日本の漆器はヨーロッパの東洋趣味を形成する要素の一つとなり、蒔絵風の装飾が模倣されるなどの影響を与えたのである。

連合オランダ東インド会社の誕生

オランダ人によるアジアへの最初の航海は一五九五年四月、ハウトマン率いる四隻の船団によって成し遂げられた。船隊はインド洋を横断し、ジャワ島西部のバンタムに着いた。時に一五九六年六月であった。

この第一回航海の後、オランダ国内に多くの東インド貿易の会社（先駆会社）が設立されたが、それはかえって乱立による弊害をもたらし、利益の減少を招いた。折しも、ライバルであるイギリスが一六〇〇年に東インド会社を設立した

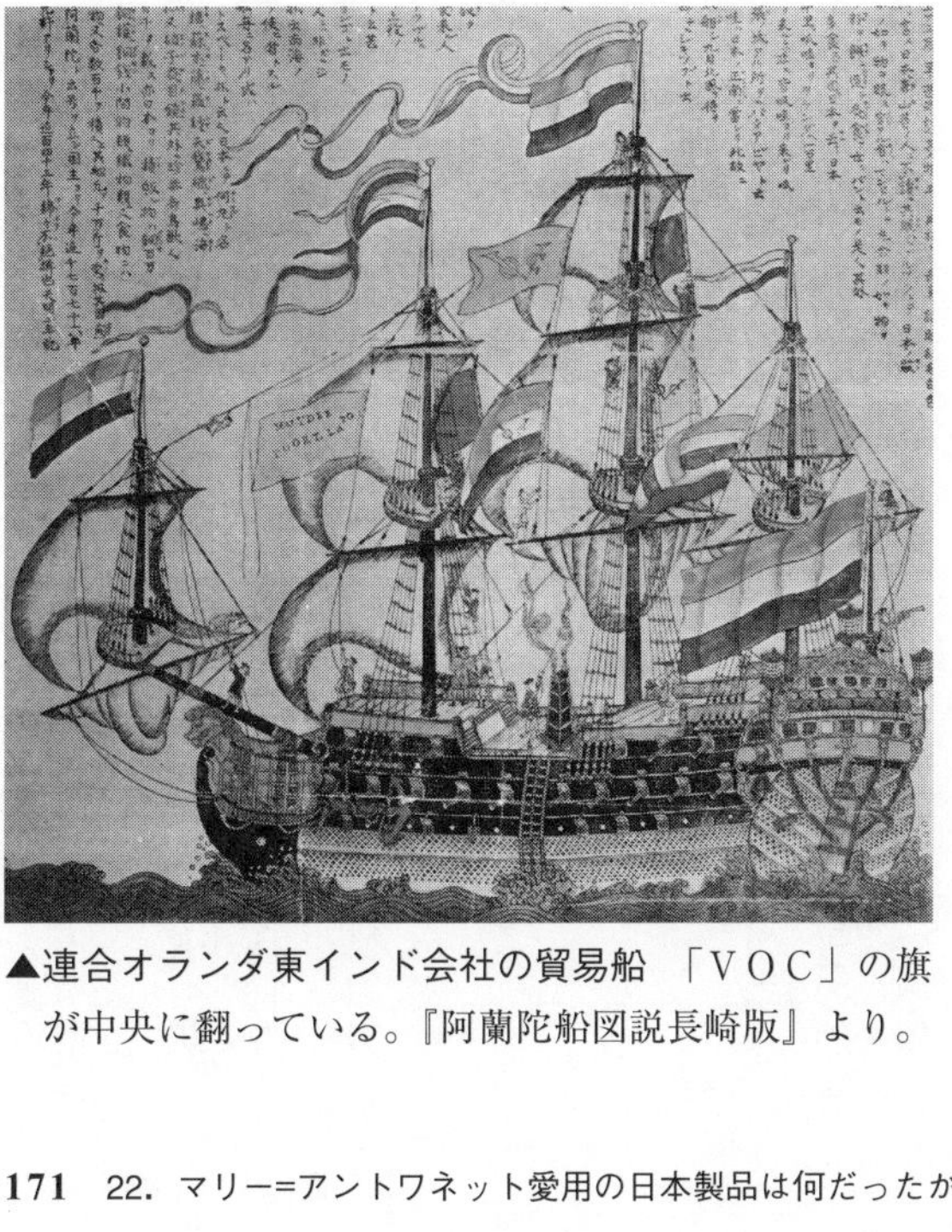

▲連合オランダ東インド会社の貿易船　「ＶＯＣ」の旗が中央に翻っている。『阿蘭陀船図説長崎版』より。

こともあり、オランダは一六〇二年三月二十日、先駆会社の合併による十七人重役会を中心とする連合オランダ東インド会社(VOC)を誕生させたのである。

この時の特許の内容を要約すると、「オランダ東インド会社の船だけが、オランダから東インドへ航行できること。会社が外国の国家と条約を結び、軍隊を置き、要塞《ようさい》を設け、貨幣を鋳造し、地方長官や司令官を任命できること」であった。こうして世界最初の株式会社といわれる連合オランダ東インド会社の活動が始まったのである。その取引は対アジア貿易が中心であり、一六二〇年、ジャワ島のバタヴィアに商館を開設し、ここを拠点に、香料《こうりょう》を中心とするアジア貿易の一大ネットワークを形成した。

オランダ東インド会社の対日貿易

一六〇〇(慶長五)年四月、豊後《ぶんご》(大分県)の臼杵《うすき》湾に一隻のオランダ船が姿を現した。船名をリーフデ号といい、連合オランダ東インド会社が設立される前の先駆会社の一つが東インドに派遣した五隻の船隊のうちの一隻であった。リーフデ号には生存者わずか二十四名しかいなかったが、その中に後に徳川家康に重用され、日本名三浦按針《みうらあんじん》を名乗ったウイリアム・アダムスがいた。

このリーフデ号に次いで一六〇九(慶長十四)年七月、二隻のオランダ船が平戸《ひらど》(長崎県)に投錨《とうびょう》した。二隻は藩主松浦鎮信《まつらしげのぶ》の歓迎を受け、さらに松浦氏の斡旋《あっせん》を得て駿府《すんぷ》(静岡市)で家康に面謁《めんえつ》し、通航許可の朱印状《しゅいんじょう》を与えられた。こうして、オランダは正式に日本との通商を開始することとなり、平戸にオランダ東インド会社の商館を開設した。しかし、一六四一(寛永十八)年六月、幕府の命によって、オランダ商館は長崎・出島《でじま》へ移転し、以後、この小さな人工の島で、鎖国《さこく》下の様々な制約のもとに対日貿易をおこなったのである。

長崎・出島での取引きからみる日本製品

さて、出島を窓口に始まった日蘭《にちらん》貿易では、どんな物産が取引されたのであろうか。当時、日本がもっとも海外から輸入したかったものは、東南アジアの香料でも、インド産の綿織物でもなく、それは中国産の生糸であり、絹織物であった。明との通商を認可されなかった東インド会社は、中国産生糸をタイワンの商館で仕入れ、日本に送った。

▲江戸時代、オランダ人によって描かれた出島のようす

しかし、十七世紀半ばの明末清初の王朝交代にともなう騒乱の中で、タイワンへの輸入が減ったことや、台湾海峡の海上権を握った鄭《てい》芝《し》龍《りゅう》の生糸貿易参入によって、東インド会社による中国産生糸貿易の直接取引は大きな打撃をこうむることとなった。とりわけ、一六三三(寛永十)年、オランダ艦隊が芝龍に手ひどい敗北を喫したことで、東インド会社自身による生糸貿易はできなくなった。このことが衰退に拍車をかけたのである。

こうした状況の中で十八世紀に入ると、会社は新たな商品として、砂糖の販売を積極的に進めるようになった。この他の日本向け商品としては、胡椒《こしょう》を始めとする香辛料や伽羅《きゃら》・安息香《あんそっこう》といった香物、染料としての蘇木《そぼく》、鹿皮《しかがわ》や鮫皮《さめがわ》などの皮革などを挙げることができる。

さて、これらの輸入品に対する代価として、また日本からの輸出品として、最初にあげなければならないのが銀や金・銅といった鉱産物である。とくに十七世紀前半の日本は、世界有数の銀産国であり、オランダが一六四一年〜一六六七年までの二十七年間に貿易の代価として日本側から輸入した銀は四十八万キログラムを超える量であったという。そのため、幕府は一六六八(寛文八)年、ついに銀の輸出を禁止したのである。

また、銀と同様に世界屈指の産出量をほこったのが銅であった。当時のヨーロッパではスウェーデンが最大の銅産出国で、それに次いでハンガリー、ノルウェー、ドイツなどであった。日本では出羽《でわ》の阿仁《あに》や尾去沢《おさりざわ》、備中《びっちゅう》の吉岡《よしおか》、伊予《いよ》の別子《べっし》の銅山が知られていた。日本銅がオランダに初めてもたらされたのは一六二三(元和《げんな》九)年である。一六五七年、スウェーデンとデンマークとの間で戦争となると、アムステルダムの銅市場の銅値はいっきに高騰した。東インド会社は、同年、長崎商館を通じて、八四・六キログラムの銅を買い付け、すべてオランダに送った。銅は大砲などの武器製造に欠かせないものであっただけに、ヨーロッパで戦さや紛争が起きるたびに、日本銅の需要が増したのである。

こうした鉱産物とともに忘れてならない日本製品として、先にあげたマリー＝アントワネットが愛用した漆器と並んで、ヨーロッパの人々を魅了した美術工芸品に「やきもの」があげられる。その「やきもの」とは肥前《ひぜん》（佐賀県）の有田《ありた》・唐津《からつ》で焼かれた磁器《じき》である。これらの磁器は、その積出港である伊万《いま》里《り》の名にちなみ伊万里焼とよばれた。実はこの伊万里焼誕生の裏には、東インド会社の商業戦略があったのである。

元来、陶磁器市場は中国の独壇場であり、東インド会社もタイワンの商館を通じて江西《こうせい》省の景徳鎮《けいとくちん》で生産された染付《そめつけ》磁器などを輸入し、ペルシアやオランダ本国へ送っていた。しかし、明末清初の争乱の影響で、中国での陶磁器生産が難しくなると、それにかわる生産地として、東インド会社は日本の陶磁器生産能力に注目し、中国磁器の不足分を日本の磁器で補おうとしたのである。伊万里焼がオランダへ初めて渡ったのは一六五九（万治《まんじ》二）年のことであった。

東インド会社の仕訳帳によると、一六六〇年から一六九七年までの三十八年間で総数五五万五四三四個の伊万里焼が輸出され、そのほとんどがアジア各地で消費され、三万個あまりがヨーロッパ市場にもたらされている。このヨーロッパへもたらされた「伊万里」は、貴族をはじめとする上流階級の愛好品となり、やがて、ヨーロッパ各地の磁器生産に大きな影響を与えることになった。

▲ＶＯＣ銘の入った伊万里焼
NHKサービスセンター『長崎・出島展カタログ』（1986年）より。

生き残りをかけたオランダ

「黄金の世紀」と呼ばれた十七世紀のオランダ。その富と繁栄をもたらした先兵が連合オランダ東インド会社（VOC）であった。そして、そのオランダ東洋貿易の主要な部分を担っていたのが日本貿易だった。オランダは対日貿易のライバルであったポルトガル、イギリス両国との熾烈《しれつ》な競争に勝たなければならなかったのである。

ポルトガルの日本貿易は、平戸とマカオを拠点として、十六世紀半ば以降、日中仲介貿易の形式をとることによって独占的な活動を展開し、巨額の利潤をポルトガルにもたらしたが、十七世紀に入ると、翳《かげ》りが見えはじめた。そこに割って入ってきたのが、オランダとイギリスであった。

イギリスが日本に商館を開いたのは、オランダに遅れる四年後の一六一三（慶長十八）年六月、平戸においてである。当然、世界貿易史上のライバルである両国の競争は熾烈なものとなったが、すでに数年間の商取引の経験を積んだオランダと新参のイギリスとの差は歴然としており、イギリスの利益はおもわしくなかった。この結果、イギリス東インド会社は一六二三（元和九）年、利益の上がらない平戸商館の閉鎖に踏み切ったのである。結局、日英貿易はわずか十年ほどで打ち切られることになった。

いっぽう、幕府は度重なる禁教令にもかかわらず、止むことのないカトリックの布教活動に対し、ついに一六三三（寛永十）年に第一次の鎖国令を出し、続いて一六三五年にも日本人の海外渡航禁止令を出すなど、鎖国政策を一層強めた。

このような時に起こったのが、キリスト教徒たちによる九州での島原《しまばら》・天草《あまくさ》の乱であった。この争乱に対し、平戸のオランダ商館は原城に立てこもる叛乱軍に砲撃を加え、幕府側の勝利に貢献したのである。この事件は、ヨーロッパではオランダへの非難となった。しかし、こうした幕府への協力的態度は、幕府をしてオランダ人の日本来航を引き続き許すことになり、一六三九(寛永十六)年に発令されたポルトガル船の日本渡航禁止令とともに、オランダは名実ともに日本貿易の独占的権利を獲得し、対日貿易競争に勝利を収めたのである。

対日貿易競争に勝利したオランダの日本貿易は、鎖国時代であっても、幕府にとってはオランダ商館長の江戸参府やオランダ風説書《ふうせつがき》を通じて海外情報をキャッチするなど、世界とのパイプを維持していく上で貴重な役割を果たしていた。

また、世界史的側面からオランダの日本貿易を眺めれば、オランダ東インド会社を通じて、ヨーロッパ各地に日本製品が運ばれ、少なからぬ影響をかの地に与えていたことを忘れてはならない。伊万里焼を通し、蒔絵漆器を通し、ヨーロッパは日本を見ていたのである。マリー=アントワネットが愛用した蒔絵漆器は、まさにこの事実を物語っているのである。

(関根秋雄)

《参考文献》▩ 永積昭『オランダ東インド会社』近藤出版社、一九七一年
▩ 山脇悌二郎『長崎のオランダ商館』中公新書・中央公論社、一九八〇年

近代化のうねり
23

琉球が明治政府の支配下に入ることをいやがったのはなぜか

冊封体制と琉球処分

●江戸幕府と清朝両者との関係を保ってきた琉球王国。明治政府は琉球をどのように処分し、琉球人はそれにどう対応したのか。

台湾出兵と琉球の帰属問題

琉球《りゅうきゅう》は一四二九年、尚巴志《しょうはし》が全島を統一して以来、独立王国として存在し続けてきた。十五～十六世紀には琉球船が中国との朝貢《ちょうこう》貿易で入手した豊富な産物を積み込み、日本・朝鮮・東南アジア各地に渡航した。一六〇九(慶長十四)年、島津家久《しまづいえひさ》の軍勢に征服され、旧薩摩《さつま》藩の支藩として江戸幕府に慶賀使《けいがし》・謝恩使《しゃおんし》を送っていたものの、清国との間には従来通り、冊封《さくほう》・朝貢関係を維持していたのである。それは実質的な支配を受けることのない、無関税の貿易ネットワークの体制でもあった。

琉球王国が開国後の日本に注目される契機となったのは、台湾の東海岸に漂着した宮古《みやこ》・八重山《やえやま》の島民五十四名が台湾の生蕃《せいばん》といわれる先住民に殺害される事件(牡丹社《ぼたんしゃ》事件)によってであった。一八七一

▲首里《しゅり》王宮　琉球王国の王城。那覇《なは》市北方にあった。写真は1853年、ペリーが訪れた時のようす。

(明治四)年のことである。台湾島民の行為を非難して清《しん》朝政府の責任を追及する日本の副島種臣《そえじまたねおみ》に対し、清朝政府は「台湾は政府の権限の及ぶところでなく、責任は負えない」との返答をおこなった。

この返答は、明治政府にとっては好都合な内容であった。明治政府はアメリカ人ジャンドルを雇い、台湾領有計画を立案させる一方、外務省を通じて清朝政府と交渉を重ね、「台湾は清国の行政権の及ばない仮外《けがい》の民《たみ》である」ことを認めさせようとしてきたのである。

薩摩藩と清国政府に両属していた琉球が、政治的・社会的に日本国家の一部であることを清朝政府に認めさせる口実ができたのである。宮古・八重山島民の殺害に対する報復措《そ》置《ち》をとることで、琉球統合の正当性を内外に主張する機会を得、軍事力を国外に移動させることで、国内不安のもとになっている士族の不満を解消する役割を果たすことにもなった。

▲宮古島・八重山島民の墓
台湾出兵の時、日本の出兵軍が建立した。

一八七四(明治七)年、明治政府は西郷隆盛《さいごうたかもり》の弟の従道《つぐみち》を司令官にして台湾に攻め込んだ。しかし、上陸して島を占領したものの、全島の住民を制圧することは到底不可能であった。十数回にわたる増兵で、三六〇〇名の兵力と九五〇万円にのぼる軍事費をつぎ込んだにもかかわらず、島民の抵抗をおさえることはできなかった。

交渉は北京《ペキン》に持ち込まれ、イギリス公使ウェードの斡旋《あっせん》で議定書「日清両国間互換條款《じょうかん》」の締結にこぎつけた。この中には「出兵は、日本の属民が台湾生蕃に殺害されたことに対して発動された自国民保護のための正当行為(保民義挙《ほみんぎきょ》)である」との文言が記されている。間接的に琉球の日本帰属を認めさせたものにほかならない。日本は、賠償金五〇万テールを獲得し、琉球の日本帰属を主張して台湾から撤兵した。

一八七一(明治四)年に日清修好条規《じょうき》を結んだ日本は、台湾出兵の翌年、軍艦を江華島《こうかとう》付近に侵入させて引き起こした事件(江華島事件)を契機に、朝鮮に不平等条約を締結させた。

この日朝修好条規の締結によって、旧来の外交関係は一変した。外務省はこれまでの対馬《つしま》藩による朝鮮外交を接収し、釜山《プサン》の草《そう》梁倭館《りょうわかん》を外務省の管轄に移した。朝鮮は日本の外交文書が中国王朝の「皇帝」のみが使える「皇」の名を用いていることに反対し、従来の外交関係の維持を主張した。そのため、明治政府は清との関係を通じて、自国の主張を通そうと図った。朝鮮が宗主国《そうしゅこく》と仰ぐ清国と対等な条約を結んでいることを背景に、「天皇」号による外交関係を朝鮮との間に成り立たせようとしたのである。

台湾出兵のその事後処理は、ちょうどこの時期に重なっている。

▲台湾総督の邸宅　1895(明治28)年、日本は台湾統治のために台湾総督府を設けた(⇨p.224)。

琉球処分と反対運動

琉球に王国の廃止と藩の設置が伝えられたのは、一八七二（明治五）年のことである。本土諸藩に一歩遅れての版籍奉還《はんせきほうかん》である。琉球王府は政府の直轄下に置かれることを断り、従来通り鹿児島藩（旧薩摩藩）の管轄下に置かれること、ならびに清との関係の持続を主張した。

これに対し、審議を委《ゆだ》ねられた左院《さいん》は「分明《ぶんめい》ニ両属ト見做《みな》スヘ《べ》シ」との答申《とうしん》をおこなった。琉球の日清両属は「従来ヨリ其国《そのくに》（琉球）ノ形勢《けいせい》」であり、「清ニハ名ヲ以《もっ》テ服属シ、我（日本）ニハ実《じつ》ヲ以テ服従」しているのであるから、強《し》いて一方に属させようとすれば清との対立が避けられない、との考えからであった。

しかし、鹿児島県庁は政府の意を受けて、新政慶賀の使節を送るよう琉球王府に通告した。上京した王府の代表には、天皇が「尚泰《しょうたい》王を藩王となし、華族《かぞく》に叙《じょ》する」ことを告知した。当初、尚泰王が従来の立場が認められると思っていた王府の代表も、これが王国の滅亡につながると知るや受け入れを強く拒絶した。

▲尚泰王（1841～1901）
琉球王国最後の王。

明治政府は、受諾を拒否する一行に帰藩を命じ、内務大丞《だいじょう》の松田道之《まつだみちゆき》を処分官に任じて琉球入りさせた。尚泰王に直接命令を伝えるためである。王が病気を理由に面会を拒《こば》むと、松田は「清に対する冊封《さくほう》関係・朝貢の停止、明治の年号使用、藩政の改革、国王の上京、福州《ふくしゅう》琉球館の廃止、鎮台《ちんだい》分営の設置、刑法研究者と留学生の派遣」を代理の今帰仁《なきじん》皇子に申し入れた。従来の日清関係を否定し、明治国家の一元的支配権力の確立をめざすための要求であった。王国が諸外国と結んでいた条約も中央政府の外務省が引き継ぐことになった。

琉球王府は、七項目のうち刑法研究者・留学生の派遣と鎮台分営の設置を認めただけで、他の項目については受け入れを拒絶した。日本国内の相次ぐ士族反乱と農民一揆に、政府側の動きは中絶するかにみえたものの、一八七九(明治十二)年三月、松田道之は伊藤博文の命令を受けて三度目の琉球入りをおこなった。官吏三〇余人、巡査一六〇人、歩兵大隊四〇〇余人を従えての強制的・威圧的申し渡しがおこなわれた。

尚泰王は首里《しゅり》城退去を命じられ、二十九日夜十時、軍隊・巡査に警護されて中山《ちゅうざん》皇子尚典《しょうてん》邸に居を移された。三七八名の有禄者と千七百余人の王府士族も解任された。琉球における廃藩置県《はいはんちけん》はこうして軍事力を背景に反対を押し切って断行された。琉球処分といわれる由縁《ゆえん》である。二ケ月後の五月二十七日、尚泰王は随員約一〇〇名とともに那覇《なは》港を後にして東京へと向かった。

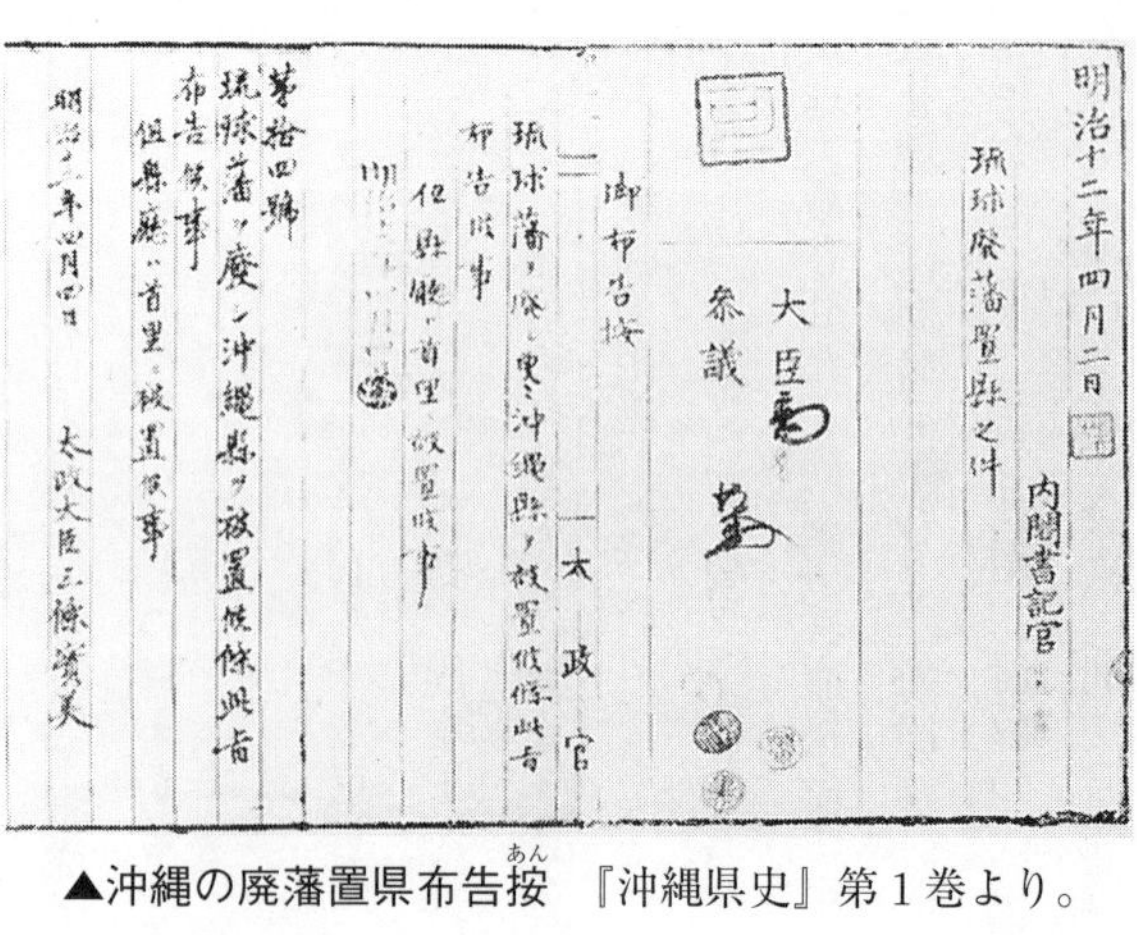

▲沖縄の廃藩置県布告按《あん》 『沖縄県史』第1巻より。

首里城明け渡し後、旧藩の首脳は処分官松田から藩政事務の引き渡し、新県政遂行の布達《ふたつ》を受け、さらに旧尚泰王からも新政府の命令に従うべき旨を命じられた。旧三司官・富川親方《とみかわおやかた》・与那原《よなはら》親方ら旧藩の首脳は協議の末、士民一般 志《こころざし》を固めてこの命令を拒絶し、清国の援助を待つという結論に達した。

このような首脳部の動きに、松田は全島三十三間切りに鎮撫説諭使《ちんぶせつゆし》を派遣して協力をうながした。しかし、各役人の反応はおしなべて新政府に不服従の態度であり、新役人の辞令授受を拒んで返上しようとする者が目立ったという。旧士族層による「連盟血判誓約書《れんめいけっぱんせいやくしょ》」も作成された。「日本の命令に奉じ、官禄《かんろく》を受ける者の首をはねる」という厳しい内容で、宮古島では新政府に協力した男がリンチによって殺されるという「サンシイ（賛成）事件」まで引き起こされるに至った。

相次ぐ清国への亡命と「処分」反対運動

明治新政府は県政への不服従、紊乱《びんらん》の罪で運動の指導者を拘引《こういん》した。留置場《りゅうちじょう》内では厳しい拷問《ごうもん》によって服従を迫られた。このような厳しい弾圧に、津嘉山《つかさん》、沢岻《たくし》親方らは援軍を期待して清に亡命するという運動を起こした。脱清《だっしん》亡命《ぼうめい》運動といわれるものである。

▲李鴻章

彼らは、すでに亡命して政府に働きかけをしていた幸地《こうじ》親方らとともに福建総督衙門《ふっけんそうとくえもん》に赴《おもむ》き、さらに天津《テンシン》に渡って直隷《ちょくれい》総督李《り》鴻章《こうしょう》に会って、救援を願い出た。だが、清国もまた近代国家の体制づくりに動いており、北方の伊犁《イリ》（新疆省《しんきょうしょう》）、南方の安南《あんなん》（ヴエトナム）での境界問題に忙殺《ぼうさつ》されていた。李鴻章の返答は「すでに尚泰王は日本に随順して華族《かぞく》に列せられ、金録《きんろく》を受けているではないか。救う必要はない」というものであった。

　それでもなお、幸地親方は清の援軍を求め、「近代日本」への統合を拒み続けようとしていた。亀川親方は琉球に戻って援軍の期待を伝え、運動の継続をはかろうとしたが、一八七九（明治十二）年六月、内務省警察局に逮捕されてしまった。警察局は彼を厳しい拷問にかけて、清国における運動の実態を探ろうとした。亀川は拷問に耐えられずに状況を白状し、獄中で亡くなった。

　一八八一（明治十四）年、李鴻章と宍戸《ししど》璣《たまき》公使の間で、琉球諸島を二分して宮古・八重山を清国に割譲し、代わりに日清修好条規を改定して、欧米並に最恵国待遇《さいけいこくたいぐう》の特権を与えるという「分島・改約」案がすすめられた。琉球諸島の日本領有を主張する一方で、なお異域として位置づける明治政府の偏見がそこに示されていた。

　政府の策動が明らかになるや、脱清亡命運動はいっそう盛んになった。一八八三（明治十六）年十一月十八日、沢岻《たくし》親方ら八名は那覇を出航、二十五日に清国璋浦《シャンフ》に至り、そこから清国船で厦門《アモイ》に送られ、さらにイギリス船で翌二十六日に目的地の福建に着いて琉球館に入った。ここで幸地親方らと合流し、連名で嘆願書を福州総督巡院布政司《じゅんいんふせいし》と海防官に提出した。その内容は「元来、琉球は日清両属の国に之《これ》有《あ》り候処《そうろうところ》、去る明治十二年中日本政府に於いて琉球廃藩置県の処分に相成《あいな》り、藩王は東京へ人質に取られ、特に人民は日に増して難渋《なんじゅう》に相成り候次第に付《つき》、速《すみ》やかに旧藩王（尚泰王）は琉球に取り戻し、琉球の国体を復旧候様《よう》、清国政府より日本政府へ御談判《ごだんぱん》願う」というものであった。

アジアにはなお民族的自立を保ちつつ、朝貢と冊封によって結びつけられた徳治の理念による緩《ゆる》やかな秩序を維持しようとする考えが存在していた。こうしたことなどから、琉球が明治政府の支配下に入ることにためらいがあったであろう。しかし、明治政府の少数民族をも含んだ国民統合による「近代国家の形成」は、もはやこのようなアジア的秩序の中で、琉球が日清両国と対等な関係を保ち続けることは認めがたいことであった。

一八八四(明治十七)年、はじめて帰島した旧王・尚泰は、清国亡命を心得違いと断じ、そのような行為は自分にも迷惑がかかると亡命運動を戒《いまし》め、重ねて恭順《きょうじゅん》を呼びかけている。だが、こうした旧王の呼びかけにも拘《かか》わらず、「仮令《かりに》君ノ命《めい》ナレバトテ国家ノ為《ため》ニハ従ハサル《ざ》事モアルモノナリ」と帰順をなお拒《こば》み続ける者が多かった。

(鬼頭明成)

《参考文献》
■比屋根照夫『自由民権思想と沖縄』研文出版、一九八二年
■茂木敏夫「中華帝国の近代的再編と日本」『岩波講座　近代日本と植民地1』岩波書店、一九九二年
■我部政男「日本の近代化と沖縄」『岩波講座　近代日本と植民地1』岩波書店、一九九二年

近代化のうねり
24

北海道旧土人保護法は日本人が思いついたものか

アイヌとインディアン

●アイヌの文化は、明治政府が制定した法律によって破壊された。そのモデルは、同時代のアメリカの制度にあった。

アイヌ文化を破壊した北海道旧土人保護法

一九九五(平成七)年七月、「アイヌ文化の振興並びにアイヌの伝統等に関する知識の普及及び啓発に関する法律」(通称・アイヌ文化振興法)が施行され、長らくアイヌ民族を差別してきた「北海道旧土《きゅうど》人《じん》保護法」(ここでは「保護法」とする)が廃止された。「保護法」がアイヌ民族に対して果たした破壊的な役割は、アイヌの歴史を学ぶ上で見過ごすことはできない。

一八六八(明治元)年の明治維新《いしん》直後、新政府は北海道に開拓使《かいたくし》を設置し開拓を進める一方、アイヌの氏名を和人風に改めさせて戸籍に編入し、彼ら独特の習俗を禁ずる(一八七一年)などの同化政策を進めていった。また、狩猟のための毒矢の使用を禁止する(一八七六年)とともに、北海道地券発行条令(一八七七年)などにより彼らの土地を奪い取っていったことは、狩猟・漁撈《ぎょろう》に依存してきたアイヌ民族の生活基盤を奪うことになった。そのような状況で登場する「保護法」は、困窮したアイヌ民族を保護するというスタイルをとって、一八九九(明治三十二)年に成立した。彼らに土地を給付し、農耕をおこなわせることで生活を改善する、また、同時に彼らに教育をほどこすというのが、この法律の基本線であった。

アイヌ一戸につき五町歩（五ヘクタール）の土地が給付されることになったものの、現実には平均して三町歩余の土地しか与えられず、また、それらの土地の多くは農耕に適さない土地であった。しかも給与には自ら出願することが必要となっていたが、そうした手続きに不慣れで、給与予定地を手に入れられなかったアイヌも多かった。また、農耕に不慣れなアイヌの中には農業経営に失敗したり、和人《わじん》（本土の日本人）に騙《だま》されて土地を失うものも出た。

▲踏み鋤《すき》を使い農耕に従事するアイヌの女性（昭和初期、白老《しらおい》）

「保護法」のもう一つの柱である教育では、各地にアイヌ小学校が作られたが、そこでおこなわれた教育とは和人に比べ二年も短い修学年限と、地理・歴史・理科などの教科がないといった差別的なものであった。何よりもアイヌ語・アイヌ文化は否定され、日本語だけの教育をおこなうことを通じて、日本人への同化・皇民化教育が強制された。

農耕を強制することで、狩猟・漁撈を基盤としたアイヌ社会を崩壊させ、日本語を強制することで、アイヌ民族の文化を破壊した「保護法」であるが、これは日本人が思いついたものなのであろうか？　先住民族の社会・文化を徹底的に抹殺《まっさつ》する手管《てくだ》においで計画的とも言えるこの手法には、実はモデルがあったといわれている。

「保護法」の原型ドーズ法

「保護法」のモデルとなったと見られる法律に、一八八二年にアメリカで成立したドーズ法（正式にはインディアン一般土地割当法という）がある。インディアンの家長《かちょう》には一六〇エーカー、その妻や独身者には八〇エーカーの土地を給与し自作農民にしようというこの法律は、アメリカ東部の人道主義組織「フレンド・オブ・インディアン」のメンバーであり、インディアン改革運動の中心にいたヘンリー＝ドーズ上院議員の名前にちなんでいる。

一八三〇年、皮肉にもジャクソニアン・デモクラシー（七代大統領ジャクソンがおこなった民主主義政策）の下で成立した「インディアン強制移住法」に始まる、インディアンの土地に対する合衆国政府の本格的な侵略は、一八七〇年代末にはほぼ完了していた。それはインディアンにとっては、過酷な条件の下での条約にサインし保留地に去るか、部族国家が絶滅させられる戦争を選ぶか、という過酷なものであった。一八七六年に中北部のビッグホーンでカスター指揮下の第七騎兵隊を殲滅《せんめつ》したスー族をはじめ激しい抵抗も各地で見られたが、最終的には多くの部族が平和と引き替えに保留地への「移住」を選んだ。

不毛な保留地に押し込められ、生活基盤を奪われた彼らの生活は悲惨を極め、以前は彼らに脅威を感じていた白人社会でもインディアンに同情する声が高まっていた。インディアン改革運動とは、こうした声を背景に人道主義的に彼らを救済しようという動きであった。

ここで留意しなければならないこととして、この運動を進めた人道主義者たちの多くは、私的所有権と農耕を基盤にもつキリスト教文明こそが絶対的に優位なものであり、インディアンもまたその中に同化させ土地を所有させることにより、アメリカ市民（農民）として再生しうると考えていた点である。部族での土地共有に基盤を持つインディアン独自の文化については、当然ながらその価値をまったく認めていない。ドーズ本人も、書簡の中でインディアンは「社会の基本たる『自他の所有』の原則すら知らない野蛮人」であり、「アメリカ国民の中に吸収、同化されてしまうべきものである」と述べている。

土地を共有しさえすれば、インディアンは農耕により自活し、文明化されるという人道主義者たちの見通しは、現実には彼らが信奉する文明（キリスト教白人社会）の強欲の前に崩れるこ

▲オクラハマ州のあだ名は「スーナー・ステート」　この観光標識の説明にある通り、８万エーカーという広大な土地（チェロキーアウトレット）が白人入植者の前に投げ出され、10万人もの人々はピストルを合図に先を争って土地を手に入れたといわれている。

とになった。それまで合衆国との条約によりインディアン諸部族国家がかろうじて保っていた保留地は、ドーズ法により一人あたり一六〇エーカーずつ頭割りされ、残りは「余剰地」と名付けられ、新たな白人入植者・土地投機業者・鉄道会社などに「解放」、つまり投げ出された。保留地の九割を「解放」されたアイオワ族のように、多くの部族がこの法律によって土地を失うことになった。また、個人に給与された土地も、多くは農耕に不向きな不毛な土地であり、農耕に不慣れなインディアンにはわずかな賃貸料で白人に土地を貸与するしかない運命が待っていた。

こうして、実に一億エーカーもの土地が彼らから失われた。これはドーズ法以前にインディアンに残されていた土地の三分の二に当たる。まさにドーズ法は、白人による土地収奪の総仕上げとなった。

またこれ以後、土地の共有という部族国家の中心を失ったインディアン社会は急速に弱体化し、英語による学校教育をはじめとする彼らへの同化政策はより効果を上げていった。確かにそのような意味では、ドーズ法によりインディアンの「文明化」は進んだともいえる。

ドーズ法から「保護法」へ

アメリカインディアンの歴史に関して多くの著作を持つ富田虎夫氏によれば、「保護法」成立には「太平洋の橋」になるという希望を実践した新渡戸稲造《にとべいなぞう》ら、北海道開拓に大きな役割を果たした人々が関わっているという。新渡戸は、インディアン改革運動が最高潮に達した一八八四年から八七年、運動の中心地フィラデルフィアに、しかもその推進勢力であったクエーカー教徒のただ中に身を置き、クエーカー教徒の名門エルキントン家の娘メアリと結婚している。彼の義父となるジョゼフは運動のメンバーであった。

帰国後の一八九三(明治二十六)年、新渡戸は北海道庁参事官であった白仁《しらひと》武《たけし》と共に北海道内の巡視・調査をおこなった。後に『北海道毎日新聞』に「近時北海道土人の減少する傾向にあるに付、道庁においては数年前より大いに之を憂《うれ》えられ、白仁参事官、新渡戸農学士等地方を巡視し、其調査を為したる結果、其筋に向って上請する所ありて、遂に土人保護法を設けんとするに至りたる」と紹介されている。

この「其筋に向って上請する所」とは何を指すのであろうか。実は、新渡戸・白仁が道内の巡視をおこなっていた一八九三年、第五回帝国議会において加藤《かとう》正《まさ》之《の》助《すけ》議員が「北海道土人保護法案」を提出していた。加藤はかつて渡米した経験があり、そのおり見聞きしたインディアンの窮状を述べ、「北海道へ往ってみましても同一の感がある。全道を占領して彼らの生活の料に供して居った所の土地は今や日本内地の人に悉《ことごと》く奪われて仕舞って居る」と言い、アイヌ民族への救済を訴えた。この時は給与地面積などの調整がつかず、世論もそれほど盛り上がらなかったこともあり、法案は廃案となった。

その後、新渡戸は一八九四(明治二十七)年に旧知のクエーカー教徒ハーツホーンを札幌に招き、アメリカでのインディアン「保護」のための法律について講演させ、その内容を活字化して世間に紹介した。講演がおこなわれた札幌史学会の会員でもあり、内容を聴いた(または読んだ)に違いない白仁武の手元には、二年前にイギリス人宣教師バチェラー神父から届けられていた法律文書があったかもしれない。

一八七七（明治十）年の函館上陸以来、アイヌ民族へのキリスト教伝道と、彼らへの教育・救済活動で名高いバチェラー神父であるが、彼らの救済を求めるため北海道庁に「アメリカやニュージーランドの先住民族の取り扱いに関する文書」を送りつけていた。それらの文書の中には、アメリカの先住民関係の基本的な法律としてドーズ法も当然含まれていたであろう。

「保護法」は、一八九五（明治二十八）年の第八回帝国議会に鈴木充美《しげみ》議員らにより再度提出されたが、またしても廃案となり、最終的に政府案として提出された一八九九（明治三十二）年の第十三回帝国議会で成立した。この時、加藤・鈴木両法案を修正して政府案を取りまとめたのが政府委員となっていた白仁武である。政府案は加藤・鈴木両法案と比べ、ドーズ法に酷似している点が多い。

アメリカインディアンとアイヌ民族、両者の運命を大きく破壊した二つの法律の共通点として、キリスト教的人道主義が見え隠れするが、そこで展開された文明論には、少数民族の文化などは評価するに値しない「野蛮」なものと見る、「文明国」の野蛮な思い上がりが感じられる。「旧土人は優勝劣敗の結果段々と圧迫せられて、生活の途《みち》を失ふと云う情勢は、皆さん御推測であろうと考へます。同じく帝国臣民たるものが、斯《か》くの如《ごと》き困難に陥らしむるのは、即ち一視同仁の聖旨にそはない次第」という政府の法案提出の理由説明は、アイヌ民族への蔑視に充ちていた。

（佐藤信行）

《参考文献》■ 富田虎夫『アメリカインディアンの歴史』雄山閣、一九九七年
■ 小笠原信之『アイヌ差別問題読本』緑風書房、一九九七年

近代化のうねり
25

中江兆民はフランス革命の思想をどこで学んだのか

フランスと自由民権運動

●フランスに留学した中江兆民は何を見、何を学んだか。帰国後、自由民権運動の指導者となった兆民がえがいた社会とは。

東洋のルソー、「自由民権運動の理論的指導者」中江兆民

中江《なかえ》兆民《ちょうみん》(一八四七～一九〇一)は、フランス革命の理論的指導者で、国民主権を主張したルソーの『社会契約論』を訳して『民約論《みんやくろん》』として発表したことによって、「東洋のルソー」として知られる。また、自由党の衆議院議員として、議員を辞職しても自らが創設していた『東洋自由新聞』や『自由新聞』を通して、おりから高まっていた自由民権運動の陣営に民主主義の理論や思想を述べ、「自由民権運動の理論的指導者」として貢献した。大日本帝国憲法が発布された時には、国民の権利がかなり制限されたその内容に、「通読一遍《つうどくいっぺん》ただ苦笑するのみ」(一回読んだだけで笑ってしまった)という人物であった。

さて、兆民は、明治時代の初期としてはきわめて民主主義的な考えにどのようにしてたどり着くことができたのだろうか。

▲中江兆民

岩倉使節団とともに欧米歴訪へ

土佐《とさ》藩の下級武士の子として生まれた兆民は、藩校致道館《ちどうかん》で学んだ後、一八六五（慶応元）年十九歳で藩の留学生として長崎に行った。長崎ではフランス語、フランスの学問を学び、兆民のフランス研究がここで決定的となった。一年あまり後に江戸へ出た兆民はフランス語の勉強を続け、幕府による開港後はフランス公使ロッシュらの通訳をした。

徳川幕府が倒れ、明治政府が成立して四年後の一八七一～七三（明治四～六）年にかけて明治政府は右大臣岩倉具視《いわくらともみ》を団長に木戸孝允《きどたかよし》、大久保利通《おおくぼとしみち》らも加わった総勢四十六名の大使節団を欧米十二か国へと送ったのであった。一行の出発後の明治政府は留守政府といわれた。なぜなら、岩倉使節団の方が政府の本体で、太政大臣三条実美《さんじょうさねとみ》以下、西郷隆盛《さいごうたかもり》・板垣退助《いたがきたいすけ》ら国内の方が留守部隊というようにみえていたからである。

その岩倉使節団には五十九人の留学生が同行した。その中には津田塾《つだじゅく》大学を創立し、日本の女子教育の先駆者となる津田梅子《うめこ》ら五人の女性もいたが、中江兆民も大久保利通に直接交渉してフランス留学生と成ることに成功していたのだった。岩倉使節団に同行して欧米諸国に行った兆民であったが、使節

▲岩倉遣欧使節団（1872年）　左から木戸孝允・山口尚芳《やまぐちなおよし》・岩倉具視・伊藤博文《いとうひろふみ》・大久保利通。

団より一年遅れて日本に帰国した彼は、反明治政府の自由民権運動の中に自分の生き方を見いだして行ったのである。フランス留学中に兆民は何を見、何を学んできたのか。

第三共和制のフランスに留学

兆民の留学はアメリカ回りで行き、その後、岩倉使節団と別れてフランスに着いた。フランス滞在は一八七二年のリヨンでの七ヶ月と、一八七三年にパリに移ってからの約一年であった。

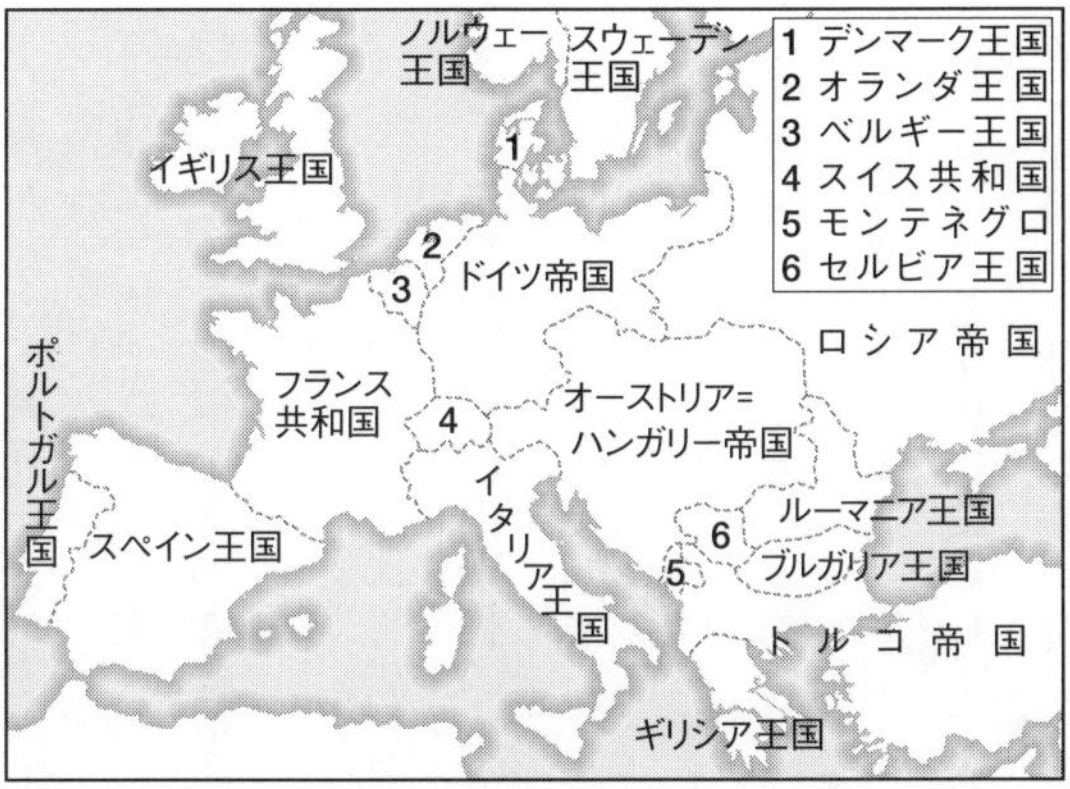

▲19世紀のヨーロッパ

彼の留学中のフランスの政治情勢は以下のようであった。ナポレオン三世による第二帝政下のフランスが、ビスマルクの鉄血政策のもとで軍事力を強めてきたプロイセンとの普仏《しんふつ》戦争（一八七〇～七一）に敗れ、七一年ベルサイユ宮殿でプロイセンを中心に統一されたドイツ帝国の成立が宣言されていた。

一方、社会の改革を求めたパリ市民は世界で最初の労働者の政権であるパリ＝コンミューンを設立したが、資本家の利益をはかる臨時政府のフランス軍とドイツ軍の攻撃によって三ヶ月間持ちこたえた末、ついに鎮圧された。その後、新たに第三共和制が発足していた。そのような時期のフランスに留学したのだった。

したがって、パリ＝コンミューンの雰囲気が残っている中で生活した兆民は、フランス革命から続く、自由・平等・国民主権の考えを持つようになっていったのであった。

フランス革命思想との出会い

パリ留学中、兆民はルソーやジャコバン派の系統をひく政治学者のアコラスに学んだ後に元老《げんろう》となった西園寺《さいおんじ》公望《きんもち》と交遊を重ねた。この間に兆民もヴォルテール、モンテスキュー、ルソーらのフランス革命の思想を学んでいた。

フランス革命思想に対して、兆民がどのようなことを考えていたのかは、帰国後に『社会契約論』の訳に注解をつけて発表した『民約訳解《みんやくやくかい》』の中でこのように述べている。「民主国なるものは、民《たみ》あい共に政《まつりごと》を為《な》し国に主《しゅ》となり」。すなわち、民主主義の国とは、人々が国民主権を獲得して政治の中心となっている国であるという。

兆民は、立憲君主制か共和制かという政治体制をめぐっての論議を越えて、民主主義の考えを広めることの大切さを主張していたのだった。こうして民主主義を深く理解した兆民は、明治政府が財政上の理由ですべての海外留学生を帰国させることを決めたため、一八七四(明治七)年に日本に帰国した。

▲中江兆民が訳した『民約訳解』の表紙(仏学塾出版)

一方、岩倉使節団もパリ＝コンミューン崩壊の一年半後、パリを訪れた。使節団の報告書『米欧回覧《べいおうかいらん》実記《じっき》』によると、プロイセン軍による被害よりも、コンミューンの方が国家にとっては危険だと受けとめ、パリ＝コンミューンに参加した人々を道理がわからず、頑固で荒々しい「中等以下の人民」だと認識して帰国したのだった。

中江兆民と岩倉使節団の異なる文明観

帰国途中、船から上陸したポートサイド・サイゴン（現在のベトナム・ホーチミン市）で兆民は、イギリス人やフランス人が、トルコ人やインド人をつえで打ったり、足でけったりしているのを目撃する。これに対して兆民は、文明国だからといって、他の国々の人を見下してはいけない、「トルコ・インド人もまた人なり」と述べている。

さらに彼は帰国後、「今、ややもすると白人は、黒人や黄色人種よりもすぐれているといわれるが、私は決してそういう考えに同意しない」と述べている。そこには、諸民族の同等性を認める兆民の姿があった。

一方、岩倉使節団一行も、帰国する船の中で植民地や反植民地に向かうヨーロッパ人の紳士が、本国での紳士的な態度とは異なり、植民地にされている国々の人々に対して、ごう慢な態度を取り、暴言を吐く場面を目にした。

これに対して、『米欧回覧実記』では植民地や反植民地の人々を「棄《す》てられたる」としている。そこには、植民地の人々もまた文明の一つの側面であるという認識がなかった。兆民はこのことに対して、岩倉使節団は欧米の文明に「酔い、終わりは狂った」と後に批判したのだった。

帰国後、自由民権運動の指導者へ

岩倉使節団に最も印象に残った国はドイツであった。ヨーロッパの中では遅れて統一が完成したが、普仏戦争でフランスを破って、ヨーロッパの中心に成ろうとしているドイツのように、日本も欧米列強と対等に渡り合える国力・軍事力を持つべきだとして富国強兵をめざしていった。

この間に日本では、一八七三(明治六)年に起きた征韓論《せいかんろん》をめぐる対立から、できたばかりの明治政府が早くも重大な危険にさらされていた。西郷隆盛、板垣退助は政府から去り、反政府運動の火の手が上がり始めた。一八七四(明治七)年、兆民が帰国した年には板垣、江藤新平《しんぺい》らの「民撰議院《みんせんぎいん》設立建白書《せつりつけんぱくしょ》」が提出され、反政府運動は国会開設を求める自由民権運動としての実質をもち始めていた。

こうした状況のさなかに帰国した兆民は、その年の十月、「仏蘭西《ふらんす》学舎《がくしゃ》」(後に「仏学塾《ふつがくじゅく》」と改名)を創設して、それをフランス流の自由主義・民主主義を宣伝・普及するための拠点とした。また、すでに訳してあったルソーの『民約論』(社会契約論)の訳文を発表、流布した。

▲中江兆民の筆跡(長野・個人蔵)

『民約論』が広まるとともに、仏学塾の名声は全国に及び、塾に入った青年はのべ二〇〇〇人に達したという。塾は学校というよりも、自由民権論の政治的クラブのような存在になっていったのであった。

また、兆民は富国強兵策を取る政府を批判し、「国を富ますなら兵を多く持つことはできないし、兵を多く持つなら国は富まない」とし、「この矛盾する内容をむりやり実行するのが、富国強兵策だ」と批判したのだった。

（佐藤義弘）

《参考文献》■河野健二編『日本の名著36・中江兆民』中央公論社、一九六八年
■田中彰『小国主義―日本の近代を読みなおす―』岩波新書、一九九九年
■鹿野政直『近代日本思想案内』岩波文庫別冊、一九九九年

近代化のうねり 26

アジアに乗りだした日本の最大の強敵は何だったか

産業革命とアジアの貿易構造

●日本などの開国は、欧米に対してだけではなく、アジアに対する開国でもあった。日本の綿工業は、イギリスと競争したのか。

中国商人が支配していたアジアの貿易

一八七一(明治四)年、日清修好条規《にっしんしゅうこうじょうき》が結ばれ通商について取り決められた後、中国商人の日本への進出はめざましかった。一八七五(明治八)年のイギリスの報告書では、「神戸港の輸入の三分の一は中国商人が扱っていて、イギリス製綿布を上海《シャンハイ》のオークションで仕入れて神戸港へ送るので、ロンドンからの直輸入に深刻な影響を与えている」という。一八八四(明治十七)年、芝罘《チーフー》・上海の二ヵ所に五十二人の日本商人がいたが、貿易商の体裁《ていさい》をした「めぼしい商社」は三つしかなく、日本商人の中国進出は困難だった。

いっぽう、一八八八(明治二十一)年には日本各地の開港場に約四〇〇の中国商人の店舗があった。共同経営者や店員を考えれば、この店舗数の何倍かの中国商人が日本各地で活躍していたことになる。一八九〇(明治二十三)年、神戸港からのアジア市場向け輸出額の五十三パーセントを扱っていたのは、中国商人であった。そして「綿糸の商権は全く清商(中国の商人)の手に帰せんとす」といわれたのが、日本綿糸の上海向け輸出についてのことで、この言葉は神戸港・大阪港について調査した『大阪外国貿易調《しらべ》』（一八九九年版）に出てくるものである。

このように、強い同族的・地縁的団結と国際通商の経験豊かな中国商人が相手では、経験と実績の乏しい日本の商社は、中国社会へ入り込むことは難しかった。アジアの貿易は中国商人の主導のもとでおこなわれていたのであり、かつての華僑《かきょう》による海上貿易システムで育まれたネットワークや団結力を、彼らは身につけていたのであった。

日本での綿紡績工業の発展

明治政府の殖産興業《しょくさんこうぎょう》政策によって機械が導入された紡績工場は、資金不足のために紡錘《ぼうすい》数が二千錘規模で経営は不振だった。そのような中で、一八八三（明治十六）年には渋沢栄一《しぶさわえいいち》の指導のもと、一万錘の大規模紡績として大阪紡績会社が誕生し、好成績を収めた。これをモデルとして、一八八六（明治十九）年から一八八九（明治二十二）年までの間に、一万錘規模の紡績会社が十二社誕生した。このいわゆる「企業勃興期」をもって、日本の産業革命の始まりとみなすのが、代表的な説の一つとなっている。

機械制大工業化をわずかの間に達成した紡績業は、綿糸生産高を急

▲大阪紡績会社三軒家工場

増させた。一八九〇（明治二十三）年には綿糸の生産高が輸入高を超え、一八九七（明治三十）年には輸出高が輸入高を超えた。中国・朝鮮その他のアジア市場へ向けて輸出された綿糸の輸出率は、一九〇〇年代には三〇パーセント前後を占めるようになった。

中国商人の規制から逃れた日本紡績

　紡績業の原料となる綿花は、国産綿から価格の安い中国綿へ転換し、一八八〇年代には中国綿が約三分の二を占めた。この中国綿の輸入に際して、その多くを取り扱ったのが中国商人だった。一八九三（明治二十六）年のデータでは、外国から神戸港へ輸入される綿花のうち七十六パーセントが中国綿（他はインド綿二十一パーセント、アメリカ綿三パーセント）で、中国綿のうち中国商人が扱ったのが八十二パーセント、日本商人が扱ったのは十二パーセントにすぎなかった。つまり一八九〇年代前半の日本綿業は、中国商人から綿花の供給を受けていたわけだが、ここで日本の紡績企業家はある問題に直面した。それは、中国商人の「団結」により、綿花の値段が引き上げられているということだった。

▲大阪紡績会社工場の内部

　この綿花問題に対して、日本の紡績企業家はより価格の安いインド綿への転換をはかった。品質の面でも、中国綿よりもインド綿の方がやや繊維が長かったため、より細い糸をつくることができた。一八九三(明治二十六)年にはボンベイ航路が開設され、インド綿花の運賃が引き下げられた。ボンベイ航路開設のためには、紡績企業家が集まる大日本綿糸紡績連合会・綿花輸入商・日本郵船会社との間で、インド綿花積み取り契約が結ばれたのであった。こうして一八九六(明治二十九)年には、輸入額においてインド綿が中国綿を抜いて第一位になった。

綿花の輸入については、中国商人の「団結」による価格規制から逃れて、インド綿の輸入に切り換えた。綿糸の輸出についても、日露戦争後には大日本綿糸紡績連合会によるカルテルが本格化し、上位企業と有力商人が連携して、中国商人を経ずに直輸出するようになった。ここに日本の紡績業は、中国商人の規制から離れて、独自の流通圏を作ったといえる。

日本の木綿と違ったイギリス製品

通説では、わが国の綿織物業は、幕末の開港で安いイギリス綿布が流入したため大きな打撃を受けたとされる。しかし最近の研究では、インドおよび東アジア(日本・中国・朝鮮)の在来綿織物業は、十九世紀後半にも生産量を伸ばしていた。日本の在来綿布は厚地、輸入されたイギリス綿布は薄地で、品質も用途も異なっていたので、競合しなかったのである。イギリス綿布は、肌ざわりが絹織物に近く、絹に比べて安かった

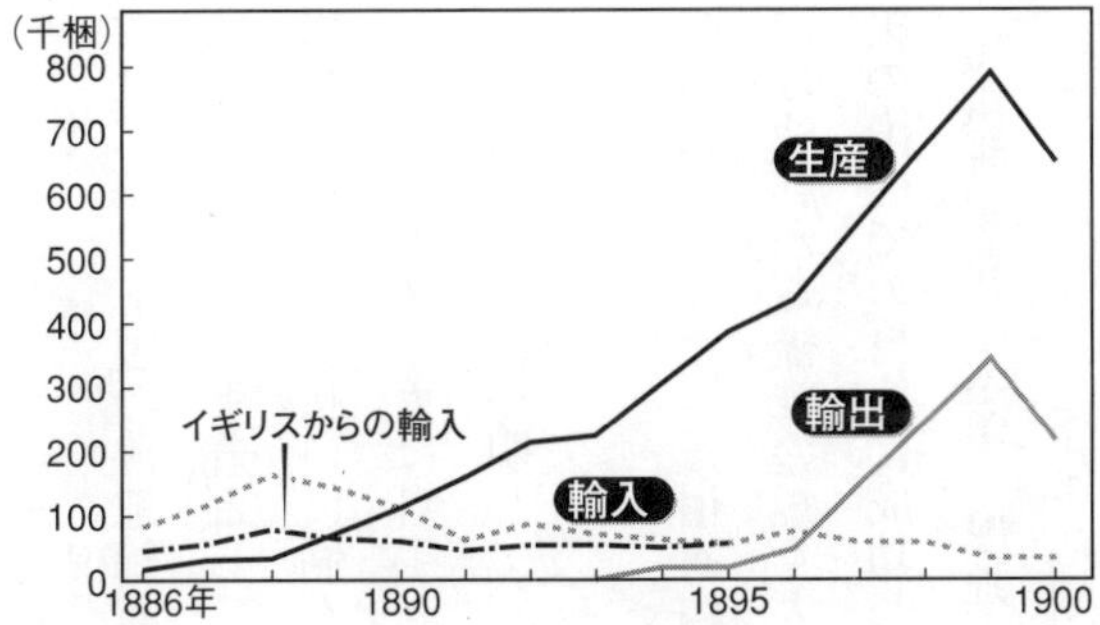

▲綿糸の生産と輸出入

ため、国産絹織物の下級代替品として歓迎された。

なぜ木綿の品質が異なっていたのか。十七世紀にイギリスへ流入した綿布は、インド製の薄地綿布であった。冬用衣類・上着として毛織物を持っていたイギリス人は、薄地木綿を夏用衣類・下着として愛用し、十七世紀末までには大流行するようになった。この輸入インド綿布に対する銀の支払いに悩んだイギリスが、インド綿布のコピー製品を開発したのが、イギリス産業革命だった。アメリカに自生していた繊維の長くて細い綿花を発見し、この長繊維綿花を細糸に紡ぐ機械を十八世紀後半に発明して、インド綿布の模倣に成功した。

いっぽう、十五世紀以来、日本に入ってきたのは、中国・朝鮮産の厚手の木綿であった。夏用衣類として麻《あさ》を持っていた日本では、厚地木綿は冬用衣類として用いられた。日本は朝鮮から繊維の短く太い綿花だけでなく、綿作・綿業技術を国内に移植し、中国・朝鮮製の厚地木綿の国内での自給に成功した。つまり、イギリスは「長繊維綿花―細糸―薄地布」、日本など東アジアは「短繊維綿花―太糸―厚地布」という、対照的な品質関連を持つ綿製品がつくられていたのである。

インド綿工業と対抗した日本

インドでは厚地綿布と薄地綿布の両方が使われていた。イギリスの薄地綿布が、日本や中国では部分的に、または代用品としてしか需要がなかったのに対して、インドでは幅広い需要があった。イギリス薄地綿布は、インドの上流・中間階層の普段着として、また下層の人々の晴れ着として利用された。したがって、インドの薄地綿布・細糸の生産は、イギリスから逆流したコピー製品によって壊滅的打撃を受けたのである。だが、厚地綿布・太糸の生産は、イギリスとの競争を免れた。これらの需要をめぐって十九世紀後半に、アジア間で競争が始まった。

一八五〇年代からインドの紡績業は太糸の機械生産に成功し、アジアの太糸市場へ進出し、一八九〇年代前半には中国で圧倒的地位を築いた。この太糸市場に新たに参入したのが日本だった。日本の綿糸も一八九〇(明治二十三)年に中国市場へ進出して以来、徐々にインド綿糸のシェアにくいこみ、一九〇〇(明治三十三)年には中国の綿糸輸入市場において三十三パーセント(インドは六十四パーセント)を占めた。国内市場でも一八八八(明治二十一)年が綿糸輸入のピークだったが、その後インド綿糸の輸入は急速に減少し、一八九〇年代末には太糸国内市場は日本紡績業が制するところとなった。

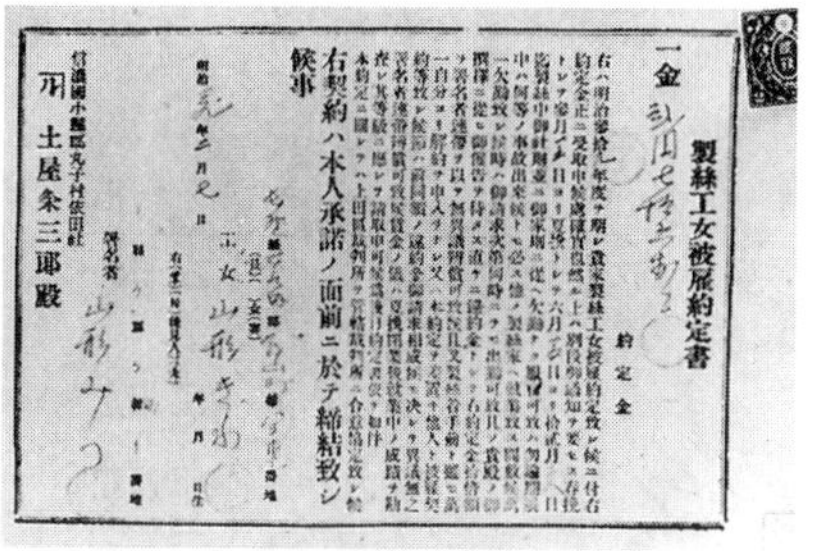

▲**製糸女工の契約書**　雇主に有利で一方的な契約内容となっている。

インドと比べた日本綿糸の競争力の条件は、低賃金と最先端技術にあった。腕力と熟練を要するミュール紡績機と比べて、操作の簡単なリング紡績機を日本は導入したため、女工の比率が一八九二(明治二十五)年には四分の三を超えた。一八九〇年代末、インドと比べて日本の賃金水準はやや低かった。さらにインドでは男工を主としていたのに対して、日本ではより賃金が低い女工中心であった。そのため一人当たりの月賃金は、インド九・三〜七・八円に対して日本は四・七円と大幅に安かった。またイギリスの植民地だったインドではイギリスの意向により、早くも一八八一年に工場法（女性・児童労働、長時間労働を規制する法律）が実施されていたことも、日本とは異なっていた。

開港により始まったアジア間貿易

中国・日本・朝鮮などの開国・開港は、欧米列強への開港であると同時に、アジア地域相互間の開港でもあった。広州《こうしゅう》（中国）や長崎でおこなわれていた管理貿易が廃止されて、アジア地域間でも自由貿易が始まった。一八八三（明治十六）～一九二八（昭和三）年の四十五年間に、アジアの対欧米輸出が年三・八パーセント、輸入が年四・二パーセントの成長率で増加したのに対して、アジア間貿易の成長率は五・七パーセントだった。アジア間貿易のほうが、アジアの対欧米貿易よりも成長したのである。アジアの諸地域では同じような物産を消費していたから、それらを生産する地域は、貿易を通して競争にさらされた。例えば、短繊維綿花については、中国綿・インド綿の輸入により日本の綿花栽培は壊滅した。太糸については、中国市場において、インド紡績業に対して後発の日本紡績業が競争した。

日本の産業革命は、イギリスを中心とする世界木綿市場の圏外において、十九世紀後半に始まったアジア間貿易の競争で優位を占める過程であったのである。

（笹川和則）

《参考文献》■浜下武志・川勝平太編『アジア交易圏と日本工業化』リブロポート、一九九一年
■杉原薫『アジア間貿易の形成と構造』ミネルヴァ書房、一九九六年

近代化のうねり
27

明治天皇に皇族との国際結婚を申し込んだのは誰か

独立を奪われたハワイ

●明治政府がはじめて迎えた外国元首は、ハワイの国王だった。日本と結び、アメリカの支配を避けようとしたハワイはどうなったか。

アメリカ合衆国のハワイ進出

ハワイ島出身のカメハメハ(一世、大王)が王位につき、ハワイ諸島の統一をほぼ完了したのは一七九五年、八島すべてを征服したのは一八一〇年のことである。このハワイ人のハワイ王国はいつ、なぜ、アメリカ合衆国の領土となったのだろう。

アメリカの進出は、イギリス人を親しく顧問にむかえ、宣教師《せんきょうし》嫌いだったカメハメハの死(一八一九年)後始まった。翌一八二〇年にはニューイングランドから白人《ハオレ》のプロテスタント宣教師が到着し、捕《ほ》鯨《げい》船の拠点もつくられていった。厳格、謹厳なプロテスタンティズムの倫理《りんり》観は、ハワイの伝統宗教や詠唱《チャント》、踊り《フラ》などの固有文化を「邪教《じゃきょう》」「野蛮《やばん》」と見くだし、禁止した。またハワイ語のアルファベット化をすすめ、ハワイ語訳の聖書も作られた。その結果ハワイ人の識字率《しきじりつ》は向上し、教育も普及したが、白人に主導されて進む欧米化は、ハワイ人のアイデンティティーの否定と喪失《そうしつ》の過程でもあった。

一八四〇年、ハワイ語の憲法が制定され、ヨーロッパ風の立憲君主国が成立した。この憲法制定は大日本帝国憲法の制定よりも半世紀も早い。しかし実際の運用にあたっては、イギリス人やアメリカ人を外務大臣や法務大臣、文部大臣など行政・立法・司法の政府要職につかせなければならなかった。

その後、捕鯨業は後退し、プロテスタント宣教師の子弟が経営するサトウキビ農園《プランテーション》の製糖業が発展した。白人は土地制度を改革し、合法的に製糖業に必要な広大な土地を獲得した。当時ハワイ人には土地所有の概念がなく、アメリカ先住民と同様にして土地を奪われた。十九世紀の中ごろ、白人はハワイの土地の四分の三を所有している。

一八七五年、アメリカとハワイが相互の関税を撤廃する条約を結んだことにより、砂糖の輸出は増大した。このためサトウキビ農園は激増し、砂糖資本を軸に白人たちの五大財閥《ビッグファイブ》が形成された。一方、白人の持ち込んだ伝染病などでハワイ人の人口は激減し、事実上ハワイは白人が政治、経済、土地を支配するアメリカの植民地に等しくなっていった。

カラカウア王の日本訪問

一八八一(明治十四)年、第七代国王カラカウアは世界一周に海路旅立ち、明治政府が迎える最初の外国の元首《げんしゅ》として日本を訪問し、東京・神

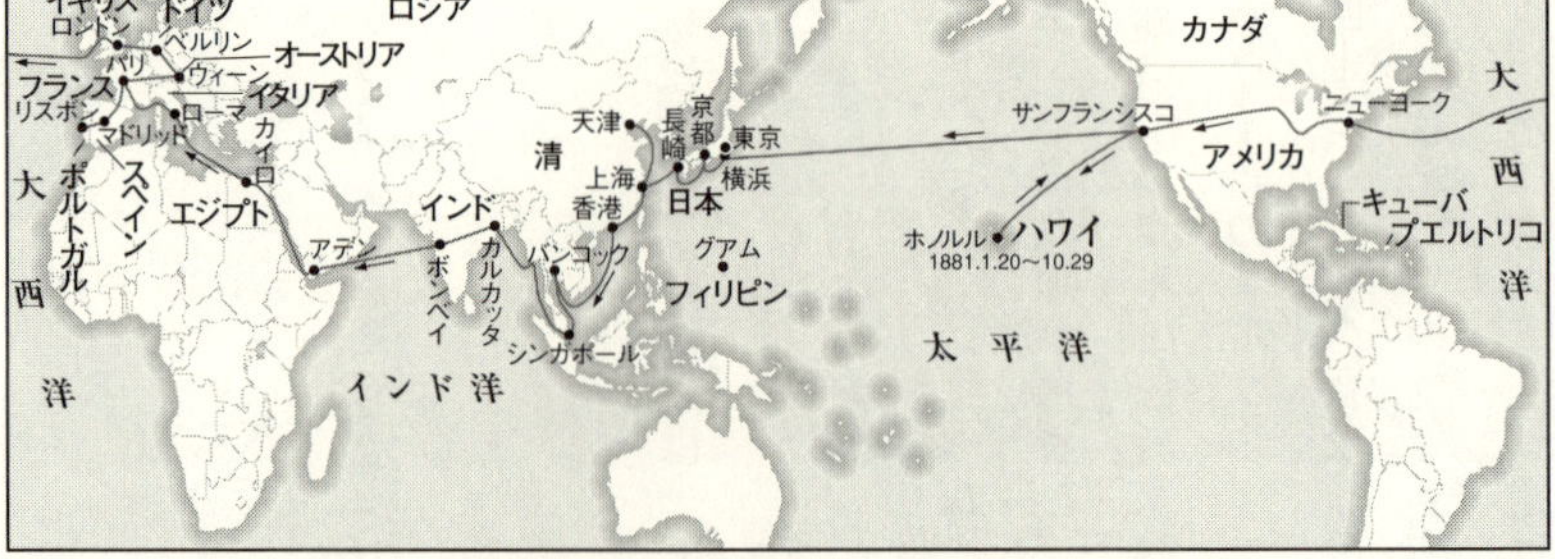

▲カラカウア王の世界一周ルート

戸・長崎などに十九日間滞在した。王は、即位前ハワイ人の人口の回復とハワイ文化の復活を約束し、ハワイ経済への支配を強めるアメリカを警戒していた、とされる。カラカウア王はある日突然、日本人の通訳だけを連れ、当時皇居であった赤坂《あかさか》離《り》宮《きゅう》に明治天皇を訪問した。

王はまず一八六八(明治元)年以来とだえた日本人の移民の再開と、太平洋の海底電線の敷設を希望し、王位継承者である姪《めい》のカイウラニ王女と皇族山階宮定麿《やましなのみやさだまろ》との縁談と、欧米に対抗して日本とハワイが友好を結ぶことを提案したという。王はハワイ人人口の激減を彼が「同種族」と考える日本人の移民をもって補《おぎな》い、さらにアジア・太平洋地域諸国の「同種族」の同盟をつくって白人勢力の拡大をおさえ、ハワイの独立を守りたいと考えたようである。となれば宣教師の息子でハワイ生まれのアメリカ人国務大臣らの随員には、極秘の単独訪問でなければならなかった。

▲日本滞在中のカラカウア王と随員　前列左より、陸軍中将伏見宮嘉彰《ふしみのみやよしあき》、カラカウア王、大蔵卿佐野常民《さのつねたみ》。後列左より、侍従長ジャド、大蔵書記官得能良介《とくのうりょうすけ》、国務大臣アームストロング。ハワイ州古文書館蔵

しかし日本側は翌六九年、山階宮にはすでに婚約者がいること、皇族の国際結婚は前例がないことを公式の理由として、縁談の申し出を断わった。当時明治政府は欧米を目標に近代化を急ぎ、外務卿井上馨《いのうえかおる》を中心に不平等条約の改正に腐心していた。アメリカと摩擦をうむことは避けたいと考えたに違いない。

一方、カラカウア王のハワイ人としてのナショナリズ

ムは帰国後いっそう燃えたち、「野蛮」「未開」と白人に排撃された詠唱《チャント》や踊り《フラ》などハワイ固有の文化を復活させ、イオラニ宮殿を堂々としたヴィクトリア朝様式に改築し、灌漑《かんがい》水路や鉄道、電話、電灯、島間航路船などを整備して近代化をすすめた。さらにポリネシアの島々がひとつの連邦となることを構想し、欧米諸国が諸島の独立や自治権を奪っていることへの抗議書を、関係二十六ヵ国に送った。

ハワイ王朝転覆

一八八七年、アメリカはオアフ島真珠湾《しんじゅわん》の独占的使用権をハワイ王国に認めさせ、将来の太平洋最大の海軍基地用地を手に入れた。またこの年、王権を文書の署名程度に最大限縮小する憲法の改定が強行された。白人勢力が武力で王に調印を強要したこの憲法は、「銃剣《じゅうけん》憲法」とよばれる。改定で有権者は土地所有者、加えて欧米生まれの外国人であることが条件となり、人口の約三分の二にあたるハワイ人やアジア人の選挙権は奪われた。カラカウア王はまきかえしを計ったが病に倒れ、一八九一年に療養先のサンフランシスコで亡くなった。この時ハワイ人の間では、死因は毒殺という噂《うわさ》が流れた。

王位は妹のリリウオカラニに継がれた。女王は「ハワイ人のためのハワイ」をめざし、白人の選挙権を廃止し王権を回復する新憲法を準備した。いよいよ一八九三年一月、憲法発布の準備がととのい、宮殿の周囲には新憲法の即時発布を願うハワイ人たちが集まり、新憲法を支持する大集会も開かれた。

ところがその一月十六日の夕方、アメリカ公使は「居留民保護」を口実にホノルルに停泊中の巡洋艦「ボストン」から海兵隊一六四名を上陸させ、宮殿を包囲した。そして翌日、かねてからアメリカのハワイ併合を希望する白人たちが、王政の廃止と暫定《ざんてい》政府の樹立を宣言した。女王はこのクーデタに厳重な抗議をしたうえで、ひとまず立憲君主としての権限を放棄し、降伏した。武力衝突を避《さ》け、アメリカ政府による正式な調査、対応に期待したのである。

二十四代大統領就任直後で女王と面識もある民主党のクリーヴランドは、共和党の前大統領が提出したハワイ併合条約案を議会からとりさげ、調査を命じた。その結果「ハワイは誰もが同意も希望もしなかったのに、アメリカの軍事力によってアメリカの所有物となってしまった」と議会で述べ、王政を廃止したクーデタはアメリカ公使と製糖業者による不当なものと判断した。つづいて大統領は公使を罷免《ひめん》し、併合を見送り、さらにはリリウオカラニの復位をも指示した。

困惑したハワイの暫定政府は復位の指示を無視し、翌九四年アメリカ独立記念日の七月四日を選んでハワイ共和国を成立させた。最高裁判事から初代大統領になったS・B・ドールはクーデタの中心人物のひとりで、宣教師を両親にハワイで生まれたアメリカ人である。

▲リリウオカラニ女王

女王は「ハワイ人をアメリカ先住民とおなじ条件に陥《おとしい》れた」「白人政府は共和政治ではなく寡頭《かとう》政治にすぎない」と一連の政変を非難した。当時ハワイの白人の人口はわずか一割にすぎない。そして一八九五年、リリウオカラニ女王は強制的に廃位宣言に署名させられ、カメハメハ大王以来一〇〇年にわたるハワイ王朝は廃止された。以後ドールらは、女王を亡き夫の姓で「ドミニス夫人」と呼んだ。

ハワイ併合とアメリカ

アメリカは十九世紀後半、南北戦争(一八六一～六五)ののち急速に重工業が発展し、独占資本が成長した。一八九〇年ごろには建国以来西へと進んだ開拓も太平洋岸に行きつき、資本投下はその先の海外にむけられた。彼らにとって領土の拡大や侵略は「マニフェスト・デスティニー(明白な運命)」、つまり神がアメリカに与えた使命とされ、格別な良心の痛みもなく正当化された。

一八九八年、アメリカが短期間に圧勝した米西戦争の間に、共和党のマッキンリー大統領はハワイを併合した。ハワイはスペイン軍とのフィリピンでの戦いの中継地となり、その戦略的価値がにわかに脚光をあびたのである。アメリカは、この戦争で「独立」したキューバを保護国として実質的に支配し、敗北したスペインからプエルト・リコ、グアム、フィリピンの支配権を得て、初めて海外領土を手に入れた。

その後ハワイは第二次世界大戦後の一九五九年、準州から州に昇格した。一九九三年には連邦上下院議会がハワイ先住民に対して、一〇〇年前にアメリカがハワイ王国を不当に倒し、ハワイ人の民族自決権を奪ったことを謝罪し、和解を求めている。しかし、王朝転覆の結果の併合には何もふれていない。

ハワイへ渡った日本人

日本人のハワイへの移民は、初回の一八六八(明治元)年以降とだえたが、カラカウア王の要請後、一八八五(明治十八)年に日本、ハワイ両国政府がとりきめた「官約移民《かんやくいみん》」というかたちで再開した。これは移民というよりも出稼ぎに近く、契約に従わない者には懲罰が与えられる三年間の労働契約だった。彼らはサトウキビ農園の安価で勤勉な労働力として、移入禁止となった中国人労働者に入れかわった。のちに日本人移民排除の動きが始まりフィリピン人移民が増えていくが、排日移民法(一九二四年)が日本人移民を禁止するまでに、約二十一万人がハワイに渡っている。

移民は荒地の樹木や岩石を取りのぞく耕地づくりから、栽培、刈り取り、運搬、砂糖製造まで、「砂糖あるところに奴隷あり」といわれた炎天下の苛酷な労働に低賃金でかりたてられた。白人監督者の人種差別をうけ、鞭《むち》でたたかれ、自殺する者さえ現れた。

一八九四(明治二十七)年からは政府に代わって民間移民会社が世話をする「私約《しやく》移民」が始まり、一九〇〇(明治三十三)年には日本人移民は六万人を越えて、ハワイの総人口の四割をしめる最大勢力となった。移民(一世)は故郷に錦《にしき》を飾る夢を捨て契約終了後も留まり、日本から花嫁をむかえて子ども(二世)を育てた。なかには貯めた小金で日本人相手の小商いの店をひらく者、ホノルルなどの市内へ出て八百屋や洗濯業を始める者、大工や左官なども現れた。しかし一九〇八(明治四十一)年には日米紳士協定により事実上出稼ぎが禁止され、渡航は家族や親戚が呼び寄せる少数の者に限定されて、排日移民法への道がつけられたのである。

(石出みどり)

《参考文献》■中嶋弓子『ハワイ・さまよえる楽園』東京書籍、一九九三年
■ウィリアム・N・アームストロング『カラカウア王のニッポン仰天旅行記』小学館、一九九五年

近代化のうねり
28

日本人はいつから中国人を見下すようになったのか

脱亜論と日清戦争

●日清戦争を境に、日本人は中国人を見下すようになった。明治のマスコミや教育は、中国人蔑視観をどのようにうえつけていったのか。

脱亜論の登場

近代の日本人は、いつから中国人を見下すようになったのか。福沢諭吉《ふくざわゆきち》が『時事新報《じじしんぽう》』紙上で「我ハ心ニ於《おい》テ亜細亜《アジア》東方ノ悪友ヲ謝絶《しゃぜつ》スルモノナリ」とする「脱亜論《だつあろん》」を発表したのが、一八八五（明治十八）年のことである。その後、日清戦争期のジャーナリズムと教育によって、日本人の間に蔑視《べっし》的中国人観が形成されたと考えられる。

日清戦争当時の絵草紙《えぞうし》、漫画、風俗画、俗謡《ぞくよう》集、軍歌、新聞、雑誌、自伝や回想録などを見てゆくと、初の本格的な対外戦争であったこの戦争が、人々に日本人としての国民意識（ナショナリズム）を覚醒《かくせい》させた反面、写真のポジ・ネガの関係のような中国人への排外意識を煽《あお》りたてたことが具体的にみてとれる。この脱亜論が文明と野蛮の対決という構図で日本の近代化の羅針盤《らしんばん》の役割を果たし、戦時下のジャーナリズムが櫓《ろ》や帆《ほ》となって人々を熱狂させ、師範学校出の教師が兵士の送迎会や戦争画幻灯会《げんとうかい》などを通して中国人を見下す漕《こ》ぎ手を育てたといえる。その結果、日清戦争からアジア太平洋戦争にかけての約半世紀の間、多くの日本人は今日では考えられないような態度で中国人を「豚尾漢《ちゃんちゃん》」と見下し、傷つけることに痛みを感じなくなってしまったのである。

少年の目から見た日清戦争

日本人の中国人観が日清戦争を境に変化したことは、同時代の人々の回想からもわかる。社会主義者の山川均《やまかわひとし》は、『山川均自伝』（一九六一年）に、町の人々が「敵国人は劣等民族」なので、「チャンコロ」「チャンチャン坊主」と呼んだと記している。また、東京朝日新聞記者で作家となった生方敏郎《うぶかたとしろう》は、『明治大正見聞史』（一九二六年、中公文庫復刻版）のなかで、開戦まで「支那人《しな》」への憎悪がなかったが、開戦

▲絵①：泡盛《あわもり》と慈姑《くわい》　泡盛＝琉球《りゅうきゅう》、慈姑＝清国。慈姑の言葉のなかに「豚尾《ちゃんちゃん》が油《あぶら》揚《あ》げをさらはれたとは反対」とある。文字としての「豚尾」の初出である。４月に日本は琉球を沖縄県に「編入」した。
（『団団珍聞』131号、1879年10月25日）

▲絵②：動物懇親会《こんしんかい》　鶏《にわとり》＝朝鮮、辮髪《べんぱつ》の豚＝清国、蜻蛉《とんぼ》＝日本、扇子をもつ鷲＝米国。
壬午軍乱《じんごぐんらん》前の朝鮮をとりまく国際情勢の風刺画。
（『団団珍聞』269号、1882年６月24日）

後、絵や唄に憎悪が反映してきた、最初は誰も内心では「支那」を恐れていたが、やがて俗謡も絵も新聞雑誌も芝居も、「支那人愚弄嘲笑《ぐろうちょうしょう》の趣向」となったとして、「年末売り出しの景品に支那人の人形の首を進呈した商店もあった。人形屋でもクビを売っていた。丁度豚尾《とんび》が附《つ》いているので吊《つる》して歩くに便利だった」とも記している。

民本《みんぽん》主義で知られる吉野作造《よしのさくぞう》も、時事問題講座の「対支問題」（一九三〇年、中央公論社『日本の名著／吉野作造』所収）のなかで日清戦争を期に、「チャンチャン坊主膺懲《ぼうずようちょう》の歌など」で、「支那を蔑視する風潮が格別烈《はげ》しく流行した」と記している。

夏目漱石《なつめそうせき》に英文学を習った作家の中勘助《なかかんすけ》の『銀の匙《さじ》』（一九三五年、岩波文庫版）には、「…戦争が始まっていらい仲間の話は朝から晩まで大和魂《やまとだましい》とちゃんちゃん坊主でもちきっている。それに先生までがいっしょになって、…なんぞといえば大和魂とちゃんちゃん坊主をくりかえす…のべつ幕なしに元寇《げんこう》と朝鮮征伐の話しばかりする。そうして、唱歌《しょうか》といえば殺風景な戦争ものばかり歌わせて…ただでさえ狭い運動場は加藤清正《かとうきよまさ》や北条時宗《ほうじょうときむね》で鼻をつく始末《しまつ》で、

▲絵③：豚小屋の狼藉《ろうぜき》　豚＝清国、狼＝仏国、帽子のヨ＝ヨーロッパ、帽子のエ＝英国、帽子のＪ＝日本。清仏《しんふつ》戦争で清仏軍が北ヴェトナムで衝突。それを英国と日本が傍観している。（『団団珍聞』460号、1884年10月４日）

弱虫はみなちゃんちゃん坊主にされて首をきられている」と当時の東京の小学校が描かれている。

「豚尾漢」的中国人蔑視の形成

アヘン戦争をしかけたイギリス人は女真《じょしん》族の辮髪《べんばつ》をLong Tail《ロングテイル》、日本人のちょんまげをPig Tail《ピッグテイル》と呼んでいた。明治維新後、日本では断髪令《だんぱつれい》が出され、清国人の辮髪がピッグテイルとなり、いつしか「豚尾」と訳され、その段階で侮蔑的な意味が加えられたのではないかと思われる。「豚尾」と書いて「チャンチャン」と読ませることがいつからおこったかはまだ不明だが、一八七〇(明治三)年の仮名垣魯文《かながきろぶん》『西洋道中膝栗毛《ひざくりげ》』には、「ちゃんちゃん」「豚の尻尾《しっぽ》」が一〇カ所出てくる。この年の『団団珍聞《だんだんちんぶん》』にも出てくる(絵①)。政治小説で有名な末広鉄腸《すえひろてっちょう》が主筆をしていた『朝野《ちょうや》新聞』には、一八七九(明治十二)年に「豚尾」が出てくる。一八八七(明治二〇)年の『神戸又新日報《こうべゆうしんにっぽう》』にも「強情な豚尾奴」とある。

『添田唖蟬坊流生記《そえだあぜんぼうりゅうしょうき》』(一九八二年、刀水書房)によると、一八八〇年代後半に歌われた『壮士節《そうしぶし》』には、

▲絵④：豕《ぶた》の干物《ひもの》　平壌《へいじょう》の大同江《だいどうこう》河岸の北京《ペキン》出張店で泣きながら豚の干物を売る辮髪《べんばつ》の店員＝清国人、銃を持つ兵士の客＝日本人。看板に「よろづ潰《かい》散物(海産物)」、店先に「壱枚三テール」とある。(『団団珍聞』981号、1894年９月27日)

▲絵⑤：松のや主人編『日清戦争大勝利都々一《どどいつ》』の表紙（林甲子太郎編輯兼発行、1895年２月）

辮髪《べんぱつ》の耳の前側にサーベルを串刺しにしている。「のろい奴だよ，あのちゃんちゃんは，夜逃するのに輿に乗」から始まっている。（園部裕之氏提供）

「一葦隔《いちいへだ》てし朝鮮は　ちゃんちゃん坊主に膝《ひざ》を折り」「支那は眠れる象《ぞう》なれば」「喜ぶ孔子《こうし》の末孫《まっそん》も　総身《そうみ》に智恵《ちえ》が廻《まわ》りかね」と歌われている。

一八八九（明治二十二）年頃には『愉快節《ゆかいぶし》』（帝国議会の歌）とともに、先の少年たちの回想に出てくる「遺恨《いこん》重なるチャンチャン坊」（日清談判破裂《だんぱんはれつ》して）が作られた。これは『欣舞節《きんぶぶし》』と呼ばれた。同時期の『士気《しき》の歌』には、「豚尾《ちゃんちゃん》」「豚尾漢《ちゃんちゃんかん》」「豚小屋《ちゃんごや》」「辮髪頑奴《ちゃんちゃんかん》」とある。演歌師の添田唖蝉坊は、「越前《えちぜん》福井へ入った頃、日清間の風雲《ふううん》がいよいよ強くなって、人は皆口を極《きわ》めて支那を罵《ののし》り、豚尾漢とかチャンチャン坊主、慈姑頭《くわいあたま》などと言ってゐた」と記している（絵①）。

日清開戦前の一八九四（明治二十七）年二月に、『二六《にろく》新報』がシベリア海岸での日本人の漁業を報じるなかで、「望遠鏡把《と》りて仔細《しさい》に看《み》れば数多の豚尾漢ノソリノソリと歩き居《い》る」とある。また、この時期になると、「頑頓国《がんとんこく》頑頓爺《じい》」「豚尾国《ちゃんちゃんこく》豚尾爺」（『芸備《げいび》日日《にちにち》新聞』）、「辮髪兵《ちゃんちゃんへい》」「頑豚《がんとん》」（『郵便報知新聞』）などと出てきており、開戦後の各誌紙にも見られる（絵②〜⑧）。

『近代日本の朝鮮認識に関する研究文献目録』（緑蔭書房、一九九六年）の編者園部裕之《そのべひろゆき》氏の調査では、国会図書館所蔵の明治期本のなかで、書名が「ちゃんちゃん」等ではじまるものが三十四冊あり、画家小林清親《きよちか》の露骨な蔑視的錦絵《にしきえ》（文・骨皮道人《ほねかわどうじん》）などの存在も判明しつつある。

日清戦争後だが、孫文《そんぶん》を支援した「支那革命主義」の宮崎滔天《みやざきとうてん》すらも初期には、中国人のことを「豚群」「豚尾漢」と記している（『三十三年之夢』）。

漫画・絵草紙・風俗画・俗謡・雑誌などに描かれた中国人

日清戦争前から戦中・戦後にかけて、『団団珍聞《だんだんちんぶん》』『風俗画報《ふうぞくがほう》』『少年世界』という、当時の出版物の表紙などには、数多くの中国人像が描かれている。

『団団珍聞』は一八八七（明治二〇）年創刊の漫画雑誌で、自由民権運動期から政府批判の風刺画で名をはせた。小林清親やビゴーの絵が有名だが、この時期からは清国人への蔑視画を数多く掲載している。

『風俗画報』は、一八八七年

▲絵⑥：春あそび　絵の説明には「羽子板《はごいた》の押絵《おしえ》さへ玄武門先登《げんぶもんせんとう》の勇士を描けり又小児の弄《あそ》ふ紙鳶《たこ》も是又《これまた》旭旗《あさひばた》に模型《かたど》り…紙製の風船に豚尾の首級をつけて飛はす」とある。1895年1月8日の『万朝《よろずちょう》報《ほう》』には「正月の初土産《はつみやげ》」として「繭玉《まゆだま》に代《か》ふる豚尾漢の首」を釣り下げた戯画が載せられている。（『風俗画報』83号、1895年1月）

創刊の初の画報誌。一九一六（大正五）年までに二十七年間にわたって、博覧会や祝典・災害・戦争などの特集を組み、当初は木版・石板画を応用して当時の世相を描いた。

『少年世界』は、一八八五年に博文館から発行された少年向けの雑誌である。

小学校・神社と日清戦争

東京大学法学部の明治新聞雑誌文庫に『同盟《どうめい》雑誌』という雑誌が三冊残されている。下関《しものせき》条約（日清戦争の講和条約）の締結直後の一八九五（明治二十八）年四月末、埼玉県

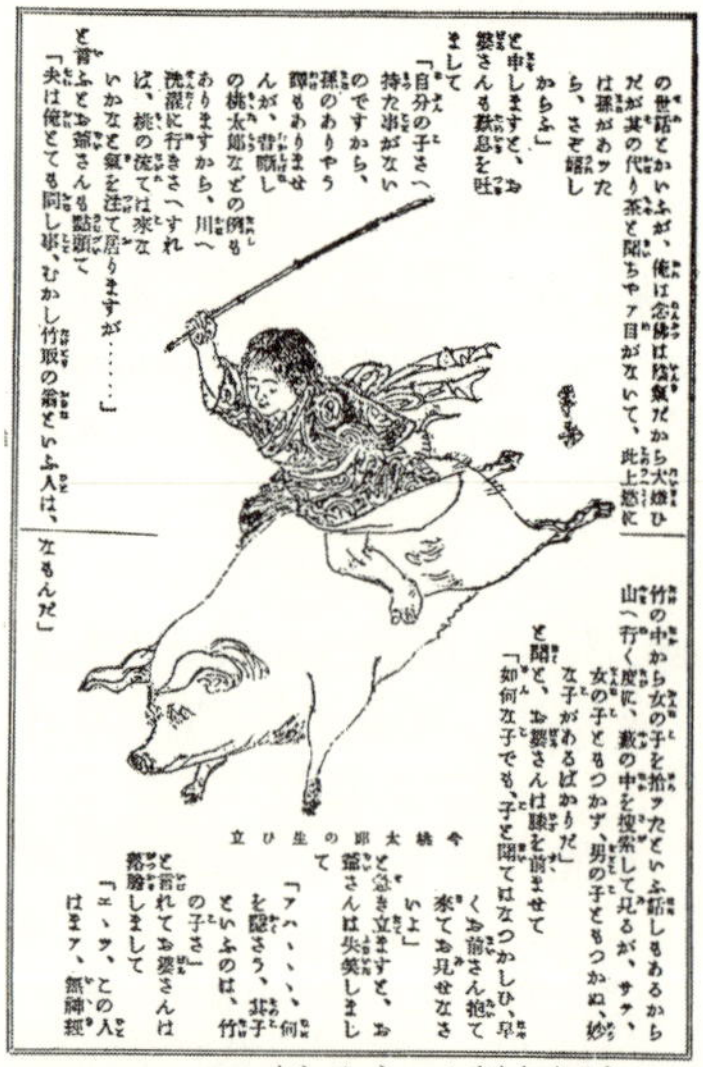

▲絵⑦：京の藁兵衛《わらべえ》「今桃太郎《いまももたろう》」挿し絵

桃太郎は「一拳《いっけん》の下《もと》に豚を打殺して、鶏《にわとり》、鷲《わし》、獅子《しし》などを供《とも》に伴《つ》れて、鬼ケ島《おにがしま》へ征伐」に向う。

（『少年世界』7・8号、1895年4月）

▲絵⑧：柳浪子《りゅうろうし》「子供ごゝろ」挿し絵

柳浪子は広津《ひろつ》柳浪。父が牛荘《ニューチャン》で名誉の戦死をした雪子と、いとこの一郎。一郎は、「豚尾漢・豚漢・豚尾坊主」の弱虫に負けるものかと遊ぶ。戦争戯《ごっこ》（戯）で一郎は奥野少佐・雪子は赤十字社の小看護婦になっている。

（『少年世界』9～11号、1895年5～6月）

比企《ひき》郡菅谷《すがや》村（現嵐山《らんざん》町）の城山《しろやま》学校校長井上久五郎《いのうえきゅうごろう》によって発刊されたこの雑誌は、米・麦・養蚕《ようさん》を主とする農村地帯で発刊された五〇頁ほどの小誌である。ここには、村での出征兵士の送迎会や日清幻《げん》灯会《とうかい》の模様が詳しく報じられており、地方の村々の有力者を中心に、人々の意識のなかに中国人への蔑視観が浸透していったことがわかる。このなかで、兵士の出征にあたって小学校長は「頑迷《がんめい》ナル豕《ちゃん》尾《ちゃん》国」を打ち破るよう激励し、名望家は「清奴」「辮髪奴者」「豚兵」「豚尾国」「豚尾漢」「豚尾軍」といった定型化した中国人への蔑視観や排外主義の主張をしていた。

一九三七（昭和十二）年に中国大陸に渡った日本人兵士・作家の火野葦平《ひのあしへい》は、翌年に発売された『土と兵隊』（文藝春秋）において、「チヤンコロノクビヲチヨン切ツテ、オミヤゲニモツテカヘツテヤルヨ」と子どもに書き送る兵士を描いた。日清戦争期からの中国人を見下す差別心は親から子に伝えられ、孫の代になって、中国への侵略に対して疑問を持たないだけでなく、中国人の人権にも無感覚な日本人を生み出したのである。

（滝澤民夫）

※本文中には、現在の歴史学では不適切な表現が見られるが、今日の科学的な歴史教育をめざすうえで、あえて当時の表記をそのまま使用した。人権を守るため、誤った認識をただすことが本意である。

《参考文献》■滝澤民夫「日清戦争前後の『豚尾漢』的中国人観の形成」『歴史地理教育』五六二・五七七号、一九九七・九八年
■園部裕之「戦争への熱狂」『20世紀歴史館』小学館、一九九九年

帝国主義の時代
29

台湾占領はどのようにおこなわれたか

日清戦争の終結

●下関条約調印後も大本営は解散しなかった。台湾占領戦争のためだったが、台湾民衆の抵抗は続いた。

北白川宮と台湾

東京の北の丸公園には、旧近衛師団《このえしだん》司令本部が国立近代美術館分館として残されている。その横に馬上にまたがる軍人の銅像がある。この軍人は台湾に出征し、一八九五(明治二十八)年十一月五日に現地で病死した北白川宮能久親王《きたしらかわのみやよしひさ》である。

北白川宮は国葬の後、政府によって「台湾平定の神」、「帝国南方鎮護の大神」に祀り上げられ、一九〇一(明治三十四)年には官幣大社として台湾神社の祭神となった。数いる皇族の中で、北白川宮が神体となったのは事実上の占領軍司令官としての北白川宮の死が台湾統治・皇民化をめざす政府にとって打撃であったことを反証している。台湾では一九四五(昭和二〇)年までに、一〇〇を越す神社が作られたが、そのほとんどに北白川宮が祀られていた。毎年十月二十八日の例祭日には、全島休日となり、総督府を中心に祭式を盛大におこなっていた。

▲旧近衛師団司令本部と北白川宮能久親王の銅像(東京・北の丸公園)

清朝・洋務派の台湾経営

日本が近代において台湾とかかわりを持つのは、一八七四(明治七)年の「台湾出兵」が初めである。日本の台湾出兵は、清朝のなかでも近代化を推進していた洋務《ようむ》派官僚に中華《ちゅうか》帝国秩序崩壊の危機を与え、消極的だった台湾経営も積極的におこなうようになった。一八七四年五月二十七日に福建《ふっけん》船政大臣の沈葆楨《ちんほてい》を「欽差弁理《きんさべんり》台湾等処海防兼理各国事務大臣」に任命し、台湾に派遣した。沈はそれまでの台湾経営を改革し、行政区画の整理、軍政の整頓、大陸からの渡航制限の完全撤廃などをおこなった。その結果、台湾各地に整備された道路ができ、移住民が増加し、石炭の採掘も始められた。しかし、沈は約一年足らずで両江《りょうこう》総督兼通商大臣に起用されたため、政策は後任の福建巡撫《じゅんぶ》の丁日昌《ていにっしょう》に継承された。丁も任期は短く、鉄道敷設の計画なども立てたが、通信用送電線を敷設する事業だけに終わった。

台湾はその後、清仏《しんふつ》戦争(一八八四〜八五)のときフランス軍の台湾侵攻によって戦場となり、その重要性が再認識された。一八八四年、洋務派の劉銘伝《りゅうめいでん》が福建巡撫となり、翌年台湾省が独立行政区画となると劉は初代台湾巡撫になった。劉はまず、行政区画の再編成に着手した。また、台湾省に直属する三〇余の機構を創設した。これらの改革の財源は中央に頼るのではなく、清賦《しんぷ》事業(土地税徴集のための土地調査)を通じて確立しようとしていた。この事業は、のちに日本の台湾経営を分析した経済学者矢内原忠雄《やないはらただお》が述べているように、日本による台湾資本主義化の基礎的な前提条件となったのである。

彼は、その他にも台北《タイペイ》から基隆《キールン》までの鉄道の敷設や樟脳《しょうのう》の専売制度の創始などの新設機構を積極的におこない、これらの事業は日本統治下に継承・発展されたのである。

日清の講和と台湾民主国の成立

教科書の多くは、一八九四(明治二十七)年七月に始まった日清戦争の終わりを翌九五年四月の下関条約の調印(「日清講和条約」)でしめくくっている。しかし、大本営が解散されたのは一八九六(明治二十九)年の四月一日であり、その前日である三月三〇日に出された「台湾総督府条例」によって総督府が軍政から民政へ移行したことにより、戦時体制が終結するのである。つまり、下関条約調印後の日本による台湾占領戦争の終結が広義の意味での日清戦争の終わりと考えられる。

「日清講和条約」批准書《ひじゅんしょ》が交換されると、日本政府は台湾に向けて樺山資紀《かばやますけのり》を台湾総督兼軍務司令官に任命した。樺山は京都から広島の宇品《うじな》港で船に乗り、五月二十七日に旅順《りょじゅん》を出発し、北白川宮に率いられた近衛師団と沖縄の中城《なかぐすく》湾で合流した。以後、中城湾は南方への要衝として軍港に指定される。

これより先、五月二十六日に台湾で日本への割譲に反対する現地の有力者邱逢甲《きゅうほうこう》が中心になり、台湾民主国の建国を宣言し、台湾巡撫《じゅんぶ》の唐景崧《とうけいすう》を総統、清仏戦争の時に活躍した義勇軍である黒旗軍の勇将として知られた劉永福《りゅうえいふく》を大将軍に選び、日本に抵抗しようとした。独立宣言には「日本、清国を欺凌《ぎりょう》し、わが国土台湾の割譲を要求す。われもしこれを甘受《かんじゅ》せば、わが土地・わが家郷ことごとく夷《い》狄《てき》の所有に帰す。わが台民、敵に仕うるよりは死することを望まん……」との決意が述べられていた。

台湾占領戦争の開始

五月二十九日、蘇澳《スーアオ》に上陸した日本軍は基隆・台北に向かって進撃を開始し、六月二日には基隆港外の「横浜丸」船上で、清国全権の李経方《りきょうほう》と樺山総督の間で台湾授受の調印式がおこなわれた。清国政府は台湾民主国に対して唐景崧の巡撫の職をはじめ、他の文武諸官も解任し、本国への帰還を命じた。さらに本土からの武器禁輸令を出し、武力抵抗ができないようにした。しかし、多くの民衆は台湾民主国のもとに結集し、正規軍が約三万五千名、民衆が組織する義勇軍は約十万を数えたと言う。六月七日、日本軍は台湾民主国守備隊の抵抗を退けて台北を占領した。唐は中国本土へ逃亡するが、台湾民衆の抗日活動は本格化する。

一方、日本軍は台湾総督府の始政式を十七日台北でおこない、「台湾全島及び澎湖《ほうこ》島が、大日本帝国の新版図に帰して、皇化に浴する地」と宣言した。しかし、日本軍が占領できていたのは北部だけであり、民衆の義勇軍の激しい抵抗があったため、樺山は増援の派兵を要請せざるを得なかった。

▲台湾民主国国旗

民衆の抵抗

十月に入り、日本軍は南進を開始し、近衛師団は陸路、嘉義《チャイー》を占領した。また増援部隊である第二師団は澎湖島から、布袋《ブータイ》と枋寮《ファンリャオ》に分かれて上陸し、台南《タイナン》に向かった。日本軍は劉永福軍をアモイに追い、二十一日に台南を占領し、「全島平定」を十一月十八日に本国に打電した。しかし、民衆の義勇軍によるゲリラ戦は以後も続いた。

歴史家であるとともに政治家の竹越《たけごし》与三郎《よさぶろう》は『台湾統治誌』のなか

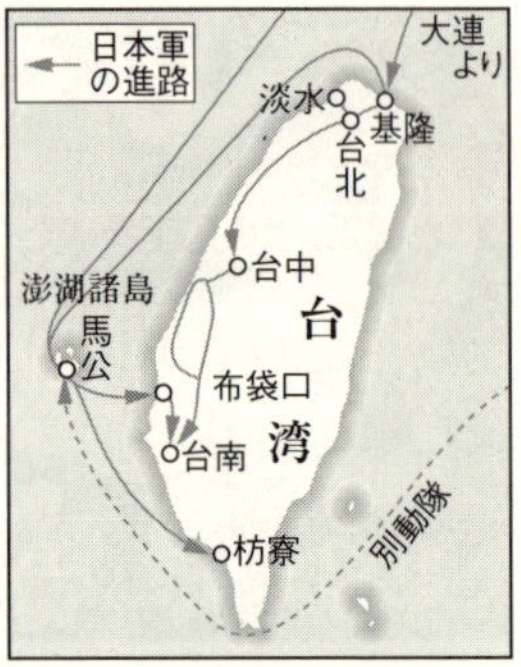

▲日本の台湾占領戦争

で、新竹《シンチュー》付近の戦いの様子を「附近の村落、一として敵にあらざるはなく、少婦に至るまでも、大声を発し、銃器を揮《ふる》ふて戦線に出づるものありき。而《しこう》して其頑冥《そのがんめい》にして死を恐れざるや、村落中に点々散在する人家によりて我兵を拒《ふせ》ぎ、我砲弾の為めに人家の破壊せらるゝや、更に隣家に移りて戦ふものあり。少しく乗ずべきの機会を見るや、必ずや逆襲し来たる」(『日本の歴史26 日清・日露』小学館より転引)と抵抗の頑強なることを記している。日本軍は、彼らに対して無差別虐殺・略奪・強姦をおこない、それがさらなる抵抗をよんだ。日本軍による犠牲者は約一万七千人にも達するという。

日本はこの占領戦争に陸軍五万人、軍夫二万六千に加え、警官七〇〇余名も動員されていた。当時の出兵可能な軍人の三分の一、軍属・軍夫の四分の一にあたっていた。また、当然のことながら海軍も「松島」・「浪速《なにわ》」・「高千穂《たかちほ》」などの戦艦が後方支援として廻航されており、これは連合艦隊の主力の約半分にあたっていた。このことからも日本が台湾占領をいかに重要視していたかがわかる。日本側の戦闘死五二七人、戦病死三九七一人であり、これは日清戦争全体の死者の約三〇パーセントにあたる。いかにこの占領戦争の犠牲者が多かったがわかる。台湾占領戦争は住民の抵抗のみならず、軍隊の衛生制度の欠陥によるマラリヤや赤痢《せきり》などの戦病死が多かった。この死者の中には、北白川宮能久親王がはいっているのである。

日本は約四カ月を費やして台湾全土を占領したが、抗日武装闘争はこの後も続いた。台湾総督府は守備隊と警察によって、組織的かつ徹底的な掃討作戦をおこなって、鎮圧を図った。そのため、台湾では軍政を中心とした植民地支配が続き、総督には陸海軍の大・中将が任命された。日本は阿片《あへん》・樟脳《しょうのう》・塩の専売で財政的基盤を固めつつ、南方への進出の基地として台湾統治を一九四五年まで続けていくことになる。

台湾史と台湾占領

もともと台湾は、一八七一(明治四)年、日本の台湾出兵時に清朝が日本に弁解したように「仮外《けがい》の地」であった(⇩P.179)。欧米列強のアジア進出によって、その重要性が認識され、漢人移民の開拓を追認する形で十九世紀後半に直接支配を強めたのである。その意味で、日本への抵抗も清朝への忠誠というよりも郷土愛および新統治者への不安からくるものであった。中国の一部であるという前提ではない、台湾独自の歴史を考える必要がある。

台湾が独自のナショナリズムを確立していくのは日本の台湾統治を通じてであるが、この問題は、同じく清末に再編統治された内モンゴルや新疆《しんきょう》にもいえることでもあり、日本の北海道史や沖縄史を考える時にも重要であろう。

(江里　晃)

《参考文献》■宇野俊一『日本の歴史26　日清・日露』小学館、一九七六年
■又吉盛清『日本植民地下の台湾と沖縄』沖縄あき書房、一九九〇年

帝国主義の時代
30

日露戦争中の日本にポーランドは何を期待していたのか

ロシアからの解放をめざしたポーランド

●ロシアに支配されたポーランドは、日露戦争の前から日本に関心をもち接触をはかった。日本はポーランドにどのように対応したのか。

東京で出会った二人のポーランド人

日露戦争直前の一九〇四(明治三十七)年、東京で二人のポーランドを代表する政治家が出会った。一人は民族連盟の指導者ロマン＝ドモフスキ(一八六四〜一九三九)、もう一人はポーランド社会党のユーゼフ＝ピウスツキ(一八六七〜一九三五)であった。ポーランドから遠く離れた日本での出会いであったが、二人の来日の目的はまったく別であった。

ピウスツキは、将来にわたるポーランドと日本の政治・軍事的同盟を日本に提案しに来たのであり、ドモフスキはそれを阻止しようとして来たのであった。

では、なぜ日露戦争直前の日本に異なる立場のポーランド人が来日したのか、当時のポーランドの情勢を見てみたい。

三分割されていた日露戦争当時のポーランド

ヤギェウォ（ヤゲロー）王朝のもとで、十四世紀以来リトアニアと連合王国を形成していた時代、ポーランドは国力もあった。しかし、一七七二年に始まるロシア・オーストリア・プロイセンによる三分割によって、一七九五年ポーランドは完全に分割され、ついには「地図上にない国」になってしまったのであった。

もちろんポーランド人は独立を保とうとして抵抗しており、三分割当時に戦ったコシチューシコの名は広く世界に知られ、明治時代の政治小説『佳人《かじん》之《の》奇遇《きぐう》』の中で、著者の東海散士《とうかいさんし》はコシチューシコを「高節公《こうせつこう》」の名で紹介した。コシチューシコの戦いは挫折したが、ポーランド人の独立を回復しようと

▲ロマン=ドモフスキ
ポーランド国民民主陣営の指導的人物であった。1899年の写真。

▲ユーゼフ=ピウスツキ
ポーランド社会党の指導的人物であった。1899年の写真。

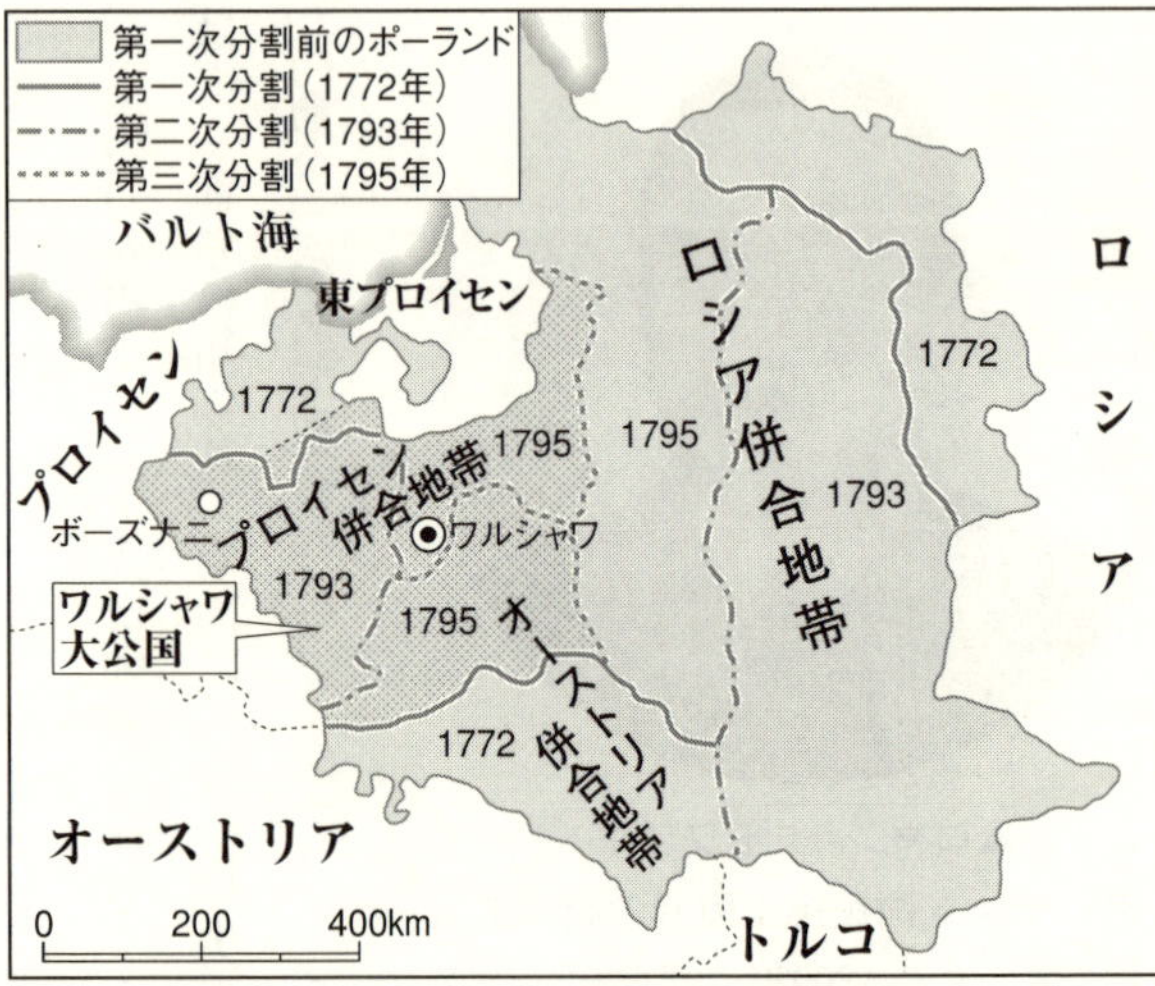

▲ポーランドの分割

する気持ちは衰えることはなかった。それは、祖国ポーランドの独立を願い『革命のエチュード』を作曲したショパンや、発見した放射能ラジウムの名を、祖国ポーランドの名をとってポロニウムとして発表したキュリー夫人(ポーランド名マリア＝スクロドフスカ)に代表される。ちなみに、現在使われているポーランド紙幣の前の紙幣はコシチューシコ、ショパン、キュリー夫人の肖像であった。

　こうして独立を求め続けていたポーランドであったが、ポーランドを三分割していたロシア・オーストリア・ドイツ(一八七一年プロイセンがドイツを統一)のうち、ポーランドの首都ワルシャワを含む最も広い地域を支配していたのがロシアであった。したがってポーランドの独立を達成するのには、それをいかにしてロシアから勝ち取るのかということが課題であった。

　このような情勢の中で、日本とロシアとの対立が東アジアで強まり、ポーランド人の関心は東アジア・日本に向けられていったのだった。すなわち日本との戦争でロシアが弱体化することは、ポーランドの独立にとっては都合の良いことであったのである。

日露戦争中の日本に対するポーランドの対応

日露戦争中の日本に対して、ポーランドの対応は大きく分けて二つあった。ピウスツキのポーランド社会党は、日露戦争をポーランドの独立の大きなチャンスととらえ、日本と接触して、①日本軍の中にポーランド人部隊を設立する、②ロシア軍の軍事情報の日本への提供、鉄道爆破などの後方破壊工作、③当時ロシアに支配されていたポーランド人やフィンランド人などの被抑圧民族が、ロシアに対して共同闘争を組織化するなどの提案をするために来日したのである。

その見返りとして、ピウスツキらは日本から、日本が〝ポーランド問題〟について外交的行動をとり、ヨーロッパやアメリカの新聞に〝ポーランド問題〟に関する記事を掲載するように工作すること、また、独立をめざすポーランドの組織に対して日本が武器を調達し、資金を提供するなどの協力を得ようとしていたのである。

一方、ドモフスキらの民族連盟は、日本との協力はせず、むしろ戦争によって混乱するロシアの政治情勢の中で、ポーランド人の諸権利を法的に獲得しようとしていた。この両者の主張の違いから、日本との軍事協力を結ぼうとするピウスツキを阻止するため、ドモフスキは来日したのだった。ドモフスキはピウスツキの提案を受け入れることは、日本の利益にはならないと日本に伝えたのだった。東京で出会った二人は九時間にも及ぶ話し合いの中で、ポーランドの今後についてお互いの意見を交換しあったのだった。

ポーランドに対する日本の対応

一九〇四（明治三十七）年に日露戦争が始まると、二年前から公使館付武官としてロシアに駐在していた明石元二郎《あかしげんじろう》大佐は、ロシア国内の被抑圧諸民族の解放運動と接触をはかった。その結果、明石と協力しあうことになったのがフィンランド人のツィリアスクであった。明石・ツィリアスクの工作によって、場合によっては、日本軍から武器や資金が諸民族の組織に提供されたのであった。この明石・ツィリアスクとの接触によってポーランド社会党のピウスツキらの日本行きが実現したのである。

ピウスツキらは、参謀本部で村田淳少将と会談し、前述したポーランドからの提案をおこなった。しかし、結果は失敗といえる内容であった。なぜなら、独立をめざすポーランドの組織に対し、日本が武器を調達し、資金を提供するといったことは実現したが、ポーランド側からみて核心的な内容であった①日本軍の中にポーランド人部隊を設立する、②日本が〝ポーランド問題〟について外交的行動をとり、欧米の新聞に〝ポーランド問題〟に関する記事を掲載するように工作するといった内容は、日本から拒否されてしまったからである。

日本側がこれらを拒否した理由は、イギリス駐在公使林薫《はやしかおる》と外相小村寿太郎《こむらじゅたろう》との電文によると、表向きは大日本帝国憲法の規定が日本軍の中に外国人部隊を認めていないことを挙げている。しかし、実質的には、ポーランド人部隊の派遣が、ヨーロッパの帝国主義諸国の国際関係に波紋を投げかけること、特にイギリス・ドイツ・オーストリアから抗議が来ることを避けたかったからであった。また、ポーランドと日本との合意事項も「内密」なものとされ、公式な記録には残さない性質のものにされた。

これらの理由としては、当時の日本の政府・軍部にあった「小国」や植民地などの被抑圧民族に対する考え方が反映されたと考えられる。

被抑圧民族の連帯に加われなかった日本

日露戦争での日本の勝利はベトナム、インド、トルコ、イランなどのアジア・アフリカの諸民族に希望を与え、植民地からの解放運動や国の近代化に影響を与えた。しかし、日本は欧米諸国と同じく領土の拡大、植民地の獲得をめざしていたのであった。その事実が、日露戦争後、朝鮮半島での支配権を日本が確保したことであり、その後、欧米列強のアジア支配に日本が協力していったことに示されている。アジアだけではなく、ヨーロッパにもポーランドのように日本との連帯を求める被抑圧民族があったのだが。

それらの国に対して、日本がどう思っていたかを例に挙げれば、一八六八(明治元)年から翌六九(明治二)年にかけてヨーロッパを視察してきた後の陸軍大臣山県有朋《やまがたありとも》はこう語っている。「近代国家をめざす日本は、ポーランドのように国を失うような国にはなってはいけない」と。このような考えは庶民にも反映し、日露戦争の前にできた軍歌『波蘭(ポーランド)懐古』の歌詞では、このようになっていた。「さびしき里にいでたれば、ここはいずことたずねしに、聞くも哀れやその昔、滅ぼされたるポーランド」。この歌を歌った日本の兵士にポーランドへの同情はともかく、連帯の気持ちは果たしてあったのだろうか。

一方、ポーランドでは、日露戦争後に日本への関心がたかまり、日本に関する本があふれたのだった。また、シベリアにはロシアによって、多くのポーランド人が流刑や鉄道建設のために送りこまれていたが、ロシア革命後の混乱の中でポーランド人の孤児約一〇〇〇名が取り残されてしまった。その孤児たちが、第一次世界大戦後に独立を達成した祖国ポーランドに送還される際、途中立ち寄った日本で温かいもてなしを受けた。このことに感謝した彼らは、帰国後の一九二八年に「極東青年会」という親睦団体を作って、日本との親善に尽くしたのだった。

第一次世界大戦後のポーランドの独立とピウスツキ、ドモフスキ

第一次世界大戦中、ピウスツキはオーストリア＝ハンガリー軍の指揮下にポーランド人の軍団を組織してロシアと戦い、一九一〇年にはドイツ軍とも協力した。しかし、ロシア軍敗退後の一九一七年には、ドイツ軍への忠誠を拒否してドイツ軍によって逮捕された。こうしてポーランド人の人気を得たピウスツキは、一九一八年、ワルシャワに成立したポーランド政府のポーランド軍司令官兼国家主席となった。

一方、ドモフスキはポーランドの独立にはイギリス、フランス、アメリカの支援が必要だと考えて外国で活動し、一九一七年に演奏家でもあり、政治家でもあったパデレフスキらとともにパリにポーランド国民委員会を結成した。ポーランド国民委員会はイギリス、フランスに対してポーランドを代表する機関であることを承認させた。さらにドモフスキは、一九一九年に開催された第一次世界大戦の講和会議であるベルサイユ会議にパデレフスキとともに参加したのだった。

こうして第一次世界大戦後のポーランドでは、ポーランドを代表する機関として、ピウスツキを国家主席とするワルシャワの政府とドモフスキを中心とするパリのポーランド国民委員会が対立した。この対立は、ポーランドからの移民が多かったアメリカでのピアノの演奏活動をとおして、ポーランドの独立に対するアメリカの支援を広げていたパデレフスキが首相となることで両者の妥協がはかられ、ポーランドは独立を達成した。現在、ワルシャワの聖ヤン大聖堂にはパデレフスキをはさんで左右にピウスツキとドモフスキの胸像が置かれている。

（佐藤義弘）

《参考文献》

■宮島直機編『もっと知りたいポーランド』弘文堂、一九九二年

■阪東　宏『ポーランド人と日露戦争』青木書店、一九九五年

▲上からドモフスキのレリーフ、パデレフスキとピウスシキの胸像（ワルシャワ・聖ヤン大聖堂）

帝国主義の時代
31

フィリピン独立革命は日本に何をもたらしたのか

まぼろしのアジア「連帯」革命

●フィリピンの独立運動を支援しようとした孫文・宮崎滔天の行動には、どのような意義があったのか。

フィリピン独立運動の展開

十六世紀の後半以来、スペインの植民地にされていたフィリピンでは、スペイン人宣教師と教会が巨大な権力をにぎり、フィリピン人はその支配に苦しんでいた。一八八〇年代に入ると、スペインに留学して自由主義思想を学んだ有産階級の子弟のなかから、スペイン人聖職者の横暴を批判し、フィリピン人聖職者の対等な権利を要求する「プロパガンダ運動」が起こった。

その代表的人物であるホセ＝リサールは、一八八七年に小説『ノリ・メ・タンヘレ（われに触るな）』を書き、スペインの植民地支配の実態を暴露した。この本は、スペイン人とフィリピン人に大きな衝撃を与え、たちまち発禁処分になった。リサールは、民衆の蜂起《ほうき》や革命を否定し、平和的な改革を主張して「フィリピン同盟」を結成したが、一八九六年十二月、処刑された。

リサールが処刑される約半年前の一八九六年七月、アンドレス＝ボニファシオが武装革命による独立をめざして秘密結社「カティプーナン」を組織した。そして八月二十三日、「カティプーナン」は労働者など三万人の会員を擁して蜂起した。蜂起はルソン島中部全域に広がり、農民反乱や地主勢力の参加を得て、初めは戦局を有利に進めた。しかし、やがて地主階級の利害をうけて台頭したカビテ州カウィット町の町長エミリオ＝アギナルドが労働者階級を代表するボニファシオと対立し、彼を銃殺した。

この間、スペインは、三万の軍隊を投じて独立運動の鎮圧にあたっていたが、同時期のスペイン領キューバの独立運動にも手を焼いていたため、フィリピンの革命勢力の内部対立をみると、アギナルドに休戦を提案した。そこでアギナルドら指導部は一八九七年十二月、休戦協定を結び、補償金と引き換えに武装解除をおこない、香港《ホンコン》に亡命した。

一八九八年四月、米西《べいせい》戦争の勃発によってフィリピン独立運動は新たな局面を迎えた。アギナルドらはアメリカの支援による独立の達成を夢見てアメリカの軍艦で帰国し、独立闘争を再開した。このとき、アメリカは独立運動を最大限に利用し、一時フィリピンの独立は達成されるかにみえた。

▲アンドレス＝ボニファシオ

しかし、一八九八年十二月、アメリカがスペインとパリ講和条約を結んでフィリピンの統治権を獲得したため、フィリピンは、一八九九年二月、今度はアメリカを相手に独立の戦いを展開することになった。

アメリカは、この戦争に最新の軍備と十二万の軍隊を投じて民衆の虐殺《ぎゃくさつ》や村落の掃討《そうとう》などの徹底した弾圧をおこない、一九〇二年までにフィリピン全域を支配下に収めた。こうしてフィリピン独立闘争は、東南アジア最初の独立戦争の意義を示したが、スペインにかわるアメリカ帝国主義を東南アジアに呼び寄せる結果になった。

フィリピン独立運動に対する日本政府の姿勢

フィリピンが日本に独立運動の援助を求めたのは、日清戦争に勝利したアジアの強国日本に、アメリカ独立革命の支援国フランスの面影を見い出し、フィリピンで不足している武器と弾薬の調達を日本に期待したからである。

そこで、早くも一八九五(明治二十八)年八月には「プロパガンダ運動」の活動家のホセ=ラモスが来日し、大隈重信《おおくましげのぶ》外相に武器の入手を依頼し、また、翌一八九六年五月、スペイン人の独立援助派のドロテオ=コルテスが訪日し、武器調達工作をおこなっていた。さらに、同じころ、日本の練習艦「金剛《こんごう》」がマニラに寄港した際、「カティプーナン」の指導者エミリオ=ハシントがマニラ在住の日本人商人田《た》川森太郎《がわもりたろう》の仲介で艦長と会見し、日本の援助を懇願した。しかし当時、駐日スペイン公使がフィリピン独立運動関係者の国外退去を要請していたため、日本はスペインとの関係を考慮して、いずれの場合にも援助には動かなかった。

つづいて一八九八年七月、香港亡命中の革命指導部からマリアーノ=ポンセが日本に派遣された。ポンセは、初め大隈ら要人に接触したが、米西戦争中の局外中立を宣言した日本政府からは援助の承諾が得られず、行き詰まったところ、人づてに横浜に滞在中の孫文《そんぶん》を紹介されることになった。

フィリピン独立運動を援助した孫文と宮崎滔天

のちの辛亥《しんがい》革命の指導者となる孫文は、一八九五年の広州《こうしゅう》蜂起の失敗後、アメリカとイギリスでの滞在を経て九七年夏、日本に再上陸し、生涯の同志となる宮崎滔天《みやざきとうてん》と邂逅《かいこう》した。

当時、孫文はアメリカ・イギリスでの滞在経験から、欧米人が口にする自由・平等・博愛は中国人などの有色人種には適用されないことをつぶさに知り、中国での太平天国《たいへいてんごく》運動や義和団《ぎわだん》運動、フィリピン・キューバ・トランスヴァールなどの反帝国主義闘争に強い関心を寄せ、そこから欧米帝国主義によるアジア・アフリカ侵略を批判し、「社会革命」と民族解放闘争の課題を一体なものとして捉《とら》えていた。

そしてポンセと出会ったころの孫文の脳裏には、中国革命とフィリピン独立革命はアジア諸民族の連帯によって世界的な帝国主義体制を打破する第一歩であるという共通の意義をもっており、フィリピン独立運動を支援し、その成功の余勢を駆って中国革命を成就させ、さらに欧米の帝国主義に対抗するという「アジア連帯主義」的革命論の構想が芽生えていた。

▲宮崎滔天　1902年ころ。

他方、熊本県荒尾《あらお》村で出生し、三人の兄から自由民権運動の強い思想的影響をうけて育った宮崎滔天（本名寅蔵《とらぞう》）は、やがてすぐ上の兄弥蔵《やぞう》が構想した「支那《しな》革命主義」に接して深い共鳴を覚えた。

「支那革命主義」とは、自由民権思想の理念を継承して人民大衆に自由と民権を与え、不平等な社会の改造をめざす政治思想である。すでに日本では天皇制政権が強固に確立され、自由民権運動が失敗したため、これを新天地の支那(中国)でのブルジョア革命によって実現しようとする革命論であった。さらに「支那革命主義」は、中国革命の成功ののち、アジア諸国の民族革命を誘発させ、それが世界革命へと発展して帝国主義体制を崩壊させ、世界規模での社会革命をひきおこすという壮大な世界連続革命の構想を含んでいた。

そこで滔天は、一八九二(明治二十五)年に上海《シャンハイ》、翌年にはマラッカに渡り、中国人との接触を通じて「支那革命主義」の実現に努めた。そして一八九七(明治三十)年初秋、滔天は横浜で孫文に出会い、中国革命に対する孫文の熱弁を聞いて、これに深く感銘し、以後、滔天は孫文の最も信頼の厚い同志になった。

▲『三十三年の夢』
宮崎滔天の自伝。1902年に刊行され、大ベストセラーになった。

こうして孫文と滔天がフィリピン独立運動の支援に力を尽くしたのは、アジア諸民族の連帯によるフィリピンの独立と中国革命の成功がアジア諸民族の独立と帝国主義体制の崩壊をもたらし、それがさらに世界的規模での「社会革命」をひきおこすという二人に共通な革命思想があったからである。

フィリピン独立運動とアメリカ・日本

フィリピン独立運動が展開していた十九世紀末は、帝国主義列強の「世界分割」の最終段階にあたったが、これに対してアジア・アフリカの各地では植民地化に反対する激しい民族運動が起こっていた。そして、この間におこなわれた米西戦争（一八九八年）は、帝国主義国の古いタイプのスペインと新しいタイプのアメリカ合衆国との対決を意味したが、これに勝利したアメリカは、ハワイ・グァム・フィリピンを結ぶ「太平洋の架橋《かきょう》」を完成し、中国進出の拠点としてのフィリピンを領有することになった。アメリカが米西戦争中、フィリピン独立運動を「援助」し、利用した理由はここにある。

▲フィリピン独立革命と中国・日本関係図

他方、日本は日清戦争後、台湾を拠点に南洋への進出をもくろんでいたため、フィリピン独立運動に敏感な反応を示した。まず一八九六（明治二十九）年八月、「カティプーナン」が蜂起すると、台湾総督府《そうとくふ》はすぐに楠瀬《くすのせ》幸彦《ゆきひこ》中佐をマニラに派遣して事情を調査させ、翌一八九七年、米西戦争の危機がせまると、日本政府は局外中立を宣言しつつも、「秋津洲《あきつしま》」・「浪速《なにわ》」・「松島《まつしま》」の軍艦三隻を派遣してアメリカ軍の軍事行動を監視した。

さらに、一八九九（明治三十二）年二月のフィリピン・アメリカ戦争の開戦にともない、日本政府は厳正中立の遵守を表明しながらも、他方では参謀本部がポンセの懇請に応えて秘密裏に武器の調達に協力するなど、二重政策を進めた。これら一連の動きには、アメリカの行動に警戒しながら、フィリピン進出を夢みる日本の姿を読み取ることができる。

日本がフィリピン進出を断念し、アメリカによる領有を正式に認めたのは、日本の韓国保護国化が日程に上がった一九〇五(明治三十八)年七月の桂《かつら》・タフト協定によってである。

フィリピン独立運動の援助は成功したか

フィリピン・アメリカ戦争の発生によって、ポンセの活動は急展開したが、ポンセと孫文の接触は日本からの武器援助を、孫文ら中国革命派と関係をもつ在野の政治勢力を通じておこなうことを促し、ここにフィリピン独立運動は日本を媒介に中国革命運動と連動することになった。

一八九九(明治三十二)年三月、孫文はポンセを滔天と平山周《ひらやましゅう》に紹介し、滔天はこの件を犬養毅《いぬかいつよし》に相談した。さらに犬養が滔天らを憲政本党《けんせいほんとう》の代議士中村弥六《なかむらやろく》に紹介すると、中村は参謀本部第二部長の福《ふく》島安正《しまやすまさ》を通じて、桂太郎《かつらたろう》陸軍大臣や中村雄次郎《ゆうじろう》次官と会見し、話は川上操六《かわかみそうろく》参謀総長にまで達した。

ここで川上は、アメリカとの関係を配慮して強硬に反対する青木周蔵《あおきしゅうぞう》外相を押し切って、陸軍の武器・弾薬を名義上大倉組《おおくらぐみ》に払い下げ、大倉組がドイツ貿易商人ワインベルゲルに転売するという形式でフィリピンに輸送することになった。代金はポンセが梅屋庄吉《うめやしょうきち》の協力で十五万五千円を中村弥六に払い、輸送船については、孫文が横浜の華僑《かきょう》から一万円を調達して三井物産の老朽船「布引丸《ぬのびきまる》」(一四四

○トン)を購入した。

こうしてポンセが要請し、孫文・滔天らが支援した日本からの武器・弾薬援助計画は、犬養・中村らの政界人と軍部関係者の思惑と協力のなかで実現することになった。一八九九年七月十三日、神戸港を出港した「布引丸」は、途中の門司《もじ》港で十七日、銃一万挺、弾薬五〇〇万発、旧式山砲一門、機関銃十挺を積んで旅立った。しかし、七月二十一日、「布引丸」は東シナ海の寧波《ニンポー》沖合で暴風雨にあい沈没し、フィリピン独立への熱い期待を込めた武器・弾薬と十八人の乗組員は海の藻屑《もずく》と消えた。

このような過程でフィリピン独立運動の援助計画は挫折したが、じつは初めから彼らの援助計画には弱さが内包されていた。すなわち、それはこの計画が大衆的基盤を欠いていたこと、そして当時形成されつつあった日本帝国主義に幻想ともいえる過大な期待を寄せ、武器と弾薬の入手をフィリピン進出をもくろむ日本の軍部や大陸浪人、アジア膨張主義者などの協力を通しておこなったからである。

こうしてフィリピン独立運動の援助計画は、結果的には失敗したが、アジアの共生という現代の課題を考えるとき、帝国主義という困難な時代にもかかわらず、孫文と滔天がフィリピン独立運動の支援を通じて、反帝国主義とアジアの友好・共同を追求したことは注目すべき事実である。

(米山宏史)

《参考文献》■兪辛焞『孫文の革命運動と日本』六興出版、一九八九年
■宮崎滔天『三十三年の夢(一九〇二年)』岩波文庫、一九九三年
■鈴木静夫『物語フィリピンの歴史』中公新書、一九九七年

与謝野晶子はパリで何を見たか

ヨーロッパの女性運動と日本

●大逆事件の前年、与謝野晶子は渡仏した。そこで見た欧米の女性たちから彼女は何を学んだか。

モンマルトルの晶子

一九一二(明治四十五)年五月、与謝野晶子《よさのあきこ》はシベリア経由の十二日間の旅を終えてパリ北駅のプラットフォームに立った。前年十一月夫の寛《ひろし》(鉄幹《てっかん》)をヨーロッパに送り出したあと、七人の子を育てながら夫の渡航費用の借金を返すため猛烈に働いていた晶子だったが、日が経つにつれて夫恋しさにいてもたってもいられなくなり、なんとか旅費を工面してパリへ旅立ったのである。ことばも解らず、トラブル続きの心細い旅のあとやっと夫に会えた喜びを

ああ皐月《さつき》　仏蘭西《フランス》の野は　火の色す　君も雛罌粟《コクリコ》　我も雛罌粟

と歌う晶子であった。

晶子は寛の住むモンマルトルの下宿に落ち着いた。一九一二年のパリは「十九世紀最後の年」などといわれ、大戦前夜とはいえベル・エポック(「良き時代」)の名残をとどめる活気にあふれる芸術の都だっ

◀『万朝報《よろずちょうほう》』(明治45年6月24日)に載った「巴里ニ於ケル与謝野晶子女史」

た。寛の下宿も数年前までピカソと仲間たちが住んでいた下宿(通称「洗濯船」)のすぐ近くにあった。日本人の芸術家もたくさんいて、晶子は寛のほか、石井柏亭《いしいはくてい》、梅原龍三郎《うめはらりゅうざぶろう》などに連れられてパリ祭を見物したり詩人や画家を訪問したりした。とりわけ、晶子を感動させたのはロダンを訪問したことである。ロダンは突然の日本からの訪問者を温かく迎え、萩原禄山《はぎわらろくざん》の思い出などをなつかしそうに話すのだった。晶子は、帰国後に生まれた四男にロダンの名をもらってアウギュストと命名している。

「巴里における第一印象」

花模様の友禅《ゆうぜん》の振袖につば広の帽子という姿でシャンゼリゼを歩く晶子の姿は、パリの人々を驚かせるのに十分だった。この晶子にフランスのジャーナリズムはいち早く注目した。

パリの『ル・ミロアル』誌、『ル・タン』誌などは、「今、巴里《パリ》に日本最大の女流詩人が来ている」と写真入りで取り上げ、日本の短歌をフランスの十四行詩《ソンネ》にたとえて、彼女の歌集『みだれ髪』を「日本の青年を熱狂させた詩集」と紹介している。さらに、「彼女はたくましい女権拡張論者である。たいそう勇敢で大胆な両性平等についての観念を『一隅より』というセンセーショナルな著書の中で展開した」と、晶子のフェミニストとしての面にも注目を寄せている。

また、文芸誌『レ・ザンナール』は、晶子を歌人としてよりも「女権論者の一首領」と紹介し、「巴里における第一印象」の寄稿を求めた。

そのなかで晶子は、フランスへ来てわずかに数か月に過ぎず、限られた観察であることを断ったうえで、次のように述べている。自分が見聞した商家や工場労働者の女性たちは貞淑《ていしゅく》・正直・勤勉・父母に対する敬虔《けいけん》・夫に向かって調和的という美質を備えている。将来、真の貴女はこのような女性の中から生まれることを確信する。それに対し、中流以上の家庭では若い女子を家庭に閉じ込め、社会から隔絶させた消極的教育をおこなっているのではないか。またフランスの婦人はイギリスの婦人に比べて、自己の権利を主張することに少し遜色《そんしょく》がないだろうか、とちょっぴり辛口の感想も加えている。

▲パリにある徳永柳州のアトリエ前に立つ晶子

この文は好意的に迎えられ、反響も大きかった。帰国後、寛と共著で出版した『巴里より』にはフランスの読者から寄せられた多くの手紙のうちいくつかが収録されている。晶子のもとには、『文人、女権主義者、新聞記者などが襲来』するという様相となってきた。

晶子の見たヨーロッパ

晶子は寛とともにイギリス、ドイツ、ベルギー、オーストリアなどを巡った。諸国の芸術家に接し、絵画や彫刻、芝居やオペラと貪欲《どんよく》にヨーロッパの文化を吸収した。ことさら社会事情を学ぼうと意図したわけではなかったが、彼女の感性は大戦前夜のヨーロッパの雰囲気を鋭くとらえた。

イギリスでは、女性の体つきや顔つきが男と同じようだという印象を受け、女子教育が普及した結果、内面的に思索する女、男と斉《ひと》しい資産を持って独立の生活をする女が多くなったためではないかと興味深そうに書いている。また、当時のイギリスではパンカースト夫人などによる過激な女性参政権運動がさかんで、晶子もその実態を見聞した。彼女は、「英国の現代の婦人は切迫した過渡期に遭遇している」として、婦人が男子と対等の資格を要求するのは「拒《こば》み難《がた》い真理」であり、時期が熟したら必ず識者を満足させる解決がつけられるのに違いない、と述べている。

また、ドイツには五日間滞在したが、建築物、道路、人間、すべてのものが大きく堅牢《けんろう》で、これがドイツ文明が世界に重きをなす所以《ゆえん》であろうが、あまりに威圧的で、「これ以上いられないほどの息苦しさ」を覚えたと記している。軍備拡張に突き進むドイツの雰囲気を敏感に感じ取ったのであろう。

晶子の欧州滞在は五か月で終わった。しだいに残してきた子どもたちに対する思いが募って、ホームシック状態となってしまい、寛より早く単身帰国の途についたのである。

山の動く日―『青鞜』と与謝野晶子

晶子の渡仏の前年、一九一一(明治四十四)年は激動の年であった。一月には大逆《たいぎゃく》事件により、幸徳《こうとく》秋水《しゅうすい》ら十二名の死刑が執行された。また、その半年後の九月には雑誌『青鞜《せいとう》』が発刊されている。

この二つの事件に晶子は少なからぬ関わりをもつ。大逆事件で処刑された大石誠之助《おおいしせいのすけ》は与謝野寛、晶

▲晶子がヨーロッパより帰国した1912（明治45）年10月直後の彼女と子供たち

子夫妻の旧知の仲であり、「新詩社」同人の平出《ひらいで》修《しゅう》が寛の勧めで被告の弁護人になっている。処刑のとき晶子は産褥《さんじょく》にあったが、その衝撃を「産《うぶ》屋《や》なる我が枕辺に白く立つ大逆囚の十二の柩《ひつぎ》」と詠んだ。大逆事件とそれに続く言論圧迫の強化に晶子は反発し、社会的関心を高めていった。

『青鞜』は平塚明子《はるこ》（らいてう）らにより女性だけの文芸誌として発刊された。雑誌の名はイギリスの文学サロン「ブルーストッキング」を訳したものである。サロンのメンバーが、当時、黒い靴下を履くのが普通だったなかで、自分たちの因習に囚《とら》われない自由な言動を「青い靴下」と象徴的に自称し、そこに集う女性をブルーストッキングレディと呼んだところから来ている。

この『青鞜』の創刊号に、晶子はらいてうの求めに応じて「そぞろごと」と題する次のような詩を寄せた。

山の動く日来る／かく云へど人我を信ぜず／山は姑《しばら》く眠りしのみ／その昔に於て
山は皆火に燃えて動きしものを／されど、それは信ぜずともよし／人よ、ああ、唯《ただ》これを信ぜよ
すべて眠りし女今ぞ目覚めて動くなる

らいてうの「元始《げんし》女性は太陽であった」で始まる『青鞜宣言』とならんで、日本の女性解放運動の出発を飾るにふさわしい詩であった。

それまでの日本の女性解放論や女性運動は、福沢諭吉《ふくざわゆきち》などの女性論、社会主義者や無政府主義者による啓蒙運動（幸徳秋水・堺利彦《さかいとしひこ》によるベーベル『婦人論』の翻訳や福田英子《ふくだひでこ》の雑誌『世界婦人』など）、女性労働者の労働運動、民法改正運動、キリスト教徒による廃娼《はいしょう》運動など、さまざまな運動がおこなわれていたが、まだまだ一般の女性たちが参加するようなところまではいっていなかった。『青鞜』はがぜん世間の注目を浴び、一般ジャーナリズムの関心を高め、女性問題を一気に大衆化させた。女性たちの反響、共感は大きかったが、古い勢力からの非難と攻撃の嵐にもさらされた。

このとき、彼女たちを勇気づけたのは一歩先を行く欧米の女性たちであった。エレン＝ケイやエマ＝ゴールドマンなどの思想家はもちろん、文学の中の女性（イプセン作『人形の家』のヒロイン、ノラなど）もとりあげて、女性の生き方を真剣に論じたのであった。

世界の広場に立って

ヨーロッパから帰った晶子は、一段と新しい目を持って活動するようになった。

私は近年欧州へ旅行するまでは、日本という世界の片隅にいて世界に憬《あこが》れて居る一人の世界の浮浪者であった。……しかるに欧州の旅行中、到《いた》る処で私一人が日本の女を代表しているような待遇を受けるに及んで、最も謙虚な意味で私は世界の広場にいる一人の日本の女であることをしみじみ

▲洋装の晶子(文化学院蔵)
写真は大正12年撮影。

と嬉しく思った。

　胸を張って歩き、堂々と主張するヨーロッパの女性を見てきた晶子の目に写った日本の女の姿は悲しく情けないものであった。日本女性の「蒼白《そうはく》な裸体」を見た晶子は、女性が徹底して「自己の暗愚、劣弱」を自覚して、ここから脱却する努力をしなければ女性解放はありえないことを痛感し、自ら、知性と感性を磨くべく猛烈な努力をおこなった。それとともに女子教育に意欲を燃やし、のちに、良妻賢母主義の女学校教育を否定し、男女共修、共学を目指す文化学院の設立に参加することになる。

　史上有名な『母性保護論争』も、この考え方の延長上でとらえることができる。

　晶子が女性の経済的自立を説いて、国家による保護を依頼主義と断じたのに対し、平塚らいてうが、子どもは社会全体のものであるから、国家が母親を経済的に保護するのは当然と批判した。晶子は、まず女性が経済的、人間的に自立することが先決と一歩も譲らず、自立できない女は子どもを生む資格なしとさえ極論して母性保護派の集中攻撃を浴びたのである。

　山川菊栄《やまかわきくえ》はこの論争を整理して晶子をメアリ=ウルストンクラフト、らいてうをエレン=ケイにたとえた。ウルストンクラフトは、女性に男性と同等の教育、労働、政治上の権利を与えよと主張し、一方ケイは、健全な子ども(未来の国民)を育てるためにはまず母性を保護せよと主張した。二人はヨーロッパの女性解放運動に重要な位置を占め、日本にも大きな影響を与えた思想家である。

菊栄は晶子をブルジョア民主主義者ときめつけ、努力さえすれば経済的に自立できるはずというのはあまりに現実を見ていないと批判した。しかし、晶子はいう。農家や商家などでは女が働きながら子育てをすることなど当たり前のことで、何も特殊な女性だけがやっていたわけではない。ならば問題は、女性の自立を阻んでいる低賃金や社会の偏見、さらに男が家事や育児に全く協力していないことである、と。女性に『良妻賢母』を要求するなら、男も『良夫賢父』となって定時に帰り、家事を手伝い、夜中に子どものおむつを取り替えて見よとせまった。男にとって父であることが生活の一部にすぎないのならば、女性も母であるほかに、職業、芸術、社会的活動など豊かな生き方をしたいのだと晶子はいいたかったのである(「男女分業思想の崩壊」「寧《むし》ろ父性を保護せよ」)。

この考え方は、現在、女性解放のための最も重要な課題とされている『男女共生』の主張にほかならない。『みだれ髪』以来、女としての晶子の芸術と人生は、伝統への挑戦、偏見との闘いの連続であり、そこから止みがたい女性解放への欲求が生まれた。その思いは、世界の広場に立って眺めたヨーロッパの女性の思索し、発言し、行動する生きた姿に勇気づけられ、ここまで高められたのだといえよう。

(加美芳子)

《参考文献》■山本藤枝『黄金の釘を打った人—歌人与謝野晶子の生涯』講談社、一九八五年
■山本千恵『山の動く日きたる—評伝与謝野晶子』大月書店、一九八六年
■赤塚行雄『女をかし与謝野晶子—横浜貿易新報の時代』神奈川新聞社、一九九六年

帝国主義の時代
33

日本は何のためにシベリア干渉戦争を起こしたのか

ロシア革命とシベリア出兵

●シベリア干渉戦争のなかでも、前線で反戦運動をする日本人や日本軍と戦った朝鮮人・中国人もいた。

日本人のシベリア進出

日本人とシベリアとの関係は古く、すでに一八七六(明治九)年に、ウラジヴォストークには日本貿易事務館が設置されていた。一八八一(明治十四)年の長崎〜ウラジヴォストーク間の定期航路の開設と翌年のシベリア横断鉄道の起工は、多くの日本人にシベリア渡航の夢をかきたて、一八九一(明治二十四)年当時、ウラジヴォストークには杉浦《すぎうら》商店を筆頭に日本人商店が七軒あり、九三年には同市に約七五〇人の日本人が居住していた。また、九五年にはシベリア鉄道の建設工事に全体として八万九千人の労働者が従事していたが、このうち、ウスリー北線には約八千人の中国人・朝鮮人・日本人の労働者がたずさわるなど、すでに十九世紀の末からシベリアは日本人の出稼ぎ労働の舞台になっていた。

二十世紀に入ると、日本人のシベリア渡航者数はさらに増え、一九〇一(明治三十四)年のウラジヴォストーク在留邦人数は二八九八人を数えていた。ウラジヴォストークには、職種別に組織された互助団体があり、そこから様々な種類の商人・職人の居住状況がわかるが、とくに目立つのは「からゆきさん」

で知られる出稼ぎ娼婦《しょうふ》たちであった。一九〇六(明治三十九)年秋には、同市内に「貸座敷」とよばれる娼楼《しょうろう》が三十五軒あり、四〇〇人余りの娼婦が暮らしていた。シベリア地方在住の日本人の出身地は九州に集中していたが、とくに「からゆきさん」の場合には、島原《しまばら》半島・天草《あまくさ》諸島の出身者が多かった。

さらに、ウラジヴォストークの居住者はロシア人と日本人ばかりではなかった。そこには、ミリオンカとよばれる中国人居住区やコレイスカヤ・スロボト(新《しん》韓村《かんむら》ともよばれる)という朝鮮人街区があり、一九一一(明治四十四)年の記録では、日朝中のアジア系三民族の在留者数は約六万にものぼり、ウラジヴォストークには、さながら「ロシアとアジアが交わる街」という雰囲気が漂《ただよ》っていた。このように、日本人は古くからシベリア地方に渡り、その地で様々な民族と平和的に共生していたのである。

シベリア干渉戦争の起こり

まだ第一次世界大戦の終わらない一九一八(大正七)年八月、極東ロシア・シベリア地方の玄関口にあたるウラジヴォストーク港には次々と外国の軍隊が上陸した。アメリカ・イギリス・フランス・イタリア・中国・日本などの連

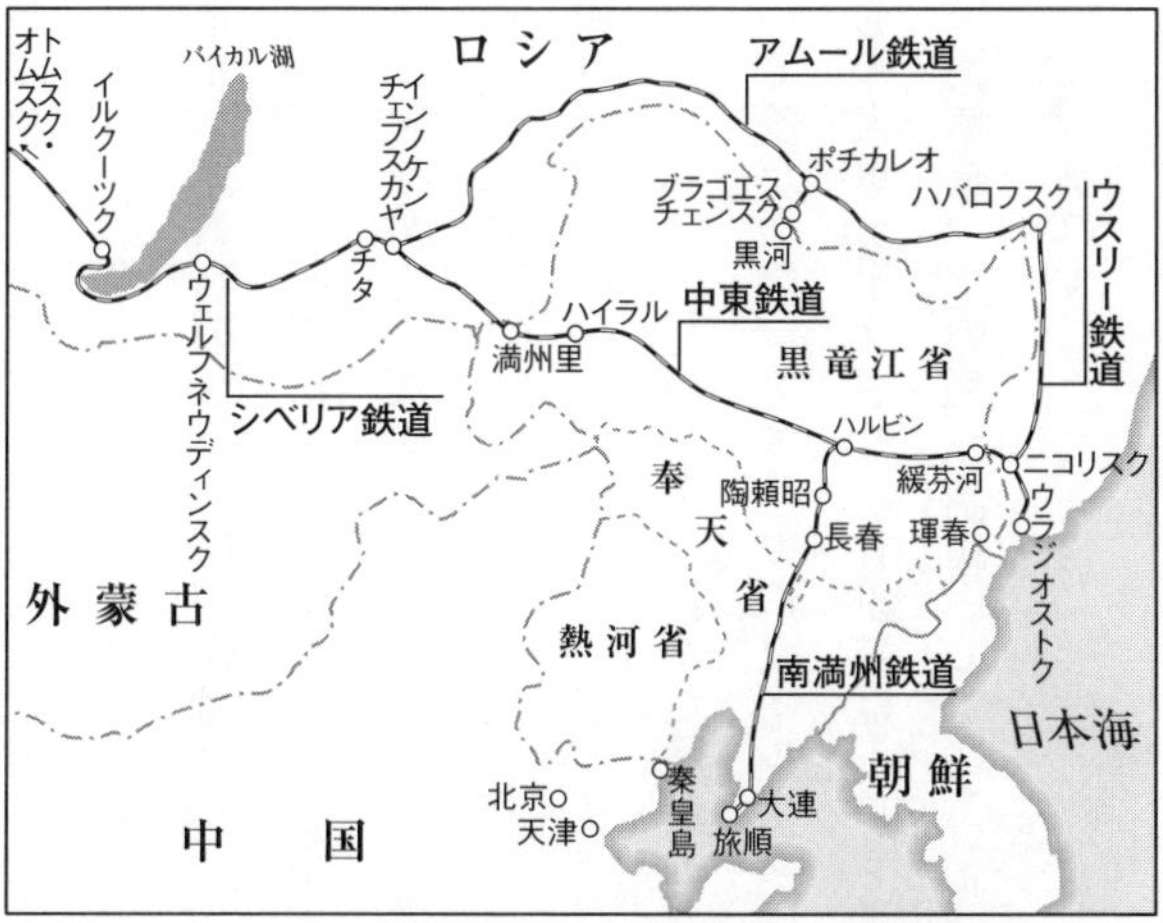

▲シベリア干渉戦争期のシベリア・中国東北部

▲極東のソヴィエト政権樹立に尽力した戦士たちの像
ウラジヴォストーク中央広場に立っている。

合国軍である。当時ロシア国内では、約九ヵ月前の一九一七年十一月のロシア(十月)革命によって成立したレーニンらの革命政府と地主・軍人らの反革命勢力がはげしい国内戦を展開していたが、連合国軍はこれに干渉し、各地の反革命軍を援助することをめざしていた。

このとき、シベリアに送られた連合国の兵力は、アメリカ九〇〇〇、イギリス六〇〇〇、中国二〇〇〇、イタリア一四〇〇、フランス一二〇〇だったが、日本だけが七万五〇〇〇と群を抜いて多かった。アメリカのウィルソン大統領と七〇〇〇ずつの派兵を約束していた日本が七万五〇〇〇もの大軍を出兵させた背景には、ロシア革命と社会主義政権への敵対だけでなく、傀儡《かいらい》政権の樹立、資源の略奪、「満蒙《まんもう》」(「満州《まんしゅう》」とモンゴル)支配の拡大、植民地朝鮮の防衛などの日本の様々な利害と思惑《おもわく》がひそんでいた。

シベリア干渉戦争で日本軍は何をしたか

連合国軍は、シベリアの各地でロシアの革命派の赤衛《せきえい》軍と、一般民衆の自発的抵抗組織であるパルチザンのはげしい反撃にあって苦戦し、アメリカをはじめとする諸外国は次々に撤退を宣言し、一九二〇(大正九)年八月には日本軍だけが残留することになった。シベリアの冬のきびしい気候と現地でのはげしい抵抗に苦しむ日本軍兵士は、のちの南京大虐殺《ナンキンだいぎゃくさつ》の原形ともいえる住民虐殺《ぎゃくさつ》や村落掃討《そうとう》と焼棄《しょうき》をしばしば各地でくり広げた。

第十二師団に所属した松尾勝造《まつおしょうぞう》という福岡県出身の従軍兵士は、その『シベリア出征日記』のなかで、一九一九(大正八)年二月十三日のインノケンチェフスカヤ村での虐殺を次のように記録している。

「ガラスをうち割り、扉《とびら》をやぶり、家に侵入、敵か住民かの見わけはつかぬ。手あたりしだいに撃ち殺す、つき殺すの阿修羅《あしゅら》となった。……一発ポーンと放っておいて、『イヂシュダー(こっちへ来い)!』とどなると、銃《じゅう》や剣《けん》は捨てて、まず両手をあげて、次に手あわせ拝《おが》みながら上がってくるやつを、戸外に連れ出し、撃《う》つ、突くなどして死骸《しがい》の山……」

やがて一九二二(大正十一)年十月、世界から批判を浴び、国際的に孤立した日本軍はようやくシベリアから撤退した。約三〇〇〇人の日本軍兵士と八万人以上のロシア市民の貴重な生命をうばったこのシベリア干渉戦争は、宣戦布告なきまま派兵し、それまでの日本の歴史上の最長の戦争をおこない、しかも初めて日本が敗北した侵略戦争であった。

ニコライエフスク(尼港)事件の勃発

一九二〇(大正九)年三月、シベリア干渉戦争の縮図ともいうべき悲劇的な事件が起こった。ニコライエフスク事件である。一九一八年九月九日、日本軍陸戦隊はニコライエフスク・ナ・アムーレに上陸し、革命派を武装解除して追放し、日本軍とその支持をうけた反革命派の白衛軍《はくえい》が権力を握った。しかし、タイガ地帯に逐われていた革命派は一九一九年五月からハバロフスク周辺でパルチザンの戦闘活動を開始し、途中の村々で農民の参加を得ながら勢力を増し、反革命派のコルチャーク政権の壊滅という有利な状況のなかで、一九二〇年一月、ニコライエフスクに迫った。そして二月五日、トリャピーツィンが指揮する兵力四〇〇〇余名のパルチザンはチヌイリアフ要塞《ようさい》を占領し、ニコライエフスクの日本軍を包囲した。このとき、日本軍守備隊は陸海併せて三七〇余名にすぎず、コルチャーク政権崩壊の報《しら》せをうけた白衛軍はすでに戦意を失っていた。

パルチザンは、日本軍守備隊に三回にわたって休戦協定の提案をおこなった。これに対して日本軍は、第一回の使者ソロキンを殺害し、第二回の使者オルロフの目玉をえぐり出して鼻と手足を焼くという方法で彼を殺し、二月二十八日、ようやく第三回目の提案を受け入れた。この協定には、ロシアの政治への日本軍の内政不干渉、白衛軍の武装解除、日本軍の降伏と指定地域への退却などが含まれていた。

ところが、日本軍は休戦協定を破り、三月十二日未明、パルチザンの司令部などをねらって奇襲攻撃に出た。戦局は一時日本軍に有利であったが、増援を得たパルチザンが巻き返し、約一週間の戦闘で石川正雄守備隊長、石田虎松領事とその家族など、七〇〇余人の日本人が戦死し、敗残兵と居留民の併せて一二二人が捕虜となった。五月二十五日、日本軍の来援を知ったパルチザンは、日本人捕虜《ほりょ》とその十倍にのぼるロシア人反革命派を殺害し、市街を焼きはらって撤退した。

このニコライエフスクでの戦闘は、当時「尼港事件《にこう》」と呼ばれ、長らく日本の加害・侵略を隠蔽《いんぺい》し、日本人を「虐殺《ぎゃくさつ》の被害者」として描くことに利用されてきた。

戦争反対に命を賭けたヤポンスキー・サトウ

当時、すべての日本人がシベリア干渉戦争に賛成していたわけではなかった。日本国内では、大正デモクラシーの高揚を背景に、労働者や学生からなる「対露非干渉同志会」や石橋湛山《いしばしたんざん》の『東洋経済新報』などがシベリア出兵に反対し、日本軍の即時撤兵を主張していた。

この戦争中、シベリアの前線では、命がけで反戦のビラを撒《ま》いていた人々がいた。その一人が「ヤポンスキー（日本人）・サトウ」の名で知られる佐藤三千夫《さとうみちお》である。一九〇〇（明治三十三）年、宮城県登米《とよま》町に生まれたサトウは、ロシア革命の起こった一九一七（大正六）年、地元の佐沼《さぬま》中学校の同盟休校（ストライキ）を指導して退校処分になり、その後、東北中学校、簿記専修学校で学び、一九一九（大正八）年七月、旅券を手に入れウラジヴォストークに渡った。そこで初めサトウは、マッチ製造・販売を営む木村恪商店の住み込み店員として働いたが、ロシア革命の理念に感化され、また、干渉戦争の不正な実態に接して共産主義思想に共鳴し、ロシア革命擁護・侵略戦争反対のための戦いに身を投じることになった。

▲佐藤三千夫記念碑（登米町水道山）　登米町役場提供

一九二一（大正十）年八月、木村恪商店を辞めたサトウは、沿《えん》海州《かいしゅう》パルチザンに入隊し、チタやハバロフスクなどで、反革命軍との戦闘に参加しながら、日本軍兵士を相手に侵略戦争反対の宣伝ビラの撒布《さんぷ》活動に従事した。あるビラには「諸君の戦争は、他国を略奪せんことを目的とする強盗戦争である。諸君の死、それは犬死にすぎない。諸君の死はだれにも利益をもたらさない。ただ日本はみずから恥《はじ》をかくだけであり、将来においてその隣国ロシアの労働者・農民との友誼《ゆうぎ》的関係をつづけることは困難になるだろう」と書かれていた。サトウたちの活動の背後には、モスクワに本部をおく共産主義運動の国際組織コミンテルン（第三インターナショナル）の指導があり、そこには日露戦争の反対で国際的に知られた片山潜《かたやません》が幹部の一人として招かれていた。

こうしてサトウは、革命の防衛と侵略への反対のための勇敢な戦士として活躍したが、シベリアのきびしい寒さと食糧難のなかで病気になり、一九二二（大正十一）年十二月四日、ハバロフスクの陸軍病院でわずか二十二年十一ヵ月の短い生涯を閉じた。同市でおこなわれたサトウの葬儀には、ソ連共産党、ハバロフスク市民、各国の労働団体の人々が参列するなど、サトウの活躍ぶりがうかがわれた。

現在、サトウの生地の宮城県登米町には「日ソ両国民の平和と親善のために闘った三千夫の生涯は永く記憶されるべく」と刻まれた佐藤三千夫之碑が建てられ、一九八二（昭和五十七）年以来、彼を偲《しの》ぶ呑《どん》牛《ぎゅう》忌《き》が毎年開かれている。

シベリア干渉戦争を戦った朝鮮・中国人民衆

日本がシベリアで戦った相手は、ロシアの革命派の赤衛軍と民衆のパルチザンだけでなく、そこには広範な朝鮮・中国の民族解放勢力が含まれていた。一九一〇（明治四十三）年の時点で、極東シベリアの五州には約十五万八千の朝鮮人が在住していたが、ロシア二月革命が起こると、これを好機とみなしてシベリア地方の各地で朝鮮人の民族独立運動が活性化し、彼らは朝鮮人パルチザンとして反革命軍・干渉軍と勇敢に戦った。そして、一九一九(大正八)年、「京城《けいじょう》」(現ソウル)で日本に対する三・一独立運動が起こると、それは植民地朝鮮を越えて間島《かんとう》や極東シベリア地方にも広がった。

これに対して日本は、翌年ウラジヴォストークの新韓村で朝鮮人学校と新聞社を焼き払い、捕らえた朝鮮人を首にレールを巻きつけてウスリー江に沈める「四月惨変《ざんぺん》」をひき起こした。また、朝鮮独立運動の拠点である間島への出兵を強行するなど、ロシアの革命運動と朝鮮人の民族運動の提携を防ぐために、徹底した弾圧をおこなった。

ほかにシベリア干渉戦争では、パルチザンのなかに多くの中国人の姿がみられた。第一次世界大戦中、ロシアには五十五万人以上の中国人が居住していたが、彼らはロシア革命にも積極的に参加し、一九一七年の末には約六万人を結集した全露中国人労働者同盟を組織し、その代表の劉沢栄《りゅうたくえい》はコミンテルンの創立大会にも顔をつらねていた。そしてシベリア戦争期には、少なくとも三~四万の中国人労働者が革命軍兵士、あるいはパルチザンとして参戦した。

彼らが参加した中東鉄道ゼネストが、コルチャーク反革命政権への軍需輸送を一時遮断《しゃだん》して、同反革命政権の倒壊に寄与するなど、中国人労働者の活躍にはめざましいものがあった。

(米山　宏史)

《参考文献》■原暉之『シベリア出兵』筑摩書房、一九八九年
■原暉之『ウラジオストク物語』三省堂、一九九八年

帝国主義の時代
34

イギリスやアメリカは日本の朝鮮支配をどう見ていたか

三・一独立運動と植民地支配

●三・一独立運動に残虐な弾圧を加えた日本に対し、欧米は非難の目を向けた。しかし、それ以上には介入することがなかった。それはなぜか。

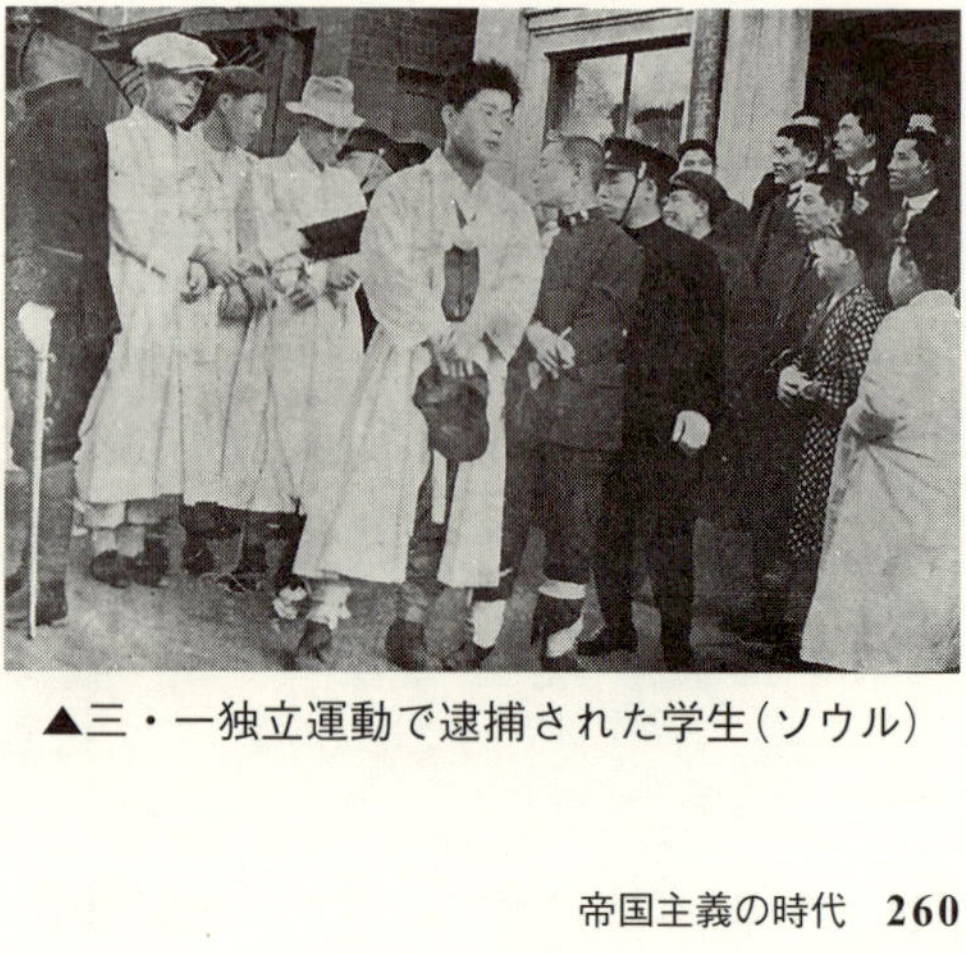

▲三・一独立運動で逮捕された学生(ソウル)

一九二八年の朝鮮―ソウル駐在イギリス総領事の報告

一九二九(昭和四)年一月、ソウル駐在のイギリス総領事ホワイトは、前年一年間の朝鮮に関する年次報告書を本国に送った(Further Correspondence respecting Japan, F.O. 410-87)。彼は、その最初を次のような昭和天皇の即位儀式をめぐる情景から書き始めている。

京都での即位儀式の当日、朝鮮では、役人は役所に、民衆は神社に、学生は学校に集まった。午後三時、集まった人々は京都の方向に向かって「万歳」と叫んだ。

ホワイトはこのように書いた後、彼らは一〇年前なら決してそうはしなかったであろうとつけ加えた。一〇年前といえば、一九一九年である。その年春、ソウルでは日本からの独立を求める運動が起こり、「独立万歳」の声はまたたくまに朝鮮半島全体に広がっていた。三・一独立運動である。これに対して日本政府は、無差別殺戮《さつりく》を含む残虐《ざんぎゃく》な弾圧を加えた。現在の研究によれば、死者は七五〇〇人、負傷者は一万六〇〇〇人にのぼるという。

弾圧後、日本は新総督の斎藤《さいとう》 実《まこと》のもと、朝鮮統治の方針に手直しを加えた。ホワイトはこの「新しい施政方針」について説明し、「十八年ぶりにソウルにやってきた観察者は、ソウルの変化に衝撃をうけざるをえないだろう」と書いている。日本が朝鮮を併合したのは、十八年前のことである。古い体制の弊害を一掃し朝鮮を進歩の道に向けたと、併合以来の日本の統治政策をホワイトは評価する。また彼は、「併合後の大荒れの年々」を、斎藤総督のもとでの「比較的静かであった年々」と比較して、斎藤による統治のかなりの程度の成功を認めるのであった。

三・一独立運動とイギリス外務省

一〇年前の一九一九年、イギリスやアメリカは、日本の三・一独立運動弾圧に対して厳しい目を向けていた。アメリカの状況については比較的知られているので、ここではイギリスの動きを、イギリス外務省の機密文書(Confidential Print. Japan)から探ってみよう。

イギリスの駐日大使アルストンは、一九一九年四月以後、相次いで外務大臣カーゾンに朝鮮で起こっている事態を報告し、運動弾圧に際しての日本兵の残忍行為を伝えた。それは、ソウルのイギリス総領事代理からの報告にもとづくものであった。

七月五日、外務省極東局長のマックス＝ミューラーは朝鮮問題に関する覚書をまとめた。それは、三・一独立運動について、概略、次のように述べている(F.O. 410-67)。

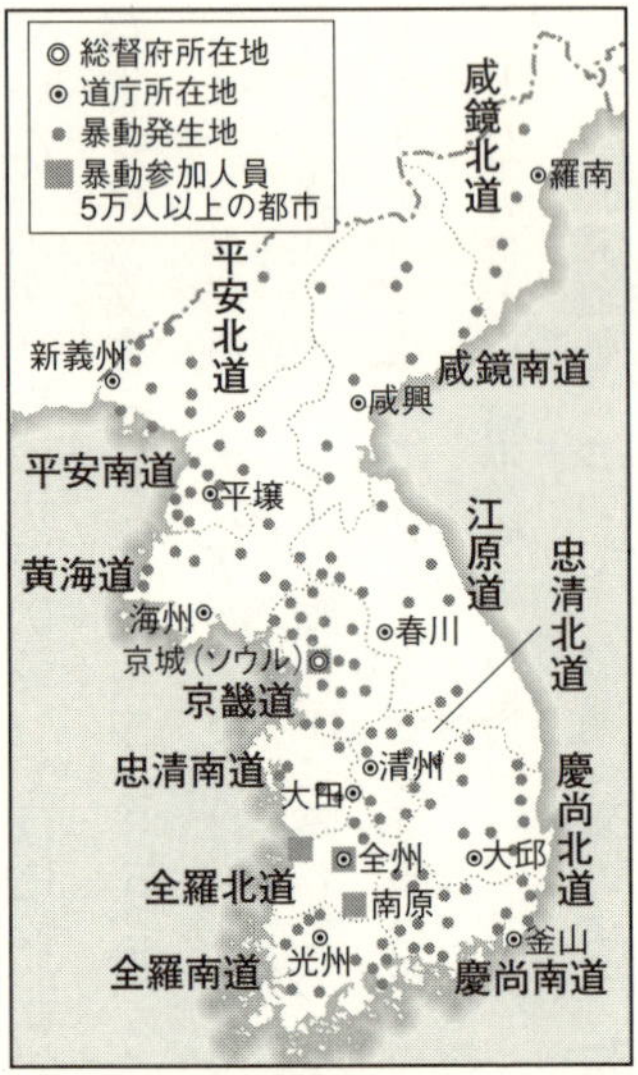

▲三・一独立運動が広がった地域

一九一九年一月、韓国の前皇帝が死去した。ちょうどパリで開催されていた第一次世界大戦の講和会議で宣言された民族自決の原則が、朝鮮の人々の独立への思いをかき立てた。三月、独立のための集会が各地で開かれ、デモンストレーションが催された。それは、平和的なものであった。これに対して日本の憲兵・軍隊は、狂暴な弾圧を加えた。村々や教会が焼かれた。イギリス人宣教師も日本の兵士に襲われて負傷した。これらの乱暴にソウルの外国人社会は非常に憤った。

このような事態の根本的な原因は何か。第一は、朝鮮を完全に「日本化」しようとする日本の政策にある。わがイギリスはインドやエジプトで、現地人を統治に参加させ、現地人の関心にもとづいて支配しようとしているが、日本はこれと全く反対のことをしている。第二に、日本語が朝鮮人に強制されており、また、インドにおけるわがイギリスの役人とは違って、日本の役人は朝鮮語をほとんど知らない。第三に、日本政府は日本の農民を朝鮮に入れるのは土地を開発するためだと称しているが、実際には、直接・間接の圧迫によって何千人という朝鮮人が農地から追い出されている。第四に、裁判の法的な手順はすべて日本語でおこなわれるため、朝鮮人にははなはだ不利である。

では、どうしたらよいか。第一に、軍人総督を文民に代えること。第二に、ある程度、朝鮮人の自治を認めること。もし日本政府が本当に軍事支配を文民統治に代えるつもりなら、手始めに、日本人顧問のもとで、朝鮮人の内閣を組織させてみること。これは、わがイギリスがエジプトで採用している方式である。第三に、学校での日本語の強制を廃止し、少なくとも法廷では朝鮮語を日本語と同等の地位にすること。第四に、ある程度、言論・集会・出版の自由を認めること。以上がマックス＝ミューラーの意見であった。

イギリス外相と日本大使の会話

七月十八日、中国問題について協議するため、日本の珍田捨巳《ちんだすてみ》大使がイギリス外務省を訪れた。外相カーゾンはこのチャンスをとらえ、会話の合間に次のように発言した(F.O. 410-67)。

私は、日本によって併合されて以来の朝鮮の歴史に詳細に立ち入ることは望まない。私は、かつての朝鮮旅行で朝鮮の人々が遅れていて愚かだということを知った。しかし、また、愛国的な人々だということも知った。彼らは、戦争が生み出した新しい考えの影響をうけて、独立のための集会とデモをもった。それが扇動的だったとか、暴力をともなっていたとかいう証拠はない。朝鮮の人々はもっとも平和を好む人々であった。他方、私は日本の憲兵と軍隊がこれらの運動を極めて残忍に扱ったという大量の証拠を得ている。村は破壊され、人々は単に通りを行進して叫んだという罪によって、教会に監禁され、生きたまま焼かれた。

カーゾンは、一八九九年から一九〇五年にかけてインド総督をつとめたアジア通でもあった。彼はマックス=ミューラーの意見をふまえつつ発言している。これに対し珍田大使は何ら抗議せず、日本もこの不幸な出来事とそれに対する責任には気付いていると語った。

三・一運動を弾圧した日本政府は、八月十二日、朝鮮総督を海軍大将の斎藤実《さいとうまこと》にかえ、彼のもとでこれまでの軍事力を中心とした力による支配(「武断政治」)を手直しする政策をすすめた。九月一日、イギリス外務省を訪れた日本大使に対して、カーゾン外相は朝鮮統治に関する新しい方針の発布を祝った。大使もまた、大きな満足をもっているとこれに応答した。

「文化政治」とアメリカ・イギリス

こうして始まった斎藤総督のもとでの新たな施策は、「文化政治」と呼ばれる。その目玉は憲兵警察体制を普通警察体制に切り換えることであった。軍人である憲兵から警察官への交替は、同年十一月に完了した。しかし、実際には憲兵から警察官に衣替えするものが多数おり、しかも、警察官数はそれまでの憲兵と警察官を合わせた数よりも増加した。取締体制はかえってより日常的で綿密なものとなったのである。

一九一二(明治四十五)年三月公布の朝鮮笞刑令《ちけいれい》によって、朝鮮人に対しては笞打ち刑《むちうちけい》が執行されていた。三・一運動参加者への拷問《ごうもん》や笞打ちに対して、外国人宣教師たちから非難がおこり、廃止を求める声が高まった。総督府は一九二〇(大正九)年四月、笞刑令を廃止する。また、日本に対する諸外国の厳しい視線を緩和するため、斎藤は外国人宣教師の懐柔を重視した。

斎藤による「文化政治」によって、ともかくも朝鮮統治は改革され、朝鮮総督府と朝鮮在住の宣教師との関係も改善された。こうして欧米諸国の朝鮮問題に対する関心は薄れていった。

一方、三・一運動が展開されていたちょうどその頃、パリでは第一次世界大戦の講和会議が開催されていた。朝鮮から同地に赴いた金奎植《キムギュシク》は、講和会議に参加する欧米各国の代表に朝鮮問題を訴え、会議で取り上げてもらおうと活動した。しかし、朝鮮問題は大戦とは直接関係がないとみなされた。しかも、一九〇五年の韓国の保護国化、一九一〇年の韓国併合を英米両国は支持し、これに異議をとなえていなかった。また、欧米各国は講和会議の際、日本の反感を招くのは望ましくないと考えた。こうして金奎植の要請は黙殺された。

▲第一次世界大戦後のパリ講和条約の調印

朝鮮支配のゆくえ—マッケンジーの予測

三・一独立運動のおり、アメリカ国務省の一高官は、次のように語ったという。朝鮮問題はイギリスのエジプト問題と同じである。これは純然たる内政問題であり、アメリカにとってはフィリピンで暴動が起こった場合と同一である、と。

日本が朝鮮の独立運動に直面していた一九一九年三月、イギリスのエジプト支配も独立運動(一九一九年革命)によって揺るがされていた。そうしたなか、エジプトの統治を担当するアレンビー

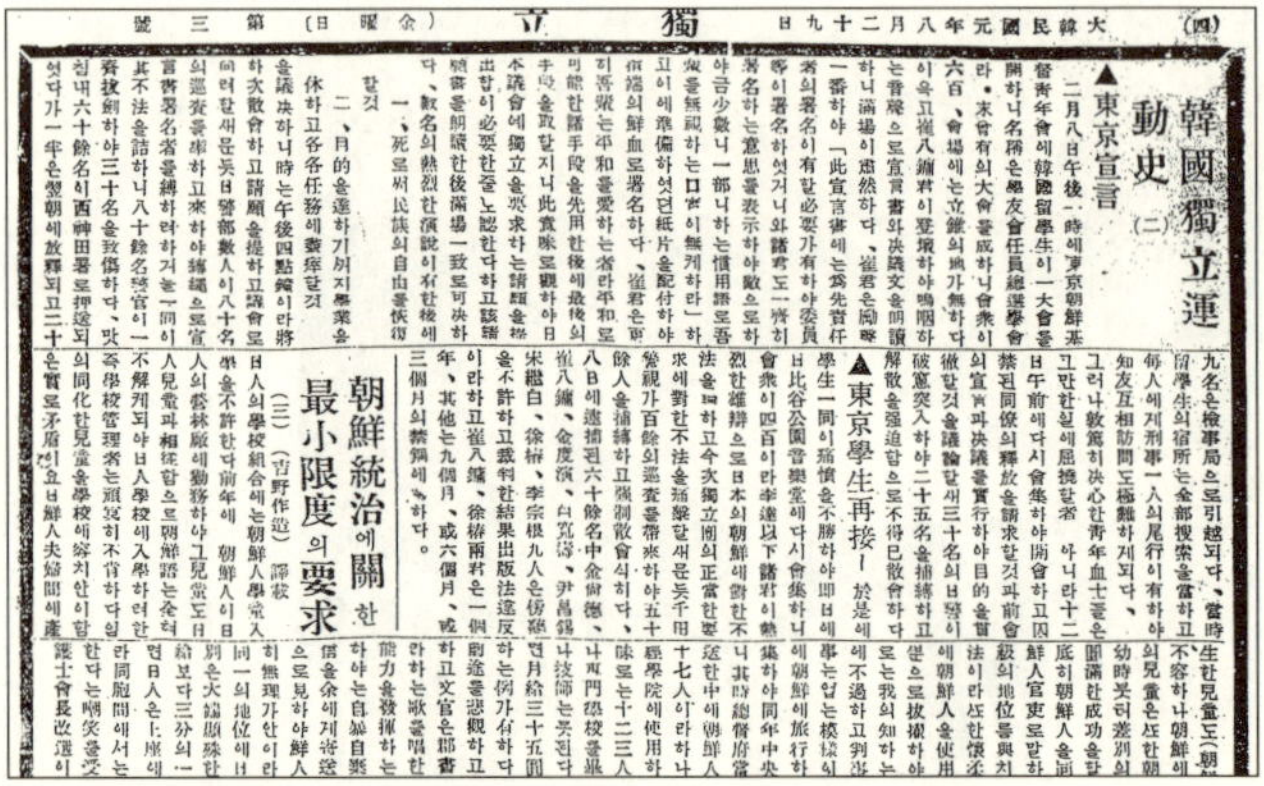
(四) 大韓民國元年八月二十九日 獨立 (金曜日) 第三號

韓國獨立運動史(二)

▲東京宣言

▲東京學生再接

朝鮮統治에關한 最小限度의要求

▲『独立新聞』に載った「朝鮮統治の改革に関する最小限度の要求」の朝鮮語の翻訳（1919年6月）『独立新聞』は、三・一運動の最中に上海《シャンハイ》でつくられた朝鮮の亡命政府「上海仮政府」の機関紙。

将軍は、外国の干渉は許さないと宣言した。十二月三日、ソウルの新聞はこれを引き合いに出し、「いかなる外国の干渉も許されない」という記事を掲げ、日本の朝鮮統治に外国が干渉することを退けようとした（F.O. 410-68）。

これらが象徴するように、植民地所有国である欧米諸国は、日本による植民地支配が自らの利害関係に関わらない限りこれを支持しつづけた。加えて朝鮮問題は、中国問題とは異なって、もはや日本の内政問題であると考えられた。したがって、欧米は日本の朝鮮支配が度を越し過ぎて「文明」に抵触しない限り、介入しないとの構えをとった。三・一運動をめぐる日本非難は、「野蛮」な弾圧に対するブーイングにとどまったのである。

このような欧米のあり方に対して、異をとなえた一人の新聞人がいた。スコットランド系カナダ人のマッケンジーである。一九〇八年、〃Tragedy of Korea〃（「朝鮮の悲劇」）で日本の蛮行を告発した彼は、一九二〇年、あらためて〃Korea's Fignt for Freedom〃（「朝鮮の自由のための闘い」）を刊行した。その末尾近くで、彼は日本は一体どのような将来を選びとるのかと問いかけていた。

日本は剣を手にして属領に君臨するような、東洋の支配者になるのではなく―そんなことでは決して永続するものではない―、むしろ東洋にとって平和の使者となり、教師となるべきものを自らのなかにもっている。日本は、この崇高な目標を選びうるであろうか？

結果として日本は、マッケンジーが予測した二つの道のうちの前者を選択し、「苛烈に朝鮮を統治し、満州へ確実に侵入し、中国にたいする内政干渉をおこない、ついには大紛争を起こ」していった。一方マッケンジーは、日本の将来に関する問いにつづいて、欧米諸国に次のように訴えかけていた。

いま弱腰で臨むようなことがあれば、まずまちがいなくここ二〜三〇年のうちに極東において大きな戦争をひきおこすこととなる。そのような戦争にさいしては、ヨーロッパ諸国の重荷はアメリカが担うことになるであろう。

日本が対英米開戦に踏み切るのは、その二十一年後の一九四一年のことであった。　（大日方純夫）

《参考文献》
■マッケンジー・韓晳曦《ハンソクイ》訳『義兵闘争から三一独立運動へ』太平出版社、一九七二年
■朴慶植『日本帝国主義の朝鮮支配』上、青木書店、一九七三年
■朴慶植『朝鮮三・一独立運動』平凡社、一九七六年
■木畑洋一「英国と日本の植民地統治」（『岩波講座　近代日本と植民地』1）岩波書店、一九九二年
■長田彰文「ベルサイユ講和会議と朝鮮問題」（『一橋論叢』一九九六年二月号）
■長田彰文「日本の朝鮮統治における『文化政治』の導入と斎藤実」（『上智史学』第四三号）、一九九八年

日本が中国の敵国となったのはなぜか

中国国民政府と日本

●北伐を進める国民政府に対し、日本は三次にわたる山東出兵をおこなった。反日運動は高まり、満州事変へと突入する。

▲山東出兵当時の蔣介石（左）と張作霖（右）

軍閥の割拠

中華民国は袁世凱《えんせいがい》死後、各地に大小の軍閥《ぐんばつ》が割拠する状態となっていた。清末から革命運動を指導していた孫文《そんぶん》は中国南部の広東《カントン》省によって、三民《さんみん》主義による国家の統一を目指し、中国国民党を組織した。孫文は、中国革命を見守るよき同盟者としての日本の存在に期待をかけていたと思われる。後継者となっていく蔣介石《しょうかいせき》も日本の陸軍士官学校に留学し、日本にたいしても友好的であった。

しかし、日本は第一次世界大戦中、列強の勢力がアジアから後退したすきに、中国への利権を拡張したのである。とくに山東省における旧ドイツ権益問題は五四運動を巻き起こし、ワシントン会議の結果、中国にようやく返還されることになった。

第一次山東出兵

中国の統一を目標としていた中国国民党は、一九二六年に蒋介石を総司令官に国民革命軍を組織し、広州《こうしゅう》から北伐《ほくばつ》戦争を開始した。当時、国民政府は「革命外交」をスローガンに利権の実力回収をはかっていた。このときの打倒の対象はイギリスであり、日本の幣原喜重郎《しではらきじゅうろう》外務大臣の唱えた中国への不干渉主義が好意をもってむかえられていた。北伐軍は破竹の勢いで進撃し、長江《ちょうこう》流域の重要都市を占領した。翌二七年一月、武漢《ぶかん》政府が成立し、九江《きゅうこう》と漢口《かんこう》のイギリス租界《そかい》が革命軍と民衆によって占領され、実力回収された。さらに三月二十四日に南京《ナンキン》のイギリス・アメリカ・日本などの領事館が革命軍及び中国の民衆に襲われ、暴行事件が発生した。そのためイギリスとアメリカの砲艦は報復攻撃をおこない、中国側にも多くの死傷者を出した。この時、日本政府の幣原外相は不干渉主義を名目に軍事行動を許さなかった。

しかし、蒋介石はこの南京事件をきっかけに中国共産党との絶縁を決断し、上海《シャンハイ》で四・一二クーデタを起こした。当時上海は労働者が蜂起し、上海臨時市政府を組織していたが、蒋介石はこれを弾圧し、多くの共産党分子・労働者・学生を虐殺した。蒋は四・一二クーデタ後の十八日に南京に国民政府を樹立した。二七年五月、武漢政府も南京政府も北伐を再開した。武漢北伐軍は鄭州《ていしゅう》で奉天《ほうてん》軍と、南京北伐軍は安徽《あんき》省と山東省の境で孫伝芳《そんでんほう》軍と対峙していた。

これより先の一九二七(昭和二)年三月、日本では金融恐慌をきっかけに若槻礼次郎《わかつきれいじろう》内閣が倒れ、政友会の田中義一《たなかぎいち》内閣が成立した。田中は自ら外務大臣を兼任し、三井物産出身の対中国強硬派の森恪《もりかく》を外務政務次官に、同じく山本条太郎《やまもとじょうたろう》を満鉄社長に任命した。

日本政府は五月二十四日に「居留民現地保護」を名目に山東出兵を決定し、三〇日には北京の芳沢謙吉《よしざわけんきち》日本公使が山東出兵についての声明を発表し、北京政府の実力者である張作霖《ちょうさくりん》と顧維鈞《こいきん》に口頭で通知した。翌三十一日、日本軍は青島《チンタオ》に出兵したが、南京北伐軍も六月二日には徐州《じょしゅう》を占領する情勢となった。七月十二日には日本軍は増援を得て、山東省内陸へ第一次出兵をおこなった。

山東出兵に対する中国の反応

この出兵に関しては国民党中央執行委員会は「対日本出兵山東宣言」を出し、「隣国日本は居留民保護を口実として、突如、膠州《びょうしゅう》・済南に派兵して中国の領土を侵犯した。このことは、国際法に違反するだけでなく、内乱を助長し、革命の成功を阻害するおそれのあるものであって、実に不当な政策にほかならない」「両国の親善を促進するために毅然として政策を変更し、ただちに山東から日本軍を撤退することを要請した。第一次山東出兵は国民政府ばかりでなく、北京政府からも非難がおこり、中国各地に排日運動をまきおこすことになった。

さらにこの間、田中内閣は六月二十七日から「東方会議」を開き、「対支政策綱領」を発表した。その内容は、①軍事干渉による在中日本権益の保護と居留民現地保護、②日本による満蒙の特殊地域化という「満蒙分離政策」である。この会議の直後、中国において「田中上奏文」とよばれる文章が発表された。この文章は現在では偽文書であることが明らかになっているが、中国ではこのような偽文書が流布していく事態は日本に対する不信感が国民的に広まってきた証左だともいえる。

また、一九二八年には国民党の戴天仇《たいてんきゅう》の『日本論』が出版された。戴は孫文《そんぶん》の三民主義を儒教の継承と解釈し、共産主義と異なるものとし、国民党の理論的イデオローグとして活躍することになる人物である。『日本論』では、その後半部に田中内閣を生み出した明治以来の日本の軍国主義批判と田中内閣の中国政策の批判を展開している。『日本論』も排日運動に一定の影響を与えたと思われる。

▲来日した孫文一行（1924年）　前列中央が孫文、前列右が頭山満《とおやまみつる》、後列左から２人目が戴天仇。

蒋介石の下野から来日へ

蒋介石は日本の第一次山東出兵を重視していた。また、分裂していた武漢の国民政府も蒋介石を追い落とそうとしていたため、山東の軍閥である張宗昌《ちょうそうしょう》に対し、停戦の交渉を試みていた。しかし、張はそれに応じなかったので、蒋は一九二七年七月三十一日から八月四日に徐州《じょしゅう》郊外で張宗昌・孫伝芳《そんでんぽう》連合軍と戦ったが、敗北した。

一方、第一次国共合作の崩壊により国民党内の対立が解消しつつあったこともあり、蒋は十二日に国民革命軍総司令の職を辞し、下野《げや》を表明した。蒋はこの機会を利用し、九月末から十一月初めまで日本を訪問することになった。蒋の来日の第一の目的は、宋美齢《そうびれい》との結婚を日本に住んでいた彼女の母に認めてもらうことであった。この間に蒋は犬養《いぬかい》毅《つよし》、渋沢栄一《しぶさわえいいち》、山本条太郎らの政財界人と会見した。

さらに十一月五日に首相田中義一と会談をおこなった。この会談で、田中は蒋に中国は速やかにまず長江以南の基礎を固めるために、北伐を焦らず、南方の統一に専心したらどうかと提案した。蒋は「もし北伐をおこなわなければ、かえって南方に乱禍が起こる恐れがある」と答えた。蒋にとってはこの会談は失敗であったが、田中の意図を知ったという意味で意義があったと思われる。

第二次山東出兵と済南事変

同年十一月に帰国した蒋は、中央政治会議主席兼軍事委員会主席に就任し、翌二八年三月に北伐を再開した。前回と異なり、山西の閻錫山《えんしゃくざん》を国民革命軍に加え、陝西の馮玉祥《ひょうぎょくしょう》とともに三方向から進撃した。蒋介石も張宗昌・孫伝芳軍を破り、四月中旬には山東方面の大勢は決し、済南に国民革命軍は迫っていた。

田中内閣は四月十九日に山東の在留邦人保護を理由に第二次山東出兵を決定し、派兵をおこなった。この意図はあきらかに蒋介石の北伐を阻止・牽制することであった。それは前年と違って派遣された部隊が青島に到着するとすぐに済南に急行し、防禦工事をほどこしたことからもうかがえる。中国では帝国主義の打倒の対象がイギリスから日本へと変わりつつあった。北京政府も、南京国民政府も抗議声明を発表し、日本に対する感情は悪化していった。五月一日に敗走する北軍を追って北伐軍が山東省済南に達し、三日に日本の商埠地《しょうふち》内で衝突が起こり、戦闘が始まった（「済南事件」）。

日本軍は済南を攻撃し、九日にはさらに一個師団を日本本土から増派し（第三次山東出兵）、十一日に済南を占領し、中国軍民に五千人におよぶ死傷者を出した。これに対して蒋介石は声明を発表し、「衝突は吾人の責任ではない」と強調し、南京国民政府の財政部長であった宋子文《そうしぶん》も「日本の山東出兵は租界における外国兵の駐屯と異なり、国際公法違反である」という声明を発表した。

このように三次にわたる山東出兵、済南事件は国民政府や中国民衆の反日感情を燃えあがらせた。各地で排日運動、日貨排斥が起こり、中国貿易は減少し、在華紡績《ざいかぼうせき》業は操業停止の危機に直面することになった。また、国民政府の知日派の外交部長黄郛《こうふ》は失脚し、英米との提携を強調する王正廷《おうせいてい》が外交部長に就任した。さらに、イギリスのクリスマス・メッセージに始まる英米の中国の関税自主権の承認や、正統政府としての南京国民政府の承認という対中政策の転換に対して、日本の田中内閣の強硬外交の展開は、日本こそ中国の最大の敵として印象づけることになった。

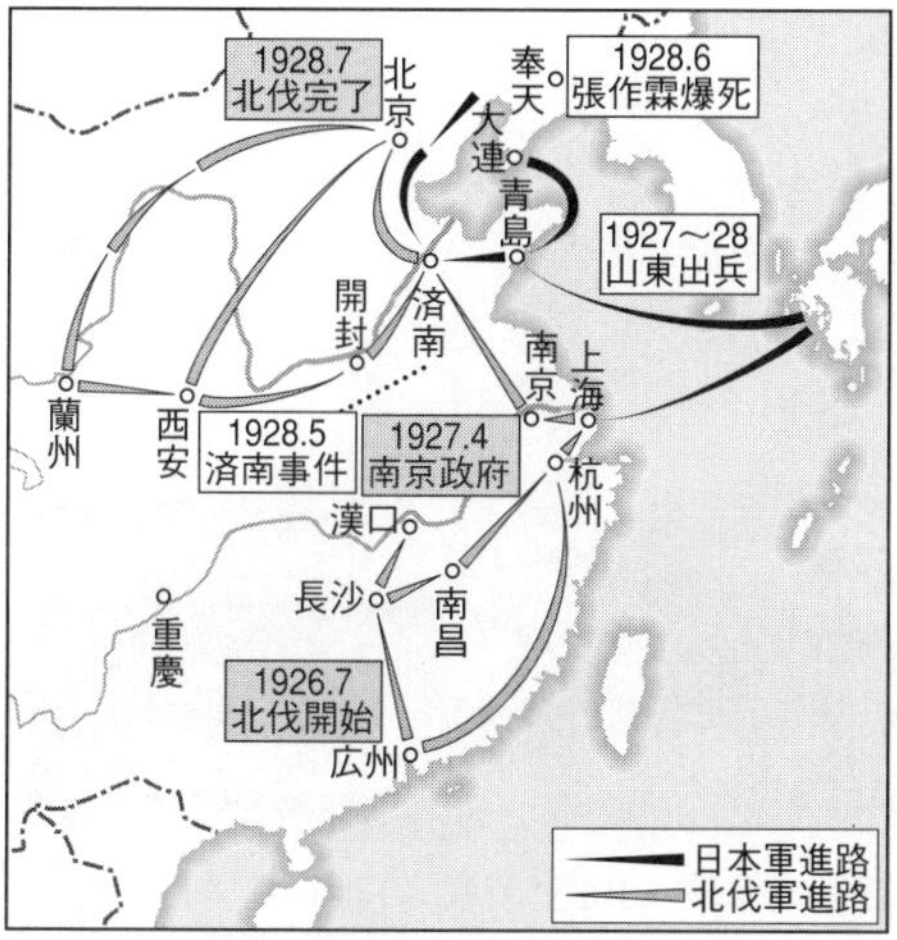

▲北伐と山東出兵

済南事件は中国全土に反日気運を巻き起こしたが、国民政府は日本との対決を避けて交渉による解決策をとり、北伐軍は当初の進路を変更して、北上を続けた。張作霖《ちょうさくりん》

▲張作霖搭乗列車爆破直後の情景　1928(昭和3)年6月4日。日本軍の撮影になるものであろう。

は東北に退去することを表明し、六月に国民革命軍は北京に入り、北伐は完成した。退去する張作霖が奉天《ほうてん》付近の皇姑屯で関東軍に爆殺されたのはこの直後のことである。この事件は関東軍の高級参謀河本大作《こうもとだいさく》によって計画・実行されたが、その意図は張爆殺後の混乱に乗じて南満州の軍事占領を強行することにあった。しかし、混乱は起こらず、十二月には作霖の息子の張学良《ちょうがくりょう》が国民政府への合流を表明し、奉天・吉林・黒竜江の東三省《とうさんしょう》は国民政府のもとに統一されることになった。

一方、日本では張作霖爆殺事件は「満州某重大事件」として取り上げられ、田中義一内閣の退陣を招くことになったのである。

一九二〇年代の中国・日本

一九二〇年代前半の中国は、ワシントン体制とよばれる国際体制下に置かれていた。ワシントン会議にはアメリカが主導し、中国の門戸《もんこ》開放《かいほう》を確認したほか、第一次世界大戦中に獲得した日本の諸権益はこのときに失い、さらに海軍の軍縮にも応じなければならなかった。当然ワシントン体制に対する日本軍部や保守派の批判は大きかった。また、北方の脅威であったロシア帝国が滅亡し、新たに誕生したソヴィエト政権は中国のナショナリズム勢力を援助し、中国の革命勢力は第一次国共合作によって、国民党を中心に勢力を拡大しつつあった。国民党は孫文を指導者として、中国南部の広州を基盤に革命運動を発展させ、一九二五年の五・三〇事件後、反帝国主義運動の当面の対象はイギリスであった。広州と香港の一年に及ぶ海員ストライキはイギリスに経済的打撃を与えた。北伐の打倒対象も最初はイギリスであった。しかし、日本の山東出兵後は日本に対する警戒心や日貨ボイコット運動が国民の間に広まり、しだいに反日感情が国民の間に広まっていったのである。

結局、満蒙権益に固執した日本は国民党による中国の統一を妨害し、また統一を果たした南京の国民政府と対立していく。日本政府は中国の正式国名である「中華民国」を認めず、「支那《しな》共和国」と呼称していた。この点では「満蒙特殊権益」を死守する姿勢では幣原外交も田中外交も同一線上にあった。この権益を死守しようとするかぎり、統一を果たした中国のナショナリズムと敵対することはまぬがれなかったのである。中国東北地方において反日運動がさかんになるが、満州事変という形で「満蒙問題」の解決をはかる勢力に日本は引きずられていくのである。

（江里　晃）

《参考文献》■河原宏・藤井昇三編『日中関係史の基礎知識―現代中国を知るために』有斐閣、一九七四年

■中央大学人文科学研究所編『民国前期中国と東アジアの変動』中央大学出版部、一九九九年

■久保亨『戦間期中国〈自立への模索〉関税通貨政策と経済発展』東京大学出版会、一九九九年

帝国主義の時代
36

ヒトラーは日本をどう見ていたか

ヒトラーの日本観と日本人のドイツ観

●ヒトラーはアーリア民族の優越性を主張した。そのドイツが日本と同盟を結んだのはなぜか。

『わが闘争』の中の「日本」

『わが闘争』は、ヒトラーがミュンヘン一揆に失敗し、レヒ河畔のランツベルク要塞《ようさい》拘置所に収容されていた時期、ルドルフ＝ヘスを相手に口述した記録である。一九二五～二七年に二巻本で出版された。まず目次からすぐ目につくのが、下巻第十三章「戦後のドイツ同盟政策」の「日本とユダヤ人」の節である。日本にユダヤ人がいないことや、ユダヤ人の影響の少ないことが述べられている。

目次だけでは気がつかないが、より重要でよく引用されるのが、上巻の第十一章「民族と人種」の「文化の創始者としてのアーリア人種」である。題名どおりの礼賛論の章だが、そこでもし仮に「人類を、文化創造者、文化支持者、文化破壊者の三種類」に分けると第一の文化創造者がアーリア人種だと語った上で、日本に言及している。「日本は多くの人々がそう思っているように自分の文化にヨーロッ

▲演説するヒトラー

パの技術をつけ加えたのではなく、ヨーロッパの科学と技術が日本の特性によって装飾されたのだ。実際生活の基礎は、たとえ、日本文化が生活の色彩を限定しているにしても、もはや特に日本的な文化ではないのであって、それはヨーロッパやアメリカの、したがってアーリア民族の強力な科学・技術的労作なのである」。日本は「おそらく『文化支持的』と呼ばれうるが、けっして『文化創造的』と呼ばれることはできない」(平野一郎・将積茂訳、角川文庫上巻、P.414〜415)。

この日本文化の見方は鋭いものがあるといわれるが、インド＝ヨーロッパ語族のアーリア人と同列にみなせない日本との同盟は、ヒトラーの人種論とは矛盾するものだったに違いない。

しかし、この日本に関する部分は、戦前には翻訳されていなかった。三宅正樹氏によれば、最も普及した室伏高信訳『我が闘争』(一九四〇年、第一書房)は、そこを「あっさりと削除し」、戦前の最も完訳に近いといわれる、真鍋良一訳『吾が闘争』(一九四二年、興風館)は「ヒトラーの真意を曲解し逆用して、日独離間策の宣伝文書」だから削除したと断って削除している。戦後の翻訳者である平野一郎氏は、日独伊三国同盟のために訳出されなかったことが、ヒトラーについ客観的にみる妨げになったのではないか、と述べている。だが、三宅氏は、一九三六年『独裁王ヒットラア』を書いたヒトラーの礼賛者の黒田礼二の紹介とともに、この〃対日偏見〃を批判した日本人として、石川準十郎を紹介している。石川は、赤松克麿《あかまつかつまろ》らと「日本社会主義研究所」を創設した一人である。

『わが闘争』と並んでよく引用されるのが、側近の『ゲッペルスの日記』の中にある、ヒトラーは太平洋戦争での「日本の勝利に感嘆する一方で、『白人』が東アジアで蒙った重大な損害をひどく嘆いた」

という言葉と、一九四四年七月のヒトラー暗殺事件で処刑された外交官ウルリヒ＝フォン＝ハッセルの、ヒトラーは日本軍の偉業にさして感嘆せず、逆にあの「『黄色い奴ら』(Die Gelben)をもう一度追いかえすために、ドイツから英国に二十個師団の援軍を送りたい気持ちだ」と語った言葉だ。

中国重視のドイツ外交

ナチやヒトラーの研究は近年進んで、伊集院立氏は、ヒトラーは極東における新興日本に対してもかなりの興味を持っていたことを明らかにしている。「『ヒトラーの全文書集一九〇五～一九二四年』によれば、ヒトラーは、一九一九年末ごろから日本に言及している」という。そして「『わが闘争』では、彼は日本の艦隊政策や科学・技術・文化論にややたちいった論を展開している」が、その関心の重点は「日露戦争以降の日本の大陸政策」にあるという。そこでは、ビスマルク以後のドイツの艦隊政策が、大陸政策を軽視したことを批判している。ヒトラーは「当時ドイツが拒否したことを日本はやってのけたのである。しかも比較的簡単に世界強国としての名声を手に入れたのである」と述べたという。またヒトラーはアメリカに関しても強い関心を持ち、アメリカの優れている点をあげ、アメリカに対するドイツの遅れなどを強調しているという。

しかしこうした理解や評価から、日独の提携が順調に展開されていったと思われがちだが、実はそうではなかった。両国ともに大きな外交的転換の結果、それが実現していったのである。

もともとドイツでは、ワイマール期はもちろん、ナチ・ドイツ期に至っても、財界・外務省や国防軍は、第一次世界大戦の敵国の日本よりも、中華民国を重視する外交路線をとっていた。ドイツは、中国に一九二七年以来、四〇〜五〇人規模の軍事顧問を派遣し、貿易面でも対中国貿易が拡大していた。ドイツの軍拡に必要なタングステンのほぼ半分の量を中国から輸入して、ドイツの軍事・工業製品を中国に輸出していた。田嶋信雄氏は、一九三五〜三六年のドイツの武器輸出総額の、約五十七％が中国で、日本は〇・五％にすぎなかったことを指摘している。

　こういう中に、非ナチの保守派のノイラート外相は一九三四年に、日本は国際的に孤立しているから、「ドイツがこれみよがしに日本となんらかの共同歩調をとるならば、ドイツは日本と同列に置かれ」ると警告したり、ナチのゲーリングは「人種の差があるから（日独同盟は）私の趣味にはなじまない」と発言したりする事情があった。日本でも元老《げんろう》の西園寺《さいおんじ》公望《きんもち》が「日独条約はほとんど十が十までドイツに利用されて、日本は寧《むし》ろ非常な損をしたように思われる」と批判している。日本の伝統的外交も、日英同盟以来の親英米路線であったことを忘れてはいけない。

▲アウシュビッツ第１収容所入口　ポーランド・オシヴィエンチ。ナチ・ドイツはこの強制収容所で400万人以上のユダヤ人を毒殺した。

「日独防共協定」への「転換」

　最初の日独の同盟は、一九三六（昭和十一）年十一月の

「日独防共協定」(「共産インターナショナル」に対する日独同盟)であった。この相互の転換は、政府や外務省という正規のルート以外の、いわゆる相互の「二重外交」で推進されていった。日本側では、駐独武官の大島浩(陸軍)、ドイツ側は、ナチ外交機関のリッベントロップがその推進役であった。

リッベントロップは、伝統的な家柄の出身で英語・仏語をほぼ完全にあやつり、一九三五年六月にヒトラーの特派大使として「英独海軍協定」を締結して、ドイツの再軍備をイギリスに承認させることに成功した。彼の次の仕事が、「日独防共協定」だった。一九三五年五~六月ごろに開始された交渉は、一九三六年二月に日本政府に伝わり、独伊枢軸《すうじゅく》結成からわずか三週間後の十一月二十五日に「協定」が締結された。この「協定」は、転換の第一歩だったが、具体的な軍事協定は結ばれなかった。それは反ソをかかげながら、同時に、反英にならないように配慮されていたといえる。だから、一九三六年に駐英大使となった吉田茂は、盛んに日英協調を説いたのである。

ドイツ側では、日本以上に外務省や国防軍と、ナチ党の間で見解が大きくわかれていた。そのうえ、ナチ党内部、ヒトラーとリッベントロップらの間でもズレがあったという。国防軍はラパロ条約(一九二二年、ドイツ・ソ連間の経済協力条約)以来、独ソ友好の上にドイツの軍備拡大をすすめていたことを忘れてはいけない。リッベントロップは、イデオロギー的には反ソ的な「日独防共協定」が、じっさい政治的な面では、イギリスとの対立を深めるということを認識していた。しかしヒトラーは、イギリスを防共協定に加入させることを、「私の最大の願い」としていた。三宅正樹氏によれば「ドイツ外交はヒトラーの反ソ路線とリッベントロップの親ソ路線に分裂していたと考える方が無理がない」という。

そしてこの二層性が、ドイツ外交をわかりにくくして、日本外交を混乱させていくことになる。リッベントロップには、独伊ソ日の四国協定の実現で、イギリスに対抗しようという意図があったという。

しかし、ソ連は「防共協定」に対し、日ソの漁業交渉を中止して抗議し外交姿勢を硬化させた。また、日独の協定を誇示することで、日独双方とも対英関係の改善を図ろうとしたが、結果はむしろ英米の結束を固めさせる逆効果になっていった。

▲アウシュビッツ第２収容所跡のビルケナウの国際慰霊碑（ポーランド）

「日独伊三国同盟」の締結

「防共協定」は、一年後にイタリアが加盟して「三国防共協定」となった。イタリアは、地中海での侵略の障害であるイギリスに対する牽制効果を期待していた事実から、この協定の本質が明快になってくる。同じ時期、ヒトラーも、イギリスとの対決を告白していく（ホスバッハ覚書）。

ヒトラーは、イギリス帝国の弱体化と牽制のために、日本との同盟を重視してくる。こうして日独伊の軍事同盟化がドイツ側から持ち出されてきた（協定強化問題）。ドイツは日本を利用して、英仏とソ連を同時に牽制することを意図したのである。一九三八年になるとヒトラーは国防軍最高司令官になり、リッベントロップは外相に就任し、日本との提携を優先する外交の転換が明確になる。この対日接近の代償として、ドイツは一九三八年にようやく「満州国」を承認したり、中国から軍事顧問をひきあげ、中国への武器輸出を禁止していく。満州国承認と前後し、日独青年団の交流として、ヒトラー・ユーゲントが来日したり、日独合作映画「新しき村」がつくられたり、日本でもかってない親ドイツ・ブームがつくられていった。一九三八年八月には、三〇名のヒトラー・ユーゲントが九〇日間日本をまわった。一方、日本代表団三〇名も、ヒトラーと会見し、ナチス党大会に参加したのである。

リッベントロップは、「三国同盟」に熱心だったが、日本側は賛否がわかれて収拾がつかなかった。示された同盟原案が、ソ連に加えて英仏を仮想敵とするよう求めていたからである。賛成・推進の陸軍を別にすれば、海軍や広田広毅《ひろたこうき》首相・元老たちは英仏を敵にまわすことには反対であったのだ。

日本に失望したヒトラーは、防共協定に違反する「独ソ不可侵条約」を結び、第二次世界大戦を開始していく。日本側はこれに不信を持ったが、ドイツの勝利に眩惑《げんわく》され、わずか一月もかけずに「日独伊三国軍事同盟」が成立した。この間の日独の相互理解と外交のジグザグは、極めて説得力に乏しく矛盾にみちたものであったが、この路線にまきこまれて日独は破局にむかうことになるのである。（菊地宏義）

《参考文献》
■伊集院立「ナチズム—民族・運動・体制・国際秩序」（歴史学研究会編、講座世界史「必至の代案」東大出版会）、一九九五年
■田嶋信雄「ナチズム極東戦略—日独防共協定を巡る諜報線」講談社メチエ、一九九七年
■義井博「ヒトラーの戦争指導の決断」荒地出版社、一九九九年

帝国主義の時代
37

東南アジアの人々にとって、大東亜共栄圏は解放への道だったのか

ビルマの「独立」

●日本軍がイギリスを追い出すことによって、ビルマは独立できたのか。日本によるビルマ支配の実態は、いかなるものであったか。

「ビルマ・ルート」

一九四一(昭和十六)年十二月八日、真珠湾《しんじゅわん》攻撃より一時間早く日本軍は英領マレー半島の北部コタバルに上陸した。二日後、大本営《だいほんえい》政府連絡会議はこの戦争を「大東亜《だいとうあ》戦争」とよび、戦線は中国から東南アジアへと拡大した。アジア太平洋戦争の開始である。約二か月後の一九四二年二月にはイギリスのアジアの軍事拠点であるシンガポールを陥落し、半年の間に東南アジアの主要部を占領した。

日本軍のビルマ作戦は、タイとビルマの間の泰緬《たいめん》鉄道の建設と「援将《えんしょう》ルート」の遮断《しゃだん》にあった。タイはビルマ侵攻の要路にあり、タイとビルマを結ぶ陸上輸送路として泰緬鉄道の建設は必要であった。そして、連合国の中国支援のための「援将ルート」の遮断も日本軍は急がねばならなかった。ビルマのラングーンから国境をこえて中国の重慶《じゅうけい》に至る「援将ルート」は「ビルマ・ルート」ともよばれ、ハノイから重慶に至る「ベトナム・ルート」とともに連合国の重要な補給路であった。すでに日本軍の「北部仏印進駐《ふついんしんちゅう》」(ベトナム侵略)によって「ベトナム・ルート」は遮断されていた。中国戦線に苦しむ

日本軍にとって「ビルマ・ルート」の遮断は何としても必要なことだった。

▲「ビルマ・ルート」

アウンサン将軍と三〇人の志士

日本軍の参謀本部は「ビルマ・ルート」を遮断するためには、ビルマを植民地支配するイギリスを揺るがす騒乱状態をつくりだす必要があると考えた。その任務をもってラングーンに入ったのが鈴《すず》木《き》敬《けい》司《じ》大佐であった。鈴木大佐はビルマの反英民族主義団体のタキン党と接触をはかった。

一八八六年にイギリスの植民地となったビルマでは、一九三〇年代から農民や労働者、学生を中心に急進的な民族運動が起こった。一九三〇年にビルマ南部で減税を要求する大規模な農民の反乱が広がり、同じ年に反英独立を旗印にした民族主義団体タキン党が結成された。タキン党のメンバーは、ビルマ人こそこの国の真の主人だと自分の名前に「主人」を意味する「タキン」をつけて呼びあった。その指導者のひとりがアウンサンであった。

鈴木大佐は、一九四一年二月に「南機関」という大本営直属の謀略機関を設置した。「ビルマ・ルート」を遮断するためにビルマの独立運動を援助するのが目的だった。そのためにビルマからアウンサンらタキン党の活動家三〇人を密出国させ、海南《かいなん》島で軍事訓練を施したのである。かれらは「三〇人の志士」とよばれ、ビルマに戻って反英武装闘争を展開する機会を待った。しかし、ちょうどその時、日本による対米英宣戦布告がなされ、アジア太平洋戦争が始まった。

鈴木啓司は「三〇人の志士」を中心にタイのバンコクでビルマ独立義勇軍(BIA)を結成し、日本軍とともにビルマに侵攻する方針をたてた。一九四二年一月、ビルマ独立義勇軍は国境をこえてビルマに進軍した。その直後、日本軍もまたタイから国境をこえてビルマへ侵入した。両者は同時にビルマに侵攻したのである。

日本軍とビルマ独立義勇軍の進軍は、ビルマ民衆から熱狂的な歓迎を受けた。三月にラングーンを占領、五月にはイギリス軍を一掃してビルマ全土を支配下においた。こうして「ビルマ・ルート」の遮断に成功した。

しかし、日本軍とビルマ独立義勇軍のビルマ侵攻の目的は異なっていた。ビルマ独立義勇軍はラングーンを占領すると、すぐにもビルマ独立宣言を発表したかった。しかし、日本軍はそれを許さなかった。日本軍は六月四日、ビルマ全土に軍政を布告した。そして二万人をこえる勢力となっていたビルマ独立義勇軍を解散したのである。軍政の実施とともに、バ＝モアを委員長とする中央行政政府を発足させたが、日本の軍政の枠内の政府にすぎなかった。

「キンペイタイン」と「ビンタ」

ビルマの中学校用歴史教科書『ビルマ史』(一九八七年版)では、軍政の時期は「日本時代」と呼ばれ

▲日本語学校で学ぶビルマの子供

ている。ビルマの民衆の苦難の時代であった。教科書には「日本時代にもっとも強大な権力を見せつけたのは、日本軍のキンペイタインである。憲兵隊が管轄《かんかつ》し、処理する事柄については、階級の上下を問わず、いかなる日本軍将校も口出しできなかった。一般の国民は、憲兵隊の思うがままに逮捕され、拷問《ごうもん》され、さらには虐殺《ぎゃくさつ》されたのである」と書かれている。「キンペイタイン」は「憲兵隊」のことで、この言葉は今日もビルマ語として残っている。

日本軍による略奪や暴行も絶えなかった。米や綿花、鉄屑《てつくず》などあらゆるものが奪われた。ビルマの人びとは米のかわりに豆やトウモロコシを食べ、古着まで奪われて粗末《そまつ》な布きれで身をつつんだ。日本軍による公衆の面前での平手打ち（ビンタ）ほど屈辱的なものはなかった。しかし、ビンタは日常的におこなわれた。日本兵は仏塔（パゴダ）に靴のままあがった。仏教をおろそかにして天皇を崇拝させた。各地に日本語学校を開設して「日本は兄、ビルマは弟」と教え込んだのである。

日ごとに悪化する経済もまたビルマの民衆を苦しめた。資源を奪う一方、価値のない紙幣である軍《ぐん》票《ぴょう》を増発したために、物価は急激に上昇し軍票は紙屑となってしまった。強制連行、強制労働もおこなわれた。およそ十八万人が泰緬《たいめん》鉄道の建設工事にかり出されたのである。

映画『戦場をかける橋』の舞台となった泰緬鉄道は、タイからビルマまで全長四一五キロの線路をひき、四〇の橋をかける難工事であった。とくにタイとビルマの国境は世界最多雨地帯であり熱帯林を切り開かねばならなかった。イギリス人、オーストラリア人、アメリカ人兵士などの連合国捕虜に加え、ビルマ、インドネシア、タイなど日本軍政下のアジア人が多数動員された。なかでも、ビルマ人がもっとも多く徴集《ちょうしゅう》され「汗の軍隊」と呼ばれた。

「汗の軍隊」に入って一年余り従事したビルマ人作家リンヨン＝ティッルウィンは、過酷な重労働と飢えと病い、そして日本軍のすさまじい虐待《ぎゃくたい》について『死の鉄路』という記録を残している。朝六時の整列に一人でも労務者が遅れると、日本軍はビンタを見舞い、軍靴で蹴とばした。大きな石を頭上に支えもたせ、長時間立たせたり、労務者の足を開かせ、股の下で竹に火をつけ生きたまま火刑にすることもあった。コレラやマラリア、赤痢《せきり》患者も続出し、栄養不良と虐待で「枕木一本にビルマ人一人死んだ」といわれるほどだった。

アウンサンの長女で、現在ビルマ（ミャンマー）の民主化運動を進めるアウンサン＝スーチーはその著書『自由』の中で、日本の占領の軍政時代は「幻滅と疑惑と苦痛の物語である」として、「ケンペイ（日本の軍事警察、憲兵）という言葉が恐れられ、人々は、突然の失踪《しっそう》や拷問《ごうもん》、強制労働が、日常生活の一部となった世界で生きる術《すべ》を身につけなければならなかった」とのべている。

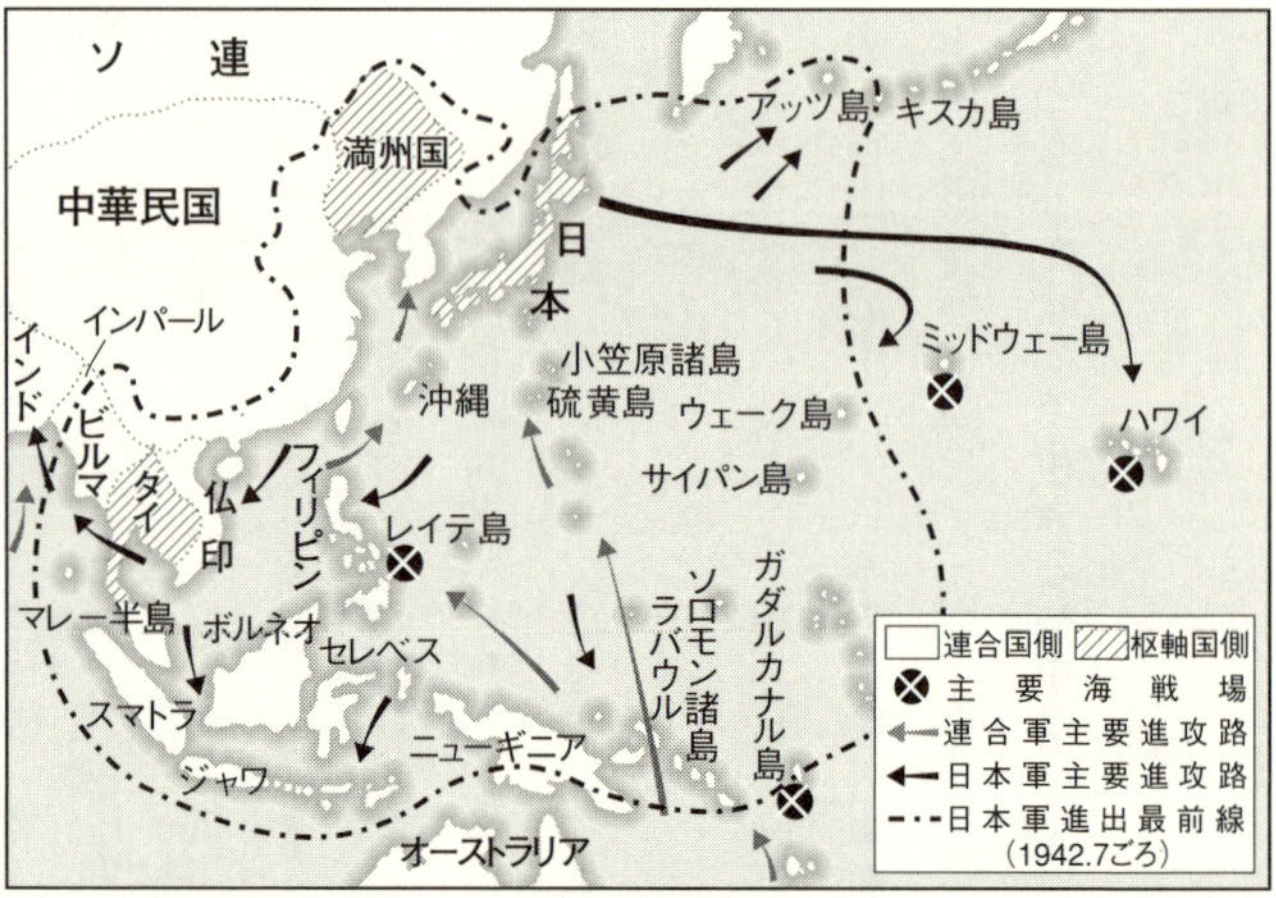

▲大東亜戦争図

まやかしの「独立」から完全独立へ

一九四三(昭和十八)年八月一日、「日本国・ビルマ国間同盟条約」によって、日本はビルマの「独立」を承認した。盛大に「独立記念式典」がおこなわれ、バ＝モオが国家元首で首相となった。アウンサンは国防大臣とビルマ国民軍の最高司令官となった。だが、この「独立」はまやかしであった。

「日本国・ビルマ国間同盟条約」の第一条に、両国は「大東亜戦争完遂《かんすい》の為軍事上、政治上及経済上有らゆる協力を為すへし」とあり、あくまでも大東亜戦争を進めるための「独立」にすぎなかった。また、同時に結ばれた軍事秘密協定の第一条には「日本国陸海軍軍隊は大東亜戦争遂行間、ビルマ国内に於《おい》て現に有する軍事行動上の一切の自由を保有す」とあり、日本軍はビルマ国内において軍事上のいっさいの自由を確保することが認められた。ビルマ国軍も日本軍の指揮下に入ることになった。日本によって与えられた「独立」であって、ビルマ国民の望む独立ではなかったのである。

「独立」してもなお日本軍に対する抵抗運動は続いた。山岳地帯に住むカチンやカレンなどの少数民族は、戦争中に日本軍やビルマ軍によって虐殺される事件もあって、抗日ゲリラ闘争を展開していた。一九四四年二月、日本軍がインド北東部の攻略をめざしたインパール作戦に敗北すると、タキン党の中で結成されたビルマ共産党と人民革命党は、ビルマ国民軍として抗日統一組織を結成することになった。のちの「反ファシスト人民自由連盟」(パサパラ)である。議長にはバ＝モオ内閣の国防相であったアウンサンが就任した。

一九四五年三月二十七日、ビルマ国軍は日本軍に対していっせいに蜂起した。八月日本軍が無条件降伏して、日本軍はビルマから完全に撤退した。一〇月にイギリスのスミス総督が民政《みんせい》を復活するが、「反ファシスト人民自由連盟」は「イギリス帝国主義とは無縁の完全独立」をめざして普通選挙の実施を求めた。一九四七年四月の選挙の結果、「反ファシスト人民自由連盟」が多数を獲得し、政権を担った。そして、ビルマがイギリスから完全に独立するのは同年一〇月のことであった。

大東亜戦争で東南アジアは解放されたか

日本が与えた、まやかしの「独立」を認めないビルマの民衆は、自らの手でビルマの独立をかちとった。けっして日本軍がビルマに入ってイギリスを追い出したから、ビルマの独立が達成されたのではない。欧米の支配から東南アジアを解放するというのは、大東亜戦争を肯定する論理として当時から主張されていた。

日本が「独立」を認めたビルマの首相バー＝モオは、一九四三年十一月に東京にやってきた。東京で開催された大東亜会議に出席するためであった。参加したのは、ほかに東条英機《とうじょうひでき》首相、フィリピン、南京《ナンキン》政府、満州国、インドの代表者らであった。そして「大東亜共同宣言」が発表された。そこには「大東亜各国は相提携《あいていけい》して大東亜戦争を完遂し大東亜を米英の桎梏《しっこく》より解放して其《そ》の自存自衛《じぞんじえい》を全《まっと》うし」とあった。大東亜戦争は、米英の支配からアジアを解放する戦争だと宣言されたのである。

しかし実態は「アジアの解放」というものではなかった。日本軍の支配下での「独立」にほかならなかった。「アジアの解放」とか「大東亜共栄圏」という名のもとに、日本の植民地支配が進められたのである。

ヨーロッパでドイツがオランダやフランスを降伏させると、日本はオランダ・フランスの東南アジアの植民地をめざして南進した。その結果、一九四〇（昭和十五）年九月に日本軍は「北部仏印進駐」を強行し、東南アジア支配の第一歩をきざみ、タイやビルマへ侵攻するのである。「アジアの解放」論や「大東亜共栄圏」構想は、米英の植民地を奪い、日本の植民地支配を正当化するものであった。そのことはビルマにおける日本の軍政の実態や日本から付与されたまやかしの「独立」から明らかである。

（河合美喜夫）

《参考文献》
■ボ・ミンガウン著、田辺寿夫訳編『アウンサン将軍と三十人の志士』中公新書、一九九〇年
■越田稜編著『アジアの教科書に書かれた日本の戦争〈東南アジア編〉』梨の木舎、一九九〇年
■アウンサン・スーチー著、ヤンソン由美子訳『自由』集英社、一九九一年
■根本敬『現代アジアの肖像13　アウン・サン』岩波書店、一九九六年

帝国主義の時代
38

日本国憲法第二十四条に男女平等を書き入れたのは誰か

アメリカの対日占領政策

●第二次世界大戦は反ファシズム・民主主義をめざす戦いの勝利であった。その影響は日本国憲法の中に、どのように表れているか。

初めて認められた男女平等

日本国憲法第二十四条　①婚姻は、両性の合意のみに基いて成立し、夫婦が同等の権利を有することを基本として、相互の協力により、維持されなければならない。
②配偶者の選択、財産権、相続、住居の選定、離婚並びに婚姻及び家族に関するその他の事項に関しては、法律は、個人の尊厳と両性の本質的平等に立脚して、制定されなければならない。

日本において男女平等は敗戦ののち国民主権、基本的人権の尊重、平和主義を三原則とする日本国憲法の成立によって、初めて保障された。左はその第二十四条の原型となった憲法草案である。

「家庭は、人類社会の基礎であり、その伝統は、善きにつけ悪しきにつけ国全体に浸透する。それ故、婚姻と家庭とは、法の保護を受ける。婚姻と家庭とは、両性が法律的にも社会的にも平等であることは当然であるとの考えに基礎をおき、親の強制ではなく相互の合意に基づき、かつ男性の支配でなく両性の協力に基づくべきことを、ここに定める。

▲東京のGHQを出るマッカーサー連合国軍最高司令官(中央)
1946年8月。

これらの原理に反する法律は廃止され、それに代わって、配偶者の選択、財産権、相続、本居の選択、離婚並びに婚姻および家庭に関するその他の事項を、個人の尊厳と両性の本質的平等の見地に立って定める法律が制定さるべきである」

両者を比較すると、草案は家庭が社会的な存在であることを明記し、婚姻と家庭が両性の合意と協力に基づくべきことを、旧来その実現を阻んできた「親の強制」や「男性の支配」をはっきりと否定して定めている。

憲法改正作業はじまる

一九四五(昭和二十)年十月、幣原喜重郎《しではらきじゅうろう》首相は、連合国軍最高司令官マッカーサーから憲法改正を示唆《しさ》された。しかし日本政府は、連合国がファシズムの打倒を戦争の目的としたことやポツダム宣言をよく理解せず、天皇主権の体制の変更を拒《こば》んで、大日本帝国憲法に大幅な改正は必要ない、民主主義の精神とは明治天皇の「五箇条《ごかじょう》の誓文《せいもん》」であり、戦争遂行体制を除外して政党政治を復活すればすまされる、と考えていた。そのため松本烝治《まつもとじょうじ》国務大臣による改正私案は、大日本帝国憲法とほぼかわらず、天皇主権を保持・継続していた。

このためマッカーサーは、日本政府の憲法草案はとうてい受け入れがたいと判断し、天皇を〈head〉として残すこと、戦争を放棄すること、封建制を廃止することの三原則を示して、GHQ(連合国軍最高司令官総司令部)民政局に独自の草案起草を指示した。日本政府には内密の、極秘《トップシークレット》の任務である。

戦後の国際情勢のなかで、アメリカはソ連を懸念《けねん》しながら東アジア政策の拠点を日本に置こうと考えていた。それには天皇を利用して戦争責任を追及せずに戦犯から除外し、制度を変えて天皇制を存続させる方が都合がよい。しかし他の連合国、たとえばソ連やオーストラリア、ニュージーランドは天皇の起訴《きそ》を要求し、より徹底した日本の改革を求めるだろう。それを抑えるには、できるだけ民主的な憲法を制定して、日本からファシズム体制が除去されたことを納得させなければならない。

マッカーサーは、日本政府が民主的な草案を作れないならば、GHQがひそかに代わってでも作成し、一九四六(昭和二十一)年二月二十六日の極東委員会の発足以前、つまり自分が最高の権限をもっている間に新生日本の基礎を作ろう、と作業を急がせた。

民政局員ベアテ=シロタ

民政局には、かつて「ニューディーラー」とよばれローズヴェルト大統領を支えた、進歩的な民主主義者が多数参加していた。彼らは、軍人の階級章をつけてはいても弁護士や大学教授を勤めた知識人で、ポツダム宣言に示された占領目的、すなわち日本を再び軍国主義化させず、民主主義国家につくりかえるために、理想に燃えて日本の民主化に取り組んでいた。

■日本国憲法草案作成のための民政局組織図

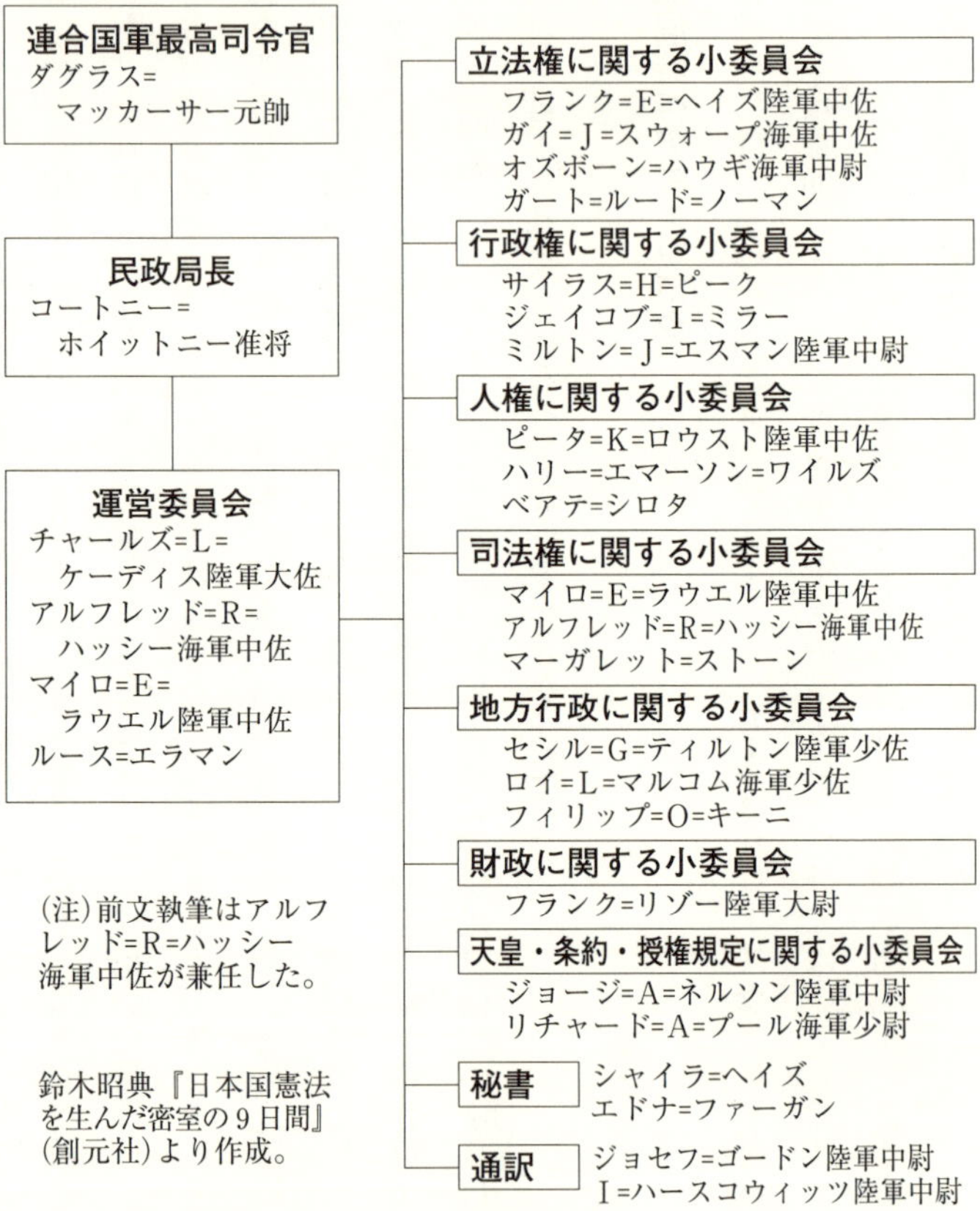

(注)前文執筆はアルフレッド=R=ハッシー海軍中佐が兼任した。
鈴木昭典『日本国憲法を生んだ密室の9日間』(創元社)より作成。

一九四六年二月四日、草案を個人が単独執筆した日本政府とことなって、民政局では運営委員会が統括する七つの委員会に執筆を分担して作業が開始された。その中の「人権に関する委員会」には、医学を学び人類学と社会学の博士号をもつロウスト中佐、経済学と人文学専攻、多くの職業を経験し、戦前は慶応大学でも教え日本に関する著書もあるワイルズ博士、そしてベアテ=シロタがあてられた。大日本帝国憲法には「人権」ということばも、モデルとなる人権条項もなかったが、この委員会が作成した人権条項は、GHQ草案の三分の一を占める三十一ヵ条におよんだ。

戦前の日本社会を熟知し、細かな配慮で冒頭の第二十四条の草案を作成したのは、ベアテ=シロタである。当時彼女は二十二歳、ロシア系ユダヤ人を両親に一九二三年ウィーンで生まれ、五歳の時家族とともに来日した。著名なピアニストの父レオ=シロタが山田耕筰《こうさく》に招かれ、東京音楽学校(今の東京芸術大学)教授となったためである。

以来、ベアテは日本に一〇年間滞在し、大学進学のため単身アメリカに渡った。まもなく第二次世界大戦が始まり、卒業後は日本語など六ヵ国語の能力を生かしアメリカ政府の戦争情報局や『タイム』誌に勤務した。そしていよいよ戦争が終わり、両親をさがすためアメリカ軍属に応募し、GHQ民政局の一員として再来日したところだった。

▲ベアテ=シロタ

ベアテは、委員会の二人の男性からあなたが女性の権利を書いたらどう

《ベアテが作成した草案》

第十八条 家庭は、人類社会の基礎であり、その伝統は、善きにつけ悪しきにつけ国全体に浸透する。それ故、婚姻と家庭とは、法の保護を受ける。婚姻と家庭とは、両性が法律的にも社会的にも平等であることは当然であるとの考えに基礎を置き、親の強制ではなく相互の合意に基づき、かつ男性の支配ではなく両性の協力に基づくべきことを、ここに定める。

これらの原理に反する法律は廃止され、それに代わって、配偶者の選択、財産権、相続、本居の選択、離婚並びに婚姻および家庭に関する事項を、個人の尊厳と両性の本質的平等の見地に立って定める法律が制定されるべきである。

〈ほぼ採用され、第二十四条となった〉

かと言われ、喜んで承諾した。彼女はGHQがおかれた東京日《ひ》比《び》谷《や》の第一生命ビルに、図書館から集めた各国の憲法を両手にいっぱい持ち帰り、スタッフに大喜びされた。

語学に堪能《たんのう》なベアテは「ソ連邦における女子は、経済的・国家的・分野的及び社会的・政治的生活のあらゆる分野において、男子と平等の権利を与えられる」(第一二二条)とする一九三六年のソ連の憲法や、「一．すべてのドイツ人は、法律の前に平等である。二．男女は、原則として同一の公民的権利および義務を有する」(第一〇九条)、「一．婚姻は、家庭生活および民族の維持・増殖の基礎として、憲法の特別の保護を受ける。婚姻は、両性の同権を基礎とする。(中略)三．母性は国家の保護と配慮を求め権利を有する」(第一一九条)と定めたドイツのワイマール憲法(一九一九年成立)、そして北欧諸国の憲法を、夢中になって読みすすんだ。

女性が幸せにならなければ日本は平和にならない

東京での少女時代、ベアテは妻妾《さいしょう》同居や財産相続権も離婚

第十九条 妊婦と乳児の保育にあたっている母親は、既婚、未婚を問わず、国から守られる。彼女たちが必要とする公的援助が受けられるものとする。

嫡出でない子供は法的に差別を受けず、法的に認められた子供同様に、身体的、知的、社会的に成長することに於いて機会を与えられる。

〈最終的にカット〉

第二十条 養子にする場合には、その夫と妻、両者の合意なしに、家族にすることはできない。養子になった子供によって、家族の他のメンバーが、不利な立場になるような偏愛が起こってはならない。長子(長男)の単独相続権は廃止する。

〈最終的にカット〉

第二十四条 公立、私立を問わず、国の児童には、医療、歯科、眼科の治療を無

申し立ての権利もない日本女性の不幸な境遇を、あれこれ見聞きした。また、母校の女子大学ミルズ・カレッジで、学長の「女性は家庭の中だけでなく、社会に進出すべきである」という考えに励《はげ》まされる一方、男性の出征で女性の社会進出が進んだにもかかわらず、男性の仕事の補佐しか許されない性差別も経験した。

憲法草案の作成にあたって、ベアテは「女性が幸せにならなければ日本は平和にならない」「今こそ女子供とまとめて呼ばれ、一人前の大人あつかいされてこなかった日本女性に最高の幸せを贈りたい」と考えた。

しかし「妊婦と乳児の保育にあたっている母親は、既婚、未婚を問わず、国から守られる。……嫡出《ちゃくしゅつ》でない子供は法的に差別を受けず、法的に認められた子供同様に、身体的、知的、社会的に成長することにおいて機会を与えられる」「養子にする場合には、その夫と妻の合意なしで、家族にすることはできない」「学齢の児童、並びに子供は、賃金のためにフルタイムの雇用をすることはできない。児童の搾取《さくしゅ》は、いかなる形であ

料で受けさせなければならない。……

〈最終的にカット〉

第二十五条　学齢の児童、並びに子供は、賃金のためにフルタイムの雇用をすることはできない。児童の搾取は、いかなる形であれ、これを禁止する。

国際連合ならびに国際労働機関の基準によって、日本は最低賃金を満たさなければいけない。

〈最終的に第二十七条の三項「児童はこれを酷使してはならない」となる〉

第二十六条　すべての日本の成人は、生活のために仕事につく権利がある。その人にあった仕事がなければ、その人の生活に必要な最低の生活保護が与えられる。女性は専門職業および公職を含むどのような職業にもつく権利を持つ。その権利には、政治的な地位につくことも含まれ

れ、これを禁止する。国際連合並びに国際労働機関の基準によって、日本は最低賃金を満たさなければならない」などのベアテの草案については、運営委員会の三人の男性から、アメリカの憲法以上だ、細かいことは憲法ではなく民法に書くべきだ、などという批判が出て、草案の大部分が拒否され、GHQ草案からカットされた。唯一、圧縮されて生き残ったのが第二十四条で、第十四条の一部にもベアテの考えは取り入れられた。

ベアテはその後五〇年近くを経て、「憲法にできるだけドラスティックに(思いきり)女性の権利や社会福祉を入れたかったのです」とふりかえる。

当時、男女平等はアメリカ合衆国憲法でも認められておらず、フランスでは一九四六年に成立した憲法前文で、日本と同じ敗戦国のイタリアでは一九四八年の共和国憲法第三条で、旧西ドイツでは一九四九年の基本法第三条で初めて認められた。なお、アメリカでは男女平等の憲法修正案は修正に必要な三十八州の承認にいたらず、両性の平等を具体的に定めた条文は現在もまだ存在しない。

る。同じ仕事に対して、男性と同じ賃金を受ける権利を持つ。

〈「女性は……」以下カット。最終的に第二十七条となる〉

第二十九条 老齢年金、扶養家族手当、母性の手当、事故保険、健康保険、障害者保険、失業保険、生命保険などの十分な社会保険システムは、法律によって与えられる。国際連合の組織、国際労働機関の基準によって、最低の基準を満たさなければならない。

女性と子供、恵まれないグループの人々は、特別な保護が与えられる。

国家は、個人が自ら望んだ不利益や欠乏でない限り、そこから国民を守る義務がある。

〈母性の手当、恵まれないグループの保護などが削除され、最終的に第二十五条となる〉

三十九人の女性議員が誕生した

戦争で中断した日本の女性参政権獲得運動は、敗戦からわずか一〇日後の一九四五(昭和二十)年八月二十五日、市川房枝《いちかわふさえ》らによって再開された。十月、女性の選挙権をトップにあげたマッカーサーの五大改革指令の直前に政府は選挙法改正の方針を決め、十二月、女性の参政権を成立させた。

翌一九四六(昭和二十一)年四月十日、戦後初の総選挙では、出征して帰らぬ夫や公職追放された夫の地盤を守るという者も含め、七十八人の女性が立候補し、三十九人が当選した。大選挙区制連記制(広い選挙区から複数の候補者に投票する)が女性候補に有利に働いたこともあるが、この女性議員数は、現在二〇〇〇(平成十二)年までの最高記録である。

社会党議員となった加藤シズヱは、帝国議会での憲法審議でやはり母性の保護を訴え、かさねて働く女性の権利、夫と死別・離別した妻の生活権の保障を求めた。しかし、政府は依然進歩的な改革には消極的で、憲法公布も一九四六年十一月三日、かつての明治節《せつ》(明治天皇の誕生日)が選ばれた。

いま、日本国憲法には、イギリスの権利章典やアメリカ合衆国憲法、フランス人権宣言やパリ不戦条約、フィリピンの一九三五年憲法、大西洋憲章、国連憲章、また日本の自由民権運動期の私擬《しぎ》憲法、戦後の民間研究者や政党の憲法草案など、人類の普遍的な歴史の成果を見ることができる。(石出みどり)

《参考文献》■古関彰一『新憲法の誕生』中央公論、一九八九年
■ベアテ=シロタ=ゴードン『一九四五年のクリスマス』柏書房、一九九五年

あとがき

最近、日本あるいは日本人としての一体性を強調し、日本の国益と日本人の誇りを重視する議論が一部のマスコミで盛んに展開されている。このような考え方に立つ中学校の歴史教科書も作られようとしている。日本あるいは日本人というものを単一の存在と見なして、その中に自己を同一化することによって自己の存在を再確認し、社会の結束を強化しようとする考え方は、その社会内部の矛盾を覆い隠そうとする危険な要素をはらんでいる。

しかし、現代の世界はそのような考え方が通用する時代ではない。国境を越えたヒト・モノ・カネ・情報の移動は日常化しており、環境破壊・核兵器・貧困・人権などグローバルな課題に対する国際的な協力が必要になっている。政府間の協力だけでなく、ＷＴＯやサミットの議題に対しての市民のＮＧＯによる国際連帯の力が大きな影響力を持つようになってきた。国際的な協力を強化していくためには、世界の各地域の人々が互いにその個性と伝統を尊重しあい、国境を越えて友好と信頼の関係を築いていかなくてはならない。そして、他者との共生の道を切り開いていくために、地域に根を下ろして行動しグローバルな視野で考える、そういう生き方につながる歴史のとらえ方が求められる時代になっている。

日本史と世界史を統一的にとらえようとする試みは、そのような期待に応えようとするものである。

歴史教育者協議会はこうした視点から、子どもたちの正しい世界認識を育てるためにはどうすればよいか追求してきた。東京の世界部会は「世界史の中の日本」をテーマとして、一九九六年から九回にわたって研究会を開き、その成果を中心にして全国の会員と専門分野の研究者の協力を得て、出版の企画を進めることができた。

この「日本史と世界史の統一的把握」ということを早くから重視し、世界史教育の充実のために長い間活躍されてきた鈴木亮氏が二〇〇〇年一月に他界された。すぐれた先達を失い、本書に対する厳しい批判を受けることができなくなり誠に残念である。ここに謹んで先生のご冥福をお祈り申し上げたい。

本書の刊行に当たっては、企画・編集の段階から伊集院立・鶴間和幸・関周一の三先生に監修者として多大のご尽力をいただき、文英堂の西田孝司さんには多数の執筆者との連絡・調整にたいへんご無理をお願いした。また、多くのテーマを分担したため執筆者に与えられた紙数が少なく、十分意の尽くせないものになってしまったのではないかと気がかりである。お世話になった皆様方のご支援とご協力に感謝する次第である。

二〇〇〇年八月

歴史教育者協議会「世界史から見た
日本の歴史38話」編集委員会

『世界史から見た日本の歴史38話』協力者一覧（敬称略）・五十音順

本書刊行にあたり、次の各氏ならびに諸機関に、貴重な資料の提供をいただき、また、ご教示をたまわりました。記して感謝申し上げます。

市川秀之
大塚和義
岡田康博
工藤清泰
昆　政明
辛　基秀
馬場悠男
松尾尊兊
松下孝幸
宮脇好和

青森県浪岡町教育委員会
青森県市浦村教育委員会
青森県立郷土館
一乗寺
ヴェルサイユ国立博物館
NHKサービスセンター
大阪狭山市教育委員会
沖縄県史編纂室
沖縄県立博物館
神戸市立博物館
国立民族学博物館
国立歴史民俗博物館
佐賀県立博物館
青丘ホール
浅間神社
千葉県御宿町役場
東京大学史料編纂所
長崎県豊玉町教育委員会
根津美術館
ハワイ州古文書館
福岡市博物館
文化学院
北海道函館市教育委員会
宮城県登米町役場
山口県土井ヶ浜遺跡・人類学ミュージアム
早稲田大学図書館

〈執筆者一覧〉　執筆順（○印編集委員）

宇野隆夫（国際日本文化研究センター教授）
藤村泰夫（山口県立徳山高校教諭）
吉開将人（専修大学講師）
深井信司（東京都立南葛飾高校教諭）
小山田宏一（大阪府狭山池博物館開設準備担当主査）
濱田耕策（九州大学人文科学研究院教授）
○笹川和則（東京都立田無工業高校教諭）
○鳥山孟郎（東京都立新宿高校教諭）
○篠塚明彦（筑波大学附属駒場中・高校教諭）
鬼頭明成（東京都立町田高校教諭）
関　周一（つくば国際大学講師）
小野まさ子（沖縄県文化振興会史料編集室主任専門員）
遠藤　巌（大阪府立大冠高校教諭）
村井章介（東京大学大学院人文社会系研究科教授）
中里紀元（佐賀県からつ歴史民俗研究所主宰）
関根秋雄（東京都立日野高校教諭）
中山義昭（千葉県立君津高校教諭）
糟谷政和（茨城大学人文学部助教授）
岩井　淳（静岡大学人文学部教授）
○佐藤信行（筑波大学附属盲学校教諭）
○佐藤義弘（東京都立淵江高校教諭）
石出みどり（お茶の水女子大学附属高校教諭）
滝澤民夫（埼玉県立川越高校教諭）
○江里　晃（東京・実践女子学園中学高校教諭）
米山宏史（山梨・山梨英和中学高校教諭）
加美芳子（埼玉県立川越初雁高校教諭）
大日方純夫（早稲田大学文学部教授）
菊地宏義（東京都立三田高校教諭）
○河合美喜夫（東京都立永山高校教諭）

〈監修者一覧〉

鶴間和幸（学習院大学文学部教授）
関　周一（別掲）
伊集院立（法政大学社会学部教授）

●編　者

歴史教育者協議会（れきし・きょういくしゃ・きょうぎかい）

一九四九（昭和二十四）年に創立された歴史教育者による全国組織。歴史を教える全国の小・中・高校や大学の教員を中心に構成されている。会誌『歴史地理教育』を月刊で発行するほか、各都道府県に支部・サークルをおいて、定期的に例会・学習会・見学会などさまざまな研究・実践活動を進めている。

〈事務局〉　〒170-0005　東京都豊島区南大塚2-13-8　千成ビル
TEL　03-3947-5701　FAX　03-3947-5790

世界史から見た
日本の歴史38話

二〇〇〇年九月二〇日　第一刷印刷
二〇〇〇年九月三〇日　第一刷発行

編　者　歴史教育者協議会
発行者　益井英博
印刷所　日本写真印刷株式会社
発行所　株式会社　文英堂
東京都新宿区岩戸町一七　〒162-0832
電話（〇三）三二六九-四二三一（代）
振替　〇〇一七〇-三-八二四三八
京都市南区上鳥羽大物町二八　〒600-8691
電話（〇七五）六七一-三一六一（代）
振替　〇一〇一〇-一-六八二四

ISBN4-578-12973-X　C0321